dtv

Voll erwischt – wie herrlich! Herzklopfen, weiche Knie und Schmetterlinge im Bauch. Chaos im Herzen, Chaos im Kopf. Daran ändert sich nichts, ob man nun 15 ist oder 75. Auch die Unsicherheit bleibt die gleiche: Soll ich den ersten Schritt tun? Was denkt er/sie von mir? Habe ich mir seine/ihre Blicke nur eingebildet? Und vor allem: Wie wird aus dem ersten Flirt eine feste Beziehung? Klar, verliebt sein kann man nicht lernen, und all die Dummheiten, die man so begeht, sind auch ganz charmant. Trotzdem, ein bißchen Kopf, ein paar Tips und kleine Tricks dürfen bei dieser Herzensangelegenheit ruhig sein.

Die Autorinnen gehen mit viel Witz und Esprit allen Fragen und Facetten des prickelndsten aller Gefühle nach. Warum wir uns überhaupt verlieben und in wen, was dabei in unserem Körper passiert, was man auf keinen Fall sagen oder tun sollte, alles über die erste Nacht, Mythen, Irrtümer … Für alle, die verliebt sind und diesen wunderbaren Zustand möglichst lange erhalten wollen.

Alexandra Berger, geboren 1964 in Hamburg, studierte in München Kommunikationswissenschaft, Germanistik und Psychologie.
Andrea Ketterer, geboren 1959 in München, studierte in München Germanistik und Sportwissenschaft.
Beide arbeiten als Redakteurinnen bei ›Cosmopolitan‹ und sind unter anderem verantwortlich für das Ressort Psychologie, Partnerschaft und Sex.

Alexandra Berger
Andrea Ketterer

Immer muß ich an dich denken

Was Verliebte wissen wollen

Deutscher Taschenbuch Verlag

Von Alexandra Berger und Andrea Ketterer
ist bei <u>dtv</u> außerdem erschienen:
›Warum nur davon träumen?
Was Frauen über Sex wissen wollen‹ (20017)

Originalausgabe
September 1999
© Deutscher Taschenbuch Verlag GmbH & Co. KG,
München
Umschlagkonzept: Balk & Brumshagen
Umschlaggestaltung unter Verwendung des Gemäldes
›Die Große Odaliske‹ (1814) von
Jean Auguste Dominique Ingres (© AKG, Berlin)
Satz: IBV Satz- und Datentechnik GmbH, Berlin
Gesetzt aus der Leawood-Book 9/12˙
Druck und Bindung: C. H. Beck'sche Buchdruckerei,
Nördlingen
Gedruckt auf säurefreiem, chlorfrei gebleichtem Papier
Printed in Germany · ISBN 3-423-20263-7

Inhalt

Das schönste Gefühl der Welt 7

A ... ugenblick mal!
Alles übers Flirten 11

B ... iodrogen und Herzflimmern
Die Chemie des Verliebtseins 30

C ... hamäleon
Warum Frauen sich so gerne anpassen 37

D ... ating
Know-how für das erste Treffen 43

E ... rster Kuß
Ein echtes Lippenbekenntnis 71

F ... reunde
Haben sie ein Verhältnis mit Ihrer neuen Liebe? 79

G ... ut gebrüllt Liebste/r!
Drei gute Gründe, eifersüchtig zu sein 87

H ... ürdenlauf
Checkliste für die kleinen Abenteuer
des gemeinsamen Lebens 97

I ... nspiration
Bücher und Filme für liebeslose Zeiten 107

J ... agd
Wer jagt hier wen? 112

K ... orb
Wie überlebe ich eine Abfuhr? 123

L ... ust und Leidenschaft
Das verflixte erste Mal 140

M . . . ißverständnisse
Die können Sie sich sparen 154

N . . . avigation
Hat der Richtige angebissen? 169

O . . . bjekt der Begierde
Bei wem Sie schwach werden 186

P . . . annendienst
Erste Hilfe für Liebesnotfälle 206

Q . . . uereinsteiger
Exotische Wege, sich zu verlieben 215

R . . . osarote Brille
Bitte aufbehalten! 220

S . . . treng vertraulich!
Verliebt am Arbeitsplatz 228

T . . . aktik
Die Strategie, die Sie glücklich macht 238

U . . . nabhängigkeit
Die Basis jeder großen Liebe 247

V . . . ergiß es!
Das sollten Sie lieber bleiben lassen 251

W . . . iederholungstäter
Warum kriege ich immer die Falschen? 260

X . . . anthippe
Keine Angst vorm Streiten 275

Y . . . esterday
Machen Sie aus Ihrer Vergangenheit ein Geheimnis 288

Z . . . iele
Wie geht's weiter? 295

Das schönste Gefühl der Welt

Wenn Börsenmakler plötzlich Gedichte schreiben, Pessimisten dauergrinsen und Workaholics sogar auf Überstunden pfeifen, dann sind sie höchstwahrscheinlich schwer verliebt. Die Welt steht kopf, das Herz macht Sprünge, im Bauch kreiseln Schmetterlinge. Wir alle sind beflügelt, wenn es uns erwischt. Und alle träumen von diesem schönen, verrückten Gefühl.

Verliebtheit ist ein einziges Rätsel: Da begehrt man einen Menschen wie nichts auf der Welt, und kennt ihn nicht einmal wirklich. Oder man verliebt sich unsterblich in einen, der nichts von einem wissen will. Man kann es sich nicht aussuchen, es nicht erzwingen, und abstellen läßt sich dieser Zustand auch nicht ohne weiteres. Verliebtheit kommt und geht wie sie will. Ist sie in Reichweite, stolpern wir oft über selbst gelegte Hindernisse. Klar wissen wir alle möglichen schlauen Sachen übers Flirten oder Erobern, aber geht's an die Praxis, setzt der Verstand aus.

Dies ist ein Buch für Verliebte und alle, die sich nach Verliebtheit sehnen. Eine Art Lexikon mit Liebeshilfe von A bis Z. Es soll Sie inspirieren, verstaubte Mythen entzaubern, die Eigenarten von Frauen und Männern verständlich machen, alte Weisheiten auf den neuesten Stand bringen und Erklärungen aus der Wissenschaft liefern, damit Sie verstehen, warum Sie sind, wie Sie sind, wenn Sie sich verliebt haben.

Vielleicht entdecken Sie den einen oder anderen Punkt, über den es sich nachzudenken lohnt. Vielleicht erkennen Sie sich hier und da wieder – und probieren beim nächsten Mal eine neue Eroberungsstrategie aus. Vielleicht gehen Sie mit einem ganz neuen Selbstverständnis an das Thema Partnerschaft heran. Vielleicht haben Sie auch nur einfach Spaß an den Kapriolen oder Nöten verliebter Menschen.

Bevor Sie auf Partnersuche gehen, sollten Sie sich über ein paar grundsätzliche Dinge klar werden. Denn viele Fehler gehen nicht auf das Konto einer neuen Liebe, sondern haben mit eigenen falschen Einstellungen zu tun.

Schluß mit cool

Zu dumm, zu häßlich, zu wenig Erfolg – die meisten Menschen plagt der Verdacht, den allgemeinen Anforderungen eines attraktiven Partners in irgendeinem Punkt nicht zu genügen. Perfekt sein, heißt die Devise auf dem Partnermarkt. Und wer nicht perfekt ist, der tut einfach so. Der stärkste Schutzschild gegen Minderwertigkeitsgefühle und Versagensängste ist cooles Auftreten.

Aber lassen Sie sich eins gesagt sein: Perfekt werden Sie nie, und mit einer kalten Wand flirten, macht niemanden an.

Liebe made in Hollywood

Im Kino sieht immer alles so einfach aus. Da treffen sich zwei Fremde, verlieben sich und bringen sich vor Leidenschaft schier um. Wie langweilig, denken Sie, sind dagegen meine Liebesgeschichten. Wahr ist: Wer die vollkommene Inszenierung in der Realität sucht, der wird enttäuscht. Filme sind doch zum Träumen da.

Mythen-Müll

Na klar: Der Mann ist der starke Jäger, die Frau die zarte, sich sträubende Beute. So ist es in unseren Köpfen festzementiert. Also ruft sie den Schwarm nicht an, und der findet das auch gut so. Daß sie im Job den Jungs sagt, wo's langgeht, das irritiert beide dann aber doch. Wer ist denn nun der Aktive, wer der Passive? Da muß sich was ändern in unseren Vorstellungen. Spielen Sie mit den Rollen!

Von Prinzen und Prinzessinnen

Wer kompromißlos nach dem Traumpartner Ausschau hält, der übersieht unter Umständen die große Liebe. Die kommt oft nämlich gar nicht in strahlender Rüstung oder im Prinzessinnenstaat daher. Schmeißen Sie Ihre Checkliste für Mr. und Mrs. Right weg. Die wahren Schätze erkennt nur, wer sich Zeit läßt und genau hinschaut.

Aber der wichtigste Gedanke: Es ist alles nur ein Spiel. Ein schönes. Verliebtsein funktioniert in etwa wie Schach. Ein Spiel für zwei, und nicht immer haben beide Lust, einzusteigen. Nimmt der eine die Aufforderung des anderen an, macht jeder, immer hübsch abwechselnd, einen Zug nach dem anderen, und beide wollen gewinnen. Natürlich verliert man bei einer Niederlage nicht sein Leben – Verliebtsein ist nicht Russisches Roulett. Der Stolz und die Eitelkeit sind verletzt, aber wirklich auf der Strecke bleibt keiner in dieser ersten Phase der Liebe. Bleiben Sie fair! Gute Verlierer schmeißen dem anderen nicht die Figuren ins Gesicht, sei die Versuchung auch noch so groß. Ist eine Partie beendet, geht man um ein paar Erfahrungen reicher, aber nicht verbittert an die nächste. Neues Spiel, neues Glück. Übrigens:

Wir verstehen ja, daß Ihre sieben Sinne in diesem Zustand kräftig durcheinandergewirbelt sind. Aber ganz ohne Köpfchen kommt man, wie beim Schach, in der Liebe nicht weit.

Augenblick mal! Alles übers Flirten

Ein kleiner Flirt, und die Welt beginnt zu strahlen. Die U-Bahn-Fahrt ins Büro, ein fades Fest, ein verregneter Badeurlaub werden plötzlich zum Erlebnis, nur weil zwei Menschen ein paar aufreizende Blicke oder kokette Worte hin und her spielen. Es gibt wohl niemanden, der nicht gerne flirtet. Dabei steckt – von Natur aus – mehr hinter dem prickelnden Launemacher als reiner Spaß. Mit einem bestimmten Repertoire an Signalen checken wir ab, ob das anvisierte Objekt der Begierde an einer sexuellen Beziehung interessiert ist. Wie der Sex selbst hat auch das Flirten einen klar definierten biologischen Zweck: die Erhaltung der Art. Der Flirt dient sozusagen als Vorbereitung zum Zeugungsakt. Zu dieser Erkenntnis kam der österreichische Verhaltensforscher Irenäus Eibl-Eibesfeldt, nachdem er das Balzverhalten von Tier und Mensch analysiert hatte. Eibl-Eibesfeldt beobachtete das weibliche Flirtverhalten in unterschiedlichen Kulturen und stellte fest, daß Frauen überall auf der Welt, egal ob sie nackt in einer Hütte leben oder als hochqualifizierte Expertinnen am Fortschritt basteln, auf eine ähnliche Art und Weise flirten. Für ihn und viele seiner Wissenschaftskollegen ein Beleg dafür, daß das Flirten uns in den Genen liegt und von Generation zu Generation weitervererbt wird.

Die Dramaturgie des Flirts

Beim Flirten kommt es zunächst, anders als man vielleicht erwartet, weniger auf das an, was die Flirtenden zueinander sagen. Bis das erste Wort gewechselt wird, übermitteln sie statt dessen jede Menge wichtiger Botschaften auf nonverbaler Ebene. Und manchmal bleibt es auch dabei. Wenn Sie das nächste Mal in einer Bar oder bei einer Party sind, sollten Sie unbedingt das Balzverhalten Ihrer Mitmenschen beobachten. Es ist wirklich verblüffend, was man an Gesten und Bewegungen bei allen Flirtenden wiedererkennen kann. Der amerikanische Anthropologe David Givens und der Sozialpsychologe Timothy Perper haben zu Studienzwecken unzählige Frauen und Männer in Single-Lokalen bei ihren Annäherungsversuchen observiert. Das Flirten, stellten die Berufs-Voyeure fest, läuft in mehreren Phasen ab: wer in Flirtstimmung ist, versucht zunächst, die Aufmerksamkeit eines reizvollen Mitspielers auf sich zu ziehen. Dabei ist es natürlich ein Unterschied, ob die Bühne für den Balztanz eine Cocktail- oder Strandbar, das Zahnarzt-Wartezimmer, die Betriebskantine, eine Vernissage oder eine Supermarktkasse ist. Nicht alle Orte sind gleich flirtfreundlich, und je nach Schauplatz müssen die Akteure ihre Flirtmanöver mal mehr, mal weniger zurückhaltend gestalten.

Schau mal an!

Ohne die richtigen Blicke läuft beim Flirten gar nichts. Dummer Fehler deshalb, die Sonnenbrille aufzubehalten, nachdem man jemanden Verlockenden entdeckt hat. Wem die Coolness wichtiger ist als der Augenkontakt, der hat beim

Anbandeln von vornherein verloren. Der anvisierte Flirtkandidat hat weder die Chance zu erkennen, daß sich jemand eindeutig für ihn interessiert (vielleicht ist ja der Nachbar oder die Nachbarin gemeint), noch kann er ausmachen, ob hinter den dunklen Gläsern einladende oder vernichtende Blicke losgeschickt werden.

Während der Aufmerksamkeitsphase spielen die Augen sogar die Hauptrolle. In dieser Phase lassen sich drei Blickarten unterscheiden. Wer neu in einen Raum kommt, läßt seine Blicke zunächst ohne festes Ziel herumschweifen. Erst einmal die Lage peilen, abchecken, wer so alles da ist und wo es interessant werden könnte. Hat man irgendwann einen Flirtkandidaten entdeckt, schießt man kurze, präzise Dartingblicke auf ihn ab. Das Zielobjekt soll merken, da will jemand etwas von mir. Es wird spannend – Dartingblicke leiten den Flirt ein. Die dritte Blickart, von Wissenschaftlern wenig charmant »Kopulationsblick« genannt, benutzen wir, um unsere Kontaktbereitschaft zu signalisieren. Diese Blicke sind intensiv und dauern meist zwei bis drei Sekunden. Als Zeichen von Sympathie können sich dabei die Pupillen vergrößern. Der Kopulationsblick provoziert beim anderen eine Reaktion, und die heißt Annäherung oder Rückzug. Eine Ausnahme bilden sehr schüchterne Männer – bei ihnen muß eine Frau noch deutlicher werden, um sie aus der Reserve zu locken. Schaut eine Frau einen Mann dagegen sehr selten und nur kurz an, interpretiert der das als Zeichen der Langeweile. Keine Chance, denkt er sich und hakt sie als Flirtpartnerin ab.

Noch ein paar kleine Blick-Regeln: Gucken Sie Ihr Gegenüber beim Flirten an. Wer seine Blicke schweifen läßt, signalisiert »Wollen doch mal sehen, ob hier noch was Besseres unterwegs ist«. Spricht man selbst, sollte man ab und zu kurz den Blick abwenden, sonst fühlt der andere sich unter Druck gesetzt. Wer verträumt in sein Glas blickt, der drückt damit aus: »Merkst du nicht, wie du mich langweilst?« – selbst wenn er nur aus Schüchternheit nach unten guckt. Noch ein Tip für Männer: Wenn Ihnen eine Frau in einem Café oder einer Kneipe auffällt und Sie sehen zu ihr hinüber, lächeln Sie sie an, wenn sie von Ihnen Notiz nimmt. Oder wollen Sie, daß sie Sie für einen Psychopathen hält, der ihr nach Verlassen des Lokals hinter der nächsten Straßenecke auflauern wird? Frauen fühlen sich bedroht, wenn ein Mann sie mit unbewegter Miene anstarrt oder beobachtet.

Blickfänger

Ideales Terrain fürs Anbandeln sind alle Arten von Lokalen, Partys oder Events, Kinos oder Theater. Hier ist die Mehrzahl der Anwesenden zu Spaß, Kommunikation und Kontaktaufnahme aufgelegt. Hier läßt sich das menschliche Balzverhalten auch am gründlichsten studieren.

Der Auftakt der Flirtinszenierung verläuft immer gleich. Die Akteure betreten den Schauplatz, schauen sich kurz um und suchen sich einen strategisch günstigen Platz zum Sehen und Gesehenwerden. Haben sie sich dort eingerichtet, Taschen, Jacken und andere Mitbringsel deponiert und, wo möglich, einen Drink organisiert, versuchen sie, die Aufmerksamkeit des Publikums auf sich zu lenken. Die Taktiken der Geschlechter, die Blicke mindestens einer interessanten Person einzufangen, sind verschieden, erklären Givens und Perper. Männer neigen mehr oder weniger unbewußt zu Imponiergehabe: Seht her, hier ist einer, der ist stark, mächtig und allen Konkurrenten überlegen. Aufrecht und breitbeinig stehen die Platzhirsche im Raum, pumpen sich durch Wölben der Brust aufs Maximum auf, wippen hoch auf die Zehenspitzen oder treten lässig von einem Fuß auf den anderen. Sie strecken sich und fahren sich immer wieder mit hocherhobenen Armen durchs Haar – das läßt sie größer erscheinen. Haben sie sich irgendwo niedergelassen, sind die Beine gespreizt und die Arme lässig über die Rückenlehne, wenn möglich, gleich mehrerer Stühle drapiert. Jede noch so banale Bewegung wird übertrieben, als seien sie Darsteller in einem Stummfilm. Der Drink wird mit weit ausholendem Arm zum Mund geführt, zünden sie sich eine Zigarette an, geht der ganze Körper mit, und das Streichholz wird durch aufwendiges Schlenkern mit dem Unterarm gelöscht. Macht jemand einen Scherz, erschüttert das Lachen balzender Männer ihren ganzen Körper und klingt herzhaft und laut genug, um im ganzen Umkreis gehört zu werden. Alles, was als Statussymbol tauglich sein könnte, wird präsentiert: Handy, der Porscheschlüssel, die richtigen Schuhe, protzige Goldketten, Klamotten-Label, die angesagte Zigarettenmarke. Für neutrale Beobachter ein ziemlich peinliches Schauspiel, das Männer inszenieren, um eine Frau zu erobern. Doch wundersamerweise kommt das Posing gut an bei denen, die es beeindrucken soll. Auch wenn kaum eine Frau das so recht zugeben mag. Sie halten diese Beschreibungen für übertrieben? Dann schauen Sie, wenn Sie demnächst unterwegs sind, mal genau hin, wie die Männer sich in Szene setzen.

Frauen haben ihre eigenen Methoden, Männerblicke zu ködern. Sie zupfen und streichen an ihrem Outfit herum und rekeln sich genüßlich. Sie spielen mit ihren Haaren, legen den Kopf schräg, blicken schüchtern auf, kichern, bedecken das Gesicht mit den Händen. Manche Frauen schreiten gekonnt durch den Raum wie Models über den Laufsteg. Mit durchgedrücktem Kreuz, gewölbtem Busen und schwingenden Hüften verdrehen sie den Männern den Kopf. Sie wissen, was sie tun. Eine Frau kann noch so schön sein, bewegt sie sich mit der Grazie eines Schwerathleten, ist der verführerische Eindruck dahin.

Der 30-Sekunden-Check

Mit wem wir uns auf einen Flirt einlassen, stellt sich innerhalb weniger Augenblicke heraus. Ganz gleich, ob es in einem Club oder in der Lieblingsbar passiert, an einer Bushaltestelle, am Kaffeeautomaten in der Firma oder beim Toilettenpapiereinkauf – steht man einem/einer Unbekannten gegenüber, die einen genaueren Blick wert ist, entscheiden die nächsten 30 Sekunden, ob aus dieser Zufallsbegegnung mehr werden könnte oder nicht. Das stellte die Verhaltensforscherin Christiane Tramitz vom Max-Planck-Institut für Humanethologie in Andechs fest. In dieser halben Minute registrieren wir unzählige Detailinformationen wie Stimme, Temperament, Laune, Geruch, Figur oder Körperhaltung des anderen. Jede Einzelheit wird kritisch begutachtet: Ehering? Geputzte Schuhe? Parfum? Schöne Haare? Stil? Lachfalten? Arroganter Blick? Der richtige Drink? Unser erster Eindruck ist von Vorurteilen geprägt. Brillenträger halten wir für intelligent, Frauen mit stark geschminkten Lippen für leicht verführbar, Träger von Birkenstocks für alternativ. Attraktive Menschen sind bei diesem Blitztest klar im Vorteil. Sie wirken allein wegen ihres Aussehens anziehend, ihnen ordnet man automatisch positive Eigenschaften zu. Unser Kopf arbeitet auf Hochtouren. Gefühle werden untersucht, die Vernunft befragt und das Gedächtnis durchforstet. Ist er mit seiner Freundin da? Ist sie die neue Vorgesetzte? Ist er der beste Freund des gerade verabschiedeten Partners? Dann die Entscheidung: Normalerweise hätte sie sich jetzt verliebt, aber der Traummann, den sie gerade kennengelernt hat, ist leider verheiratet. Und ihre Erfahrung und Grundsätze sagen – Finger weg von Ehemännern! Die neue Kollegin könnte die Richtige sein, aber dummerweise ähnelt sie seiner Ex-Freundin. Und mit diesem Typ Frau hat er ein für allemal abgeschlossen. Vor allem Frauen sind sich nach dem 30-Sekunden-Ganz-Körper-Psycho-Check absolut sicher, ob sie an ihrem Gegenüber näher interessiert sind oder lieber langsam den Rückzug antreten.

Ladies first

Geht der Blitztest positiv aus, ist es an der Frau, den nächsten Schritt zu tun. Sie muß das Startsignal für den eigentlichen Flirt senden. Zwar hat sich die klassische Rollenverteilung – er der Jäger, sie die Gejagte – bis heute beharrlich in unseren Köpfen gehalten, aber wahrer ist sie dadurch nicht geworden. Nur in Ausnahmefällen geht ein Mann ohne auffordernde Gesten der Frau in die Offensive. Das bezieht sich natürlich auf Kulturen, in denen das Prinzip der freien Partnerwahl vorherrscht und die Partnerin nicht für 20 Kamele eingekauft oder von den Eltern zugeteilt wird. In Wirklichkeit ist also die Frau die Jägerin. Je sparsamer sie mit ermunternden Blicken, Lächeln und Gesten umgeht, desto weniger wagt sich ihr Bewunderer an sie heran. Die amerikanische Psychologin Monica Moore bestätigt diese These mit einer interessanten Beobachtung: Sitzen eine schöne und eine durchschnittlich aussehende Frau nebeneinander, dann glauben die meisten Menschen, nur die Attraktivere hätte Aussichten, einen Mann auf sich aufmerksam zu machen. Irrtum! Auf die Initiative kommt es an. Die graue Maus muß nur aktiv werden und den Flirt eröffnen, dann hat sie beste Chancen auf eine Eroberung. Die Kunst, im richtigen Moment den Startschuß für das Spiel zu geben, ist das Geheimnis der Frauen, die niemals lange allein an einem Tisch sitzen.

Frauen kommen auch in dieser Flirtphase ohne Worte aus. Wenn sie einem Mann grünes Licht geben, überlassen sie ihrem Körper das Sprechen. Sie benutzen dazu eine Sprache von bedeutsamen Bewegungen und Gesten, die auf der ganzen Welt gleich ist und von allen Männern verstanden wird. Ein Teil dieser Signale kommt bereits in der ersten Phase des Anbandelns zum Einsatz, um die Aufmerksamkeit eines interessanten Fremden zu erwecken. Ist dies gelungen, oder hat ausnahmsweise er den Flirt initiiert, spielt die Frau jetzt das ganze Repertoire ab, um ihr Interesse unmißverständlich an den Mann zu bringen. Die amerikanischen Psychologen David Givens und Monica Moore entschlüsselten die weibliche Flirtsprache und erstellten einen Flirtkatalog:

Eyebrow Flash: Ein knapp zwei Sekunden dauerndes Anheben der Augenbrauen, begleitet von einem Lächeln und Blickkontakt. Dient als Gruß und als Erkennungs- oder Übereinstimmungssignal.

Head Toss: Ein ruckartiges Zurückwerfen des Kopfes, bei dem das Kinn nach vorn geschoben wird und die Brauen leicht gehoben werden. Dieser Ausdruck signalisiert Abwehr, ist aber oft verbunden mit der sogenannten

Neck Presentation: Der Kopf wird unter Präsentation der empfindlichen Halsschlagader in eine leichte Schräglage versetzt. Ist als Geste der Unterwerfung und Beschwichtigung zu verstehen.

Hair Flip: Zurückwerfen des Haares mit einer schnellen Handbewegung. Eines der offensichtlichsten Flirtsignale.

Lip Lick: Sanftes Kreisen der Zunge über die leicht geöffneten Lippen.

Lip Pout: Um die Lippen voller und begehrenswerter erscheinen zu lassen, werden sie leicht zusammengepreßt nach vorne geschoben, wobei die Unterlippe etwas über der Oberlippe steht.

Coy Smile: Das typisch weibliche Verlegenheitslächeln – bevor sie richtig lächelt, dreht die Frau sich weg. Lächeln spielt beim Anbandeln eine wichtige Rolle. Setzen Frauen eine ernste oder unfreundliche Miene auf, flopt der Flirt.

Selbstberührungen: Das Herumzupfen an der Kleidung oder die Berührung des eigenen Arms oder Gesichts drücken Unsicherheit aus und wirken gleichzeitig aufreizend.

Wer Frauen beim Anbandeln beobachtet, stellt fest, wie häufig sie Unterwürfigkeitsgesten in den Flirt einbauen. Das macht nicht nur Sinn, weil es dem Mann die Angst vor dem ersten Schritt nimmt. Die vermeintliche Unterwerfung der Frau hat noch einen zweiten Grund: Männer meinen – und da liegen sie gar nicht so falsch – beim Flirten eine gewisse Stärke und Dominanz ausstrahlen zu müssen. Die Rolle des starken Helden ist aber nun mal nicht jedermanns Sache. Damit ihr Ritter wenigstens ein bißchen strahlen kann, stellen Frauen sich – oft unbewußt – das eine oder andere Mal kleiner und schwächer dar, als sie in Wirklichkeit sind. Moderne, selbstbewußte Frauen können sich diesen Ausflug in die Rolle des schwachen Weibchens locker leisten. Solange er sich auf einzelne Situationen beschränkt und sie nicht in der Rolle steckenbleiben, ist an diesem strategischen Manöver nichts ehrenrührig oder unemanzipiert. Es handelt sich nur um ein Spiel, das mit dem realen Kräfteverhältnis wenig zu tun hat.

Der erste Satz

Die Voraussetzungen für eine Annäherung sind jetzt geschaffen. Beide haben Interesse an einem Kennenlernen signalisiert. An dieser Stelle wird den meisten, wenn ihnen ihr Gegenüber wirklich gefällt, mulmig. Der berühmte erste Satz steht an. Leute, die schüchtern sind, glauben gerne, sie gehörten einer kleinen, traurigen Minderheit an. Dabei ist kaum jemand wirklich souverän, wenn ein begehrenswerter Mensch vor ihm steht und Konversation gefragt ist. Die Eröffnung eines Gesprächs ist wohl die schwierigste Übung beim Flirten überhaupt. Die Angst vor einer Abfuhr zu überwinden, fällt den meisten Menschen wahnsinnig schwer. Denken Sie einfach daran, daß Ihr Gegenüber genauso unsicher ist wie Sie. Er oder sie sieht aber so toll aus? Na und? Schönheit schützt vor Schüchternheit nicht. Außerdem sollen Sie den anderen nur ansprechen, sie sollen ihm keine Versicherung verkaufen oder ihn fragen, ob er mit Ihnen ins Bett geht. Mal ehrlich, was ist schon dabei, jemanden anzusprechen? Was kann schon groß passieren? Der oder die Angesprochene wird sicher nicht aufstehen und in den Raum brüllen »Kann mir mal jemand diese gräßliche, aufdringliche Person vom Hals schaffen?« Ist das Objekt des Interesses nicht allein, haben Sie die Möglichkeit, den entspannten Umweg über die Begleitung zu nehmen und dann beide in ein Gespräch zu verwickeln. Aber passen Sie auf, sonst sitzen Sie am Ende allein mit dem Notnagel da.

Meistens jedoch muß man sich der Herausforderung stellen und den direkten Weg gehen. Den Spruch, der immer zieht, gibt es leider nicht. Manchmal kommt die ollste Kamelle an und ein andermal setzt es als Antwort auf ein originelles Entree eine verbale Ohrfeige. Erfolg oder Mißerfolg sind oft eine Sache der Tagesform und der Chemie. Wenn Sie dem anderen bereits positiv aufgefallen sind, dann stehen die Chancen gut, daß der oder die Angesprochene den ersten Satz gnädig überhört, sollte er zum Flachspruch mißlingen. Denn sie beziehungsweise er hat wahrscheinlich nur darauf gewartet, angesprochen zu werden. Besteht beim anderen dagegen von vornherein kein Interesse, dann kann als Ouvertüre kommen was will, die Abfuhr ist sicher. Fällt Ihnen keine originelle Eröffnung ein, stellen Sie sich einfach vor »Hallo, ich bin Philipp.« Oder Cora. Erzählen Sie irgendetwas, über die Bar, woher Sie gerade kommen oder über die Musik. Kein Thema ist zu banal, um ein Gespräch anzuschieben. Sie machen sich kein bißchen lächerlich, wenn Sie mit Blabla einsteigen. Jeder findet es normalerweise mutig, wenn der andere den ersten Schritt macht, ob er nun interessiert ist oder nicht. Warten Sie mit dem ersten Satz niemals zu lang, nur weil Ihnen kein großartiges Thema für die Eröffnung der Konversation einfällt. Ehe Sie sich versehen, ist die Frau oder der Mann zur Tür hinaus oder die Konkurrenz hat den ersten Schritt schneller gewagt als Sie. Und während die beiden sich amüsieren, beißen Sie womöglich nachts vor Wut ins Kissen.

Wer verliebt ist in eine Kollegin oder den Freund eines Freundes, sitzt gerne zu Hause und denkt sich perfekte erste Sätze aus. Vergessen Sie's, das ist verschenkte Zeit. Sich für einen Flirt zu präparieren bringt nichts. Denn entweder paßt der perfekte Satz, wenn er fällig ist, leider nicht zur Stimmung, oder er fällt Ihnen gar nicht erst ein. Lieber spontan sein, auf die Situation eingehen, die Umgebung miteinbeziehen.

Nach dem ersten Satz gilt: Stellen Sie Fragen, aber möglichst nicht nur solche, die mit »ja« oder »nein« zu beantworten sind. »Sind Sie zufällig hier gelandet, oder sind Sie öfter hier?« oder »Was spielen die hier denn sonst für eine Musik?« Darauf kann man aufbauen. Außerdem sind Fragen praktisch bei Nervenflattern. Während der andere antwortet, können Sie Ihre sieben Sinne sortieren und die Panik flaut ab. Rutscht Ihnen trotzdem eine Peinlichkeit heraus oder werfen Sie vor lauter Nervosität ein Glas um, gibt es ein Mittel, das den Schaden umgehend behebt: Lachen. Auch wenn einem eher nach Weinen oder Wegrennen zumute ist. Klar, wer wirklich in denjenigen verliebt ist, mit dem er flirtet, der meint es ernst. Und kann die Sache nicht spielerisch sehen. Doch gerade deshalb: Mit Humor läßt sich jede peinliche Situation retten. Und wenn man mal zusammen gelacht hat, ist die Atmosphäre um einiges entspannter, und man ist sich ein ganzes Stück nähergekommen.

Männer sollten sich zusammenreißen und keine Monologe herunterspulen. Frauen haben die Nase voll von Langrednern, die ihnen die Welt erklären. Und das auch noch gleich beim ersten Flirt. Was glauben Sie wohl, was einen sogenannten »Frauentyp« auszeichnet? Sein gutes Aussehen? Viel Geld, ein Wahnsinns-Job? Mitnichten. Er gibt Frauen das Gefühl, sich wirklich für sie zu interessieren, er signalisiert echte Anteilnahme, stellt Fragen und wartet Antworten ab. Das zieht. »Endlich einer, der zuhören kann, der mich versteht«, schwärmen Frauen über diese Sorte Mann.

Sind Sie an Ihrem Gegenüber nach dem ersten Geplänkel weiter interessiert, ist es wichtig, die Kurve vom Small talk zu persönlichen Inhalten zu kriegen. Sie sind auf einen One-night-stand aus? Dann können Sie sich das sparen. Kommt der andere allerdings für eine mögliche Partnerschaft in Frage, dann sollten Sie ein bißchen was über sich herauslassen. Sozialpsychologen nehmen die Bereitschaft, von vornherein über sich selbst, seine Interessen, Ansprüche und Träume zu sprechen, nämlich als Maßstab für die Qualität und Dauer einer Beziehung. Natürlich bringt es wenig, wenn einer sein Herz in die Waagschale wirft und der andere mauert.

Beim Flirten ist alles drin: gemeinsam lachen, sich gegenseitig in einem prickelnden Wortgefecht hochschaukeln, einen Streit simulieren. Bei solchen Scheinkämpfen müssen beide nur aufpassen, daß die Stimmung nicht kippt und echte Aggression ins Spiel kommt. Denn dann ist der Liebesfunke ganz schnell wieder verloschen. Sollte das Gespräch nach ein paar Sätzen versanden, ist das keine Katastrophe. Es hat eben nicht gefunkt, irgendetwas paßt nicht. Sie haben es immerhin gewagt, den anderen anzusprechen. Sie haben sich und ihm die Chance gegeben, sich kennenzulernen. Ist alles gut gelaufen und das Gespräch in Gang gekommen, tritt der Flirt in die nächste Phase.

Kompliment ...

Komplimente sind etwas Wunderbares, wenn sie ernst gemeint sind. Beim ersten Flirt spielen sie noch keine allzu große Rolle. Auf jeden Fall nicht zu dick auftragen. Wer beim ersten Aufeinandertreffen einen Komplimentschwall von sich gibt, der macht sich verdächtig. So was klingt allzu bemüht und unglaubwürdig. Die wirklich guten Komplimente kann man erst an den Mann beziehungsweise an die Frau bringen, wenn man sich bereits etwas kennt (siehe Kapitel »Dating«, S. 43).

Body-Check

Das Gespräch läuft, die Chemie scheint zu stimmen, das Kribbeln im Bauch wird immer stärker, die Atmosphäre knistert. Die Flirtenden beugen sich beim Sprechen leicht vor oder treten näher aneinander heran, die Knie trennt nur noch eine Haaresbreite, die Arme liegen fast nebeneinander. Sie streicht sich über den Arm als wäre es seiner. Dann berührt sie, fast immer ist es die Frau, ihn. Ganz leicht, fast, als wäre es ein Versehen, streicht sie über seine Hand, seine Schulter, sein Bein. Was so harmlos scheint, hat große Auswirkungen darauf, wie es weitergeht. Zuckt der Mann zurück, ist der Flirt hier zu Ende. Reagiert er neutral oder erwidert die Berührung mit einem Lächeln oder seinerseits einer Berührung, dann hat der Flirt eine neue Dimension erreicht – Erotik kommt ins Spiel. Achtung Männer: Grapschen verboten! Niemals eine Frau voreilig an intimen Körperteilen berühren. Seien Sie vorsichtig und verspielt. Beide Seiten inszenieren jetzt ein Spiel mit dem Feuer. Die Annäherung verläßt die Phase der Unverbindlichkeit. Denn auch wenn viele Flirts nicht im Bett enden, um Sex geht es in jedem Fall. Erotik gehört zum Flirten wie das Wasser zum Schwimmen.

Der Takt der Liebe

Sind zwei Flirtende sich nach den ersten Worten und sanften Berührungen immer noch sympathisch, beginnt die letzte und entscheidende Phase der Begegnung. Wie zwei balzende Kraniche eröffnet das Paar, gleich wo es sich befindet, eine Art Liebestanz. Das beobachteten Givens und Perper bei ihren Flirtstudien in Single-Bars. Die Flirtenden verändern so lange ihre Stellung, bis sie sich frontal gegenüberstehen oder sitzen. Für neutrale Betrachter sieht es aus, als sei der eine das Spiegelbild des anderen. Jede Bewegung, die der eine macht, kopiert der andere auf der Stelle. Zündet sie sich eine Zigarette an, tut er, ist er ebenfalls Raucher, es ihr nach. Berührt er sein Glas, berührt sie ihres, greift er nach seiner Einkaufstüte, hat sie auch schon ihre Tasche in der Hand, faßt er sich an die Schulter, hebt sie den Arm. Dieses Imitieren von Bewegungen kennt jeder von sich. Haben Sie das noch nie erlebt? Sie unterhalten sich intensiv mit einem Freund oder einer Freundin, er oder sie kratzt sich am Arm, und Sie tun es ganz automatisch nach. Manchmal erwischt man sich dabei, wie man zum Glas greift, während der Tischnachbar dies tut, oder auf die Uhr sieht, nachdem die Kollegin das einen Bruchteil von Sekunden vorher getan hat. Flirtende betreiben dieses Kopieren bis zur Vollendung. Immer synchroner werden die Bewegungen, während das Paar sich intensiv in die Augen schaut, immer harmonischer der Paarungstanz. Erreichen die frisch Entflammten den vollkommenen körperlichen Gleichtakt, sind sie zumindest für eine Nacht ein Paar.

Wenn Flirten zum Streß wird

Unzählige Frauen getroffen, etliche Frösche geküßt, geflirtet, sich schön gemacht, sich gefreut, sich von der Schokoladenseite präsentiert. Ohne Erfolg. Der oder die Richtige war nie dabei. Wer bereits länger auf Partnersuche ist, dem vergeht irgendwann die Lust am Flirten. Im schlimmsten Fall wird das Spiel zum Streß. Mit jedem weiteren vergeblichen Versuch anzubandeln, werden unfreiwillige Singles unsicherer und verkrampfter. Sie versuchen, ihre Unsicherheit und die Resignation zu verbergen, mal mit gezwungener Lässigkeit, mal mit Arroganz. Sie stehen neben sich und beobachten sich bei jedem Schritt. Steuern ihr Verhalten plötzlich, das vorher unbewußt, spielerisch ablief, setzen Körpersprache, Mimik und Blickkontakt nur noch dosiert und wohlüberlegt ein. Mit Lust hat das am Ende rein gar nichts mehr zu tun. Für alle deshalb, die gerade nicht verliebt sind, es aber gerne wären: Flirten Sie wild drauflos. Checken Sie nicht zwanghaft bei jedem Menschen, der Ihnen über den Weg läuft, ob er der Mann oder die Frau fürs Leben ist. So behält das Flirten für Sie seine Leichtigkeit. Außerdem: Wer immer Angst hat, seine Zeit und seinen Charme an den Falschen zu vergeuden, der verplempert ganze Jahre in der Warteschleife zur endgültigen Landung bei Mr. oder Mrs. Right. Schauen Sie sich um: Hätten Sie die Qualitäten des tollen Partners Ihrer Freundin auf den ersten Blick erkannt? Sicher nicht. Auf der Straße hätten Sie ihn wahrscheinlich glatt übersehen. Aber jetzt, aus der Nähe betrachtet, ist er einfach ein Klassemann. Ein Flirt steigert das Selbstwertgefühl und am Ende springt ganz zufällig irgendwann auch noch der oder die Richtige dabei heraus.

Fit für den Flirt

Es ist wie verhext. Jedesmal, wenn Sie verliebt sind und dem Objekt Ihrer Begierde gegenüberstehen, erkennen Sie sich selbst nicht wieder. Starr vor Schreck, wie das Kaninchen vor der Schlange, verwandeln Sie sich in eine Zicke oder einen Stoffel. Reden lauter dämliches Zeug oder kriegen den Mund gar nicht auf. Nicht einmal Sie selbst würden sich in diesem Moment in sich verlieben. Haben Sie genug von solchen mißglückten Auftritten? Dann machen Sie einfach ein kleines Flirt-Trainingsprogramm. Es bringt Sie in gute Stimmung und baut Ihr Selbstbewußtsein auf. Zunächst das Warmup: Jeden Tag einen fremden Menschen – natürlich vom anderen Geschlecht – ansprechen, der Ihnen sympathisch ist. Sie müssen sich dafür nicht gleich an Brad-Pitt-Typen oder Kim-Basinger-Doubles heranwagen. Unterhalten Sie sich mit Ihrer neuen Nachbarin, lassen Sie sich von einem zufällig neben Ihnen stehenden Kunden im Computerladen einen PC erklären. Verwickeln Sie einen nur vom Sehen bekannten Kollegen in ein Gespräch oder tauschen Sie mit einer Frau im Supermarkt am Kühlfach Pizzarezepte aus. Fragen kommt in solchen Situationen immer gut an, denn jeder läßt andere gerne an seinem Wissen teilhaben, egal, ob es um die richtige Katzenstreu geht oder Details aus der Molekularbiologie. Ziel des Warmups ist die Erkenntnis: Man kann fremde Menschen ansprechen, und nichts Schlimmes passiert. Im Gegenteil, die Leute freuen sich, wenn man auf sie zugeht. Nach ein paar Wochen Konversationstraining sind Sie präpariert für den zweiten Schritt: Gehen Sie in einen Club oder eine Bar und sprechen Sie jemanden an, den Sie nett und ziemlich interessant finden – aber nicht interessant genug für einen ernsten Eroberungsversuch. Es geht nur um einen kleinen Small talk, also bleiben Sie gelassen und natürlich. Ansprechen, kurz unterhalten, dann weiterziehen. Sie werden überrascht sein, wie einfach das ist. Und wie offen die meisten Angesprochenen reagieren. Fast jeder ist nämlich, gerade wenn er allein im Nightlife unterwegs ist, angespannt vor lauter Angst, uncool zu wirken, und lehnt lieber mit blasiertem Gesicht an der Bar, als von sich aus auf andere Menschen zuzugehen. Eigentlich schade, denn genau mit dieser Strategie liegen Singles vollkommen daneben: Wer auf cool macht, verpaßt viele Chancen, jemanden kennenzulernen. Ein paar Wochenenden müssen Sie natürlich investieren, um an Ihrem souveränen Auftreten zu feilen. Dann können Sie sich den dritten Schritt vornehmen: Wieder suchen Sie sich Sparringpartner, die Sie ganz passabel finden, bei denen Sie aber nicht in die übliche Hilfe-er/sie-gefällt-mir-Starre fallen. Ab jetzt kombinieren Sie den Small talk mit einem kleinen, unverbindlichen Flirt. Wenn es Ihnen zu eng wird, können Sie sich jederzeit absetzen – ein kurzer Spruch und nichts wie weg: »Ich hole mir eben was zu trinken« oder »Ich muß mich mal kurz frisch machen«. Diese Szene spielen Sie immer wieder durch, das entkrampft, verschafft Erfolgserlebnisse und trainiert das Selbstbewußtsein. Nach ein paar Übungsabenden sind Sie fit für den Ernstfall. Wenn Sie sich überraschenderweise während so eines Trainingsflirts verlieben, um so besser. Dann haben Sie den ersten schweren Schritt des Ansprechens spielend leicht hinter sich gebracht. Vierter Schritt: Zielgerichtetes Flirten. Wenn Sie jemanden anpeilen, der Ihnen richtig gefällt, erinnern Sie sich an die Übungsaktionen. Wie haben Sie sich dabei gefühlt, was haben Sie gesagt, mit welcher Stimme, welcher Körperhaltung. Ganz so locker wie bei der Simulation werden Sie nicht sein, aber besser als früher läuft's garantiert.

Vielleicht machen Sie, bevor Sie den oder die Auserwählte anvisieren, sogar einen kleinen Testflirt, nur so als Muntermacher. Sie sollten sich dafür allerdings nicht unbedingt die Person aussuchen, die zwei Stühle weiter vom eigentlichen Ziel sitzt. Das könnten er oder sie als wahllose Anmache interpretieren.

Biodrogen und Herzflimmern – Die Chemie des Verliebtseins

Was ist Liebe und wo kommt sie her? Die einen halten sie für gottgegeben, andere versuchen es mit psychologischen oder soziologischen Erklärungsmodellen, viele lassen sie einfach geschehen als ein metaphysisches, unfaßbares Phänomen. Hormonforscher haben ihre eigenen Theorien über das schönste aller Gefühle und versuchen seit Jahren, den chemischen Code der Liebe zu knacken. Kein leichter Job, denn wie sich inzwischen herausgestellt hat, sind die biochemischen Vorgänge, die Einfluß auf unser Gefühlsleben haben, hochkomplex. Hunderte von Molekülen lösen in unserem Gehirn unzählige Reaktionen aus, die mitentscheiden, in wen wir uns verlieben und vor allem *wie* wir uns fühlen, wenn der Funke gezündet hat. Wann welcher Stoff wie genau mitmischt, das haben die Wissenschaftler bislang nicht entschlüsseln können. Und es wird wohl noch eine ganze Weile dauern, bis sie ihre Vermutungen als gesicherte Erkenntnisse abhaken können. Fest steht immerhin: In jeder Phase des Verliebtseins spielt eine ganz bestimmte chemische Substanz eine Schlüsselrolle.

Ganz schön erregend: Adrenalin

Schon der erste Blick auf einen möglichen Flirtpartner ist des öfteren von der Chemie getrübt. Ob wir nach dem bereits erwähnten 30-Sekunden-Check (siehe Kapitel »Augenblick mal!«, S. 16) in die Offensive gehen oder abdrehen, können das Nervenaufputschhormon Adrenalin und das Streßhormon Cortisol (siehe auch S. 35) beeinflussen. Haben wir gerade ein aufregendes Erlebnis hinter uns – eine wichtige Konferenz, eine bestandene Prüfung, ein Tennismatch –, bei dem unser Körper beide Hormone ausgeschüttet hat, dann nehmen wir andere Menschen oft begehrlicher wahr als in einer entspannten Situation. Während lang anhaltender Streß Liebesgefühle hemmt, kann ein kurzzeitiger, wenn möglich positiver Streß das Gegenteil bewirken. Wissenschaftler nennen dies das »Konzept der unspezifischen Vorerregung«. Und so funktioniert's: Der durch die Belastung bedingte Adrenalinausstoß versetzt uns in Erregung. Ist gerade ein halbwegs attraktiver Mann oder eine einigermaßen interessante Frau in der Nähe, glauben wir irrtümlicherweise, daß er/sie Auslöser dieser Erregung ist. Und schon halten wir ihn beziehungsweise sie, wenn die Umstände die entsprechenden sind, für ungeheuer begehrenswert. So kann es etwa nach einem erfolgreichen Meeting zwischen zwei Kollegen funken, oder ein Prüfungsabsolvent findet eine Mitstreiterin beim Après-Talk im Café plötzlich unwiderstehlich. Normalerweise wäre zwischen ihnen vielleicht gar nichts weiter passiert.

Im Rausch der Gefühle: Phenylethylamin

Sind wir richtig verliebt, kommt das Phenylethylamin, kurz PEA, ins Spiel – eine dopingähnliche Substanz. Das Gefühl, die Welt erobern zu können, vor Glück zu platzen, der typische Rauschzustand frisch Entflammter, all dies geht auf das Konto der körpereigenen Droge. Das Phenylethylamin ist der Stoff, der uns spüren läßt, wann wir verliebt sind, behauptet der New Yorker Psychiater Michael Liebowitz. Es ist auch dafür verantwortlich, daß Verliebte die ganze Nacht wach liegen und sich trotzdem am nächsten Tag topfit fühlen, daß sie so leichtsinnig, optimistisch, überdreht und quicklebendig sind. Das natürliche Rauschmittel (gibt es übrigens nicht in der Apotheke) macht sie regelrecht high.

Dieses Hochgefühl ist, wie allgemein bekannt, leider nicht von Dauer. Der aufregende Sturm der Leidenschaft zieht irgendwann ab. Nach etwa zwei bis drei Jahren läßt die aphrodisierende Wirkung des Phenylethylamin in der Regel nach – die Rückkehr zum Gefühlsalltag ist bei jeder neuen Liebe biochemisch vorprogrammiert. Michael Liebowitz glaubt, das Gehirn könne den aufputschenden Zustand romantischer Glückseligkeit nicht auf Dauer aufrechterhalten, weil sich entweder die Rezeptoren im Gehirn an die ständige Überdosis PEA gewöhnen, oder der PEA-Spiegel selbst ganz einfach abzufallen beginnt.

Einige Menschen sind regelrecht süchtig nach dem Kick der körpereigenen Droge und verschaffen sich den Rausch durch ständig wechselnde Partner. Immer, wenn das Hoch der Verliebtheit nachläßt, suchen sie sich einen neuen Gespielen (siehe Kapitel »Pannendienst«, S. 206). Wer der Mensch an ihrer Seite eigentlich ist, interessiert die Süchtigen wenig. Alles, was sie wollen, ist der nächste PEA-Kick. Dieses Phänomen entdeckten Michael Liebowitz und sein Kollege Donald Klein in einer Studie über Liebessüchtige. Liebowitz und Klein stellten bei den Betroffenen einen zu niedrigen PEA-Spiegel fest. Die PEA-Unterversorgung ließ die Patienten wie Heroin- oder Alkoholabhängige immer wieder nach einer neuen Dosis verlangen. Als die beiden Forscher die Süchtigen mit den entsprechenden Substanzen behandelten, ließen diese sich nicht mehr wahllos auf den Nächstbesten ein, sondern suchten gezielt Partner für eine feste Beziehung.

Phenylethylamin allein macht übrigens nicht verliebt. Es vermittelt lediglich ein allgemeines Gefühl der Lebendigkeit, Aufgewecktheit, Erregung und Euphorie. Und das in den unterschiedlichsten Situationen. Studien ergaben, daß der PEA-Spiegel zum Beispiel auch bei Extremsportarten wie Fallschirmspringen oder bei einem Scheidungstermin steigt. Und zwar immer dann, wenn der Streß am größten ist. PEA schenkt uns also zwar die weichen Knie und die Schmetterlinge im Bauch, aber trotzdem ist es nicht *die* Liebessubstanz schlechthin. Wie alle anderen Substanzen ist es nur eine Beigabe zum Cocktail der Liebe.

Weichspüler: Endorphine

Der erste Rausch des Verliebtseins ist irgendwann vorbei, die Wogen der Leidenschaft haben sich geglättet. Die Biochemie sorgt allerdings weiter für gute Stimmung: Bei Paaren, die den Übergang zu einer festen Beziehung, von der Verliebtheit zur Liebe, schaffen, treten jetzt Endorphine in Aktion. Sie gleichen chemisch dem Morphium und bewirken einen tiefen Seelenfrieden, ein Gefühl von Sicherheit und Geborgenheit. Ruhe statt Rausch. Die Partner fühlen sich glücklich und zufrieden miteinander. Und das, obwohl auf dem Programm nicht mehr fünfmal Sex am Tag steht, sondern auch mal ein gemütlicher Videoabend.

Das Liebeshormon: Oxytocin

Ein echter Allrounder unter den Hormonen ist das Oxytocin. Es fungiert unter anderem als Liebes-, Kuschel-, Orgasmus- und Bindungshormon. Vermutlich ist es sogar der Schlüssel zu allen zwischenmenschlichen Bindungen überhaupt. Für Wissenschaftler ist das Oxytocin jedenfalls seit einigen Jahren ein hochspannendes, vielversprechendes Untersuchungsobjekt.

Oxytocin ist ein Eiweiß und wird im walnußgroßen Hypothalamus, einem Teil des Zwischenhirns, produziert. Das vielseitige Hormon ist sowohl an rein körperlichen Reaktionen beteiligt als auch an den damit verbundenen Gefühlen. Bei der Geburt zum Beispiel bewirkt es einerseits die Kontraktionen der Gebärmutter und regt hinterher den Milcheinschuß in die Brust an. Andererseits ist es vermutlich auch für die Entwicklung der Muttergefühle verantwortlich. Oxytocin wirkt bei der Erektion des Mannes mit und löst beim Orgasmus das Zusammenziehen der Samenleiter und -kanälchen beim Mann und der Gebärmutter bei der Frau aus. Gleichzeitig sorgt es nach dem Höhepunkt für die wohlige Entspanntheit und das undefinierbare Glücksgefühl. Das stellten der Londoner Neuroendokrinologe Stafford Lightman und seine Forscherkollegen in einer Studie fest. Sie entdeckten, daß bei der Ejakulation des Mannes sein Oxytocinspiegel im Blut auf das Dreifache ansteigt, um nach ungefähr einer halben Stunde wieder auf den Normalwert zu sinken. In einem Test blockierten die Wissenschaftler künstlich die Wirkung des Hormons. Daraufhin hatten die Test-Männer zwar einen Orgasmus, sie empfanden ihn aber nicht als wirklich befriedigend. Bei Frauen, vermuten die Experten, würde das Testergebnis ähnlich ausfallen. Sie glauben außerdem, daß Oxytocin generell die partnerschaftliche Bindung fördert. Denn nach einer leidenschaftlichen Liebesnacht, in der beide Partner einen Höhepunkt hatten, fühle man sich stärker zusammengehörig als vorher. Oxytocin ist also maßgeblich an der Lust und der Liebe beteiligt.

Wer jetzt glaubt, Oxytocin eigne sich als Liebestrank oder

-pille, der täuscht sich. Einer bestimmten Person eine Dosis Oxytocin in den Drink oder ins Essen schmuggeln und schon ist sie uns verfallen – schön wär's. Aber leider funktioniert das nicht, denn Oxytocin wirkt unspezifisch. Das heißt, auf wen die chemisch erzeugten Gefühle gerichtet sind, hängt von ganz anderen Faktoren (siehe Kapitel »Objekt der Begierde«, S. 186) und von weiteren chemischen Substanzen ab. Auch was die Ausschüttung von Oxytocin überhaupt erst in Gang setzt, das konnte bislang nicht geklärt werden.

Auf Liebesentzug: Cortisol

Aus, vorbei – das war's. Man ist beim anderen abgeblitzt oder nach ein paar wenigen glücklichen Tagen zu zweit abserviert worden. Der Liebeskummer übernimmt die Regie. Jetzt wird ein bitterer Hormoncocktail gebraut. Ein Stoff tut sich dabei besonders hervor: Viele Liebeskummersymptome werden durch Cortisol hervorgerufen. Das ist genau dasjenige Streßhormon, dem wir es möglicherweise zu verdanken haben, daß wir uns überhaupt in den Fiesling verliebt haben, der uns jetzt so verletzt hat. Nur zeigt es sich dieses Mal von seiner häßlichen Seite. Werden wir durch körperliche Anstrengung wie Sport, Möbelschleppen oder aber durch starke Gefühle gefordert, steigt der Hormonspiegel und sorgt dafür, daß wir in dieser kurzen Streßphase genügend Energie zur Verfügung haben. Zieht sich eine Streßphase in die Länge, wie etwa bei Liebeskummer, dann hat der erhöhte Cortisolspiegel negative Auswirkungen. Zum Beispiel raubt er uns den Schlaf. Das Hormon wird in den frühen Morgenstunden ausgeschüttet. Deshalb wachen Liebeskranke oft gegen vier Uhr morgens auf, können nicht mehr einschlafen und quälen sich mit Grübeleien über die verlorene Liebe. Legen sich die Schlafstörungen nicht schnell wieder, fühlen wir uns müde, unkonzentriert, antriebslos und zerschlagen. Das Immunsystem wird geschwächt und wir dadurch krankheitsanfälliger. Auch die Psyche bleibt vom Cortisol nicht verschont. Wer Liebeskummer hat, neigt zu depressiven Verstimmungen, hat das Gefühl, ihm sei der Boden unter den Füßen weggezogen worden. Nichts interessiert einen mehr, von allem Glück fühlt man sich ausgeschlossen. Man leidet an Antriebsschwäche, Appetitlosigkeit oder Heißhunger, totaler Lustlosigkeit. Doch damit nicht genug. Noch ein zweites Hormon, das CRH (Corticotropin-Releasing-Hormon), zuständig für Eß-, Schlaf- und Sexualverhalten, wird bei Liebeskummer vermehrt ausgeschüttet. Die Folge sind noch mehr Schlafstörungen, Appetitlosigkeit und Magen-Darm-Beschwerden. Durchschnittlich nehmen Liebeskranke sechs Kilogramm ab, ermittelte die Wiener Psychologin Gerti Senger in ihrer Doktorarbeit über Liebeskummer.

War ein Paar bereits länger zusammen, kommt erschwerend der Entzug der Endorphine hinzu. Die Fürsorge und Zärtlichkeit des Partners haben regelmäßig die Ausschüttung dieser körpereigenen Opiate bewirkt. Sie schenkten uns das Liebes-Glücksgefühl. Nur, daß Endorphine dummerweise süchtig machen. Und wie ein Marathonläufer, der mit Grippe im Bett liegt, leiden auch Verlassene unter dem Entzug ihrer Glücksdroge. Doch das wird frisch Verliebte – noch – nicht weiter interessieren ...

Chamäleon – Warum Frauen sich so gerne anpassen

For Ladies only – das ist ein Kapitel für die Damen, denn nur in ihren Reihen läßt sich folgende folgenschwere Angewohnheit feststellen: sich der neuen Liebe so anzupassen, daß es an Selbstaufgabe grenzt. Ganz dem Ziel gewidmet, eine Einigkeit mit dem Auserwählten herzustellen, die ihm den letzten Kick geben soll, sich für eben diese Mrs. Perfect zu entscheiden.

Es gibt Frauen, die – wahrscheinlich – so sehnlich einen Mann an ihrer Seite begehren, daß sie sich für jede neue Bekanntschaft wieder neu erfinden, geradezu eine Metamorphose durchmachen, innerhalb erstaunlich kurzer Zeit von einer Rolle in die (ganz andere) nächste schlüpfen.

Sie kennen eine solche Chamäleondame nicht?

Ein Blick in ihren Kleiderschrank spricht Bände. Normalerweise findet eine Frau sehr schnell ihren Typ, dann hängt ganz im Schrankeck einer Girlie-Vertreterin der Anzug für alle seriösen Fälle, und bei der Businessfrau eine Workerjeans. Bei der Chamäleondame erkennt man sofort sämtliche ihrer Identitätskrisen. Da sind jede Menge strenge, schultergepolsterte Kostüme (aus der Zeit mit dem Mann, der, und zwar lange nach den 80ern, auf Powerfrauen stand); unzählige Laura-Ashley-Hängerchen (aus der Ära mit dem, der gerne eine große Familie auf dem Land gehabt hätte); Dutzende weiße Miniröckchen (er war Tennislehrer); Ballerinas in allen Farben (weil der Lover aus dieser Phase auf kleine Mädchen stand) und Kampfstiefel (diese Affäre hatte gerade die Schule beendet).

Auch die Fotos der vergangenen Jahre erzählen eindeutige Geschichten: Frisuren von Lolita bis Bob, von ganz lockig bis gaaaaanz blond und immer das gleiche Gesicht darin. Wenn diese Dame in einem Friseursalon arbeitet, ihre beste Freundin Friseurlehrling oder wenn sie selbst Frisurenmodel ist, dann okay, ansonsten ist an der Kopfchamäleonisierung etwas faul.

Was die Zeitzeugen aus Papier noch deutlich machen: unsere Chamäleondame mit diversen Lovern beim Freizeitvergnügen. Mit dem einen sieht man sie an allen Stränden Europas – lächelnd; auf all den Fotos mit einem anderen fallen vor allem ihre feschen Kniebundhosen und die Alpen im Hintergrund auf – und sie lächelt; beim nächsten sitzt oder steht die Chamäleondame immer am oder um ein Fußballtor herum – natürlich lächelnd; und bei anderen Bildbeweisen aus grauer Vorzeit steht sie zwischen griechischen Ruinen, in französischen Schlössern und vor Museen in aller Welt – wie immer lächelnd.

Die Bandbreite der Chamäleonisierung ist enorm. Für den einen spielt sie die Sexbesessene in Dauerlust, die keinen Stuhl ausläßt, um wie Sharon Stone die Beine zu kreuzen, die Zigarren schmaucht und ihre Stimme eine Oktave tiefer legt, dabei aber leider völlig vergißt, was wahre Intimität ist – bei einem anderen gibt sie sich als betuliche »Ja«-Sagerin, die brav mit dem Herzallerliebsten zu Hause sitzt, seine private Videosammlung rauf und runter spult, sich von seiner Mutter zeigen läßt, wie Boxershorts gebügelt werden, und mit Freunden nichts wichtiger findet, als über Zahnpastaqualität und Staubsaugerbeutel zu diskutieren.

Nicht nur, daß das alles viel Geld, Zeit und enorme Vorbereitung kostet, sich derart auf einen Mann einzustellen, die Frage bleibt: Wie kann eine Frau ihr Herz und ihre Seele, ihren Kopf und ihren Körper einem Menschen gegenüber öffnen, dem sie vom Morgen an bis in die Nacht etwas vorspielt?

Das geht zu weit

Verliebtsein heißt, jemandem so nah wie möglich sein zu wollen, verstehen zu wollen, wie er tickt, was er denkt, was ihn bewegt. Und der beste Weg sich näher und immer näher zu kommen ist, sich für all das zu interessieren, womit er sich beschäftigt. Seine Familie und Freunde natürlich, seinen Beruf und seine Hobbys. Man will das kennenlernen, um diesen Menschen kennenzulernen, um seine Faszination zu verstehen, um die Wochenenden gemeinsam zu verbringen, um sich eventuell selbst von dieser Leidenschaft packen zu lassen. Auf jeden Fall erweitert das Eigenleben der beiden Partner automatisch den Horizont ihrer Beziehung. Er lehrt sie beispielsweise Schach und Kochen, sie liest ihm amerikanische Literatur vor und läßt ihn schwarzen Jazz hören. Aus jeder Beziehung nimmt man neue Anregungen, neues Wissen, neue Künste mit …

Aber nur, weil man sich für seinen Golfsport interessiert, muß man ja nicht gleich zum goldenen Golfball werden.

Will heißen: natürlich gibt es Grenzen, wie weit man mit der Annäherung gehen sollte. Wie weit dabei jeder einzelne geht, ist selbstverständlich Geschmackssache. Hier aber ist die Marke deutlich überschritten: wenn man sich ausschließlich auf Wunsch des Partners verändert. Oder wenn man sich wider die eigene Natur verbiegt, nur um den anderen zu kriegen. Das nennt man Selbstaufgabe, und die bringt einen nicht weiter. Und mit Liebe hat das auch nichts zu tun.

Machen Sie sich doch nichts vor!

Sehr viele Frauen haben Angst, die Männer zu verprellen, und gebärden sich wie neurotische Gummipüppchen. Ein paar Verrenkungen hier, ein paar da.

Denken Sie daran: Das Bild, das Sie bei den ersten Dates abgeben, bestimmt natürlich den weiteren Verlauf, gestaltet und gibt den Ton an für die zukünftige Beziehung. Es müssen von Anfang an die Spielregeln auf diplomatische, aber unmißverständliche Art festgelegt werden, um Frust auf beiden Seiten zu ersparen.

Der Gesamteindruck, den Sie vermitteln wollen, ist doch: Sie sind kein Mausi, Rehlein, Superbabe, kein süßer Fratz, keine Schnecke, keine Zicke, keine Schlampe – sondern: eine selbstbewußte, offene, freundliche Frau. Weil Sie nicht bedürftig oder Opfer sind.

Sie sind eine Frau. Sie haben es nicht nötig, sich zu verstellen, ändern, entwürdigen oder gar sich selbst zu karikieren, um die Aufmerksamkeit eines Mannes zu erheischen.

Außerdem verlieren alle Imitationen ganz schnell ihre Wirkung. Auch Männer bemerken (mit Spätzündung, aber immerhin) einen falschen Hasen! Merken, ob theoretische Aussagen mit den Handlungen ihrer Partnerin übereinstimmen oder auseinanderklaffen. Lassen Sie sich gesagt sein: Männer schätzen konsequente Frauen! Brave, angepaßte, widerspruchslose Menschen sind langweilig!

Das soll nun nicht heißen: Nur raus mit all den Eigenarten! Ich bin wie ich bin, soll er doch denken, was er will! Wenn's ihm nicht paßt, steht er eh auf der Abschußrampe . . .

Vorsicht, Vorsicht, Vorsicht. Manche Wahrheiten sind für das Knüpfen zarter Bande am Anfang zu hart, da ist ein bißchen (schau)spielen angebracht. Rauspowern, was in einem steckt, kann ein ganz schön starker Druck für den anderen sein. Eine frische Beziehung ist fragil, da tut ein bißchen Diplomatie gut! Im Grunde sollte aller Anfang freundlich, locker, unverbindlich sein. Achtung ist geboten, wie beim Schnupperkurs für's Eiskunstlaufen. Nicht gleich Pirouetten oder Rückwärtssprünge wagen. Nicht gleich alles zeigen und offenbaren. Die ersten Rendezvous sind dazu da, derart die Fantasie zu schüren, daß sich Spannung aufbaut und das Fiebern auf den nächsten Tanz auf dem Eis steigt.

Quintessenz: Eine starke, gleichberechtigte Frau muß sich und anderen nichts vormachen und der kann man auch nichts vormachen.

Sind Sie Frau oder Chamäleondame?

Der kleine Check, ob Sie zu weit gehen:

- Sie nehmen zwei Kilo ab, um richtig knackig auszusehen – oder begeben Sie sich in Hungerkur und absolvieren obsessiv ein Fitneßprogramm, nur weil Ihr Neuer mal gesagt hat, daß er Kate Moss klasse findet . . .?
- Sie gehen in die Buchhandlung und kaufen sich Lektüre über den Buddhismus, um zu verstehen, was Ihr derzeitiger Partner daran so stark findet – oder lassen Sie sich umtaufen, damit Ihre geistige Verbindung stärker wird?
- Sie versuchen, in den kleinen Kreis seiner Intimfreunde aufgenommen zu werden – oder geben Sie Ihre Freunde auf, weil er sich mit ihnen scheinbar nicht wohl fühlt?
- Sie kaufen sich so schöne Unterwäsche, wie Sie sie noch nie hatten und lesen im Sexbuch nochmal das Kapitel über die verschiedenen Stellungen – oder rüsten Sie Ihre Sextoy-Sammlung auf, weil Sie glauben, nur so können Sie ihn halten?
- Sie schenken ihm eine Eintrittskarte für das Lokalderby seiner Lieblingsmannschaft – oder quetschen Sie sich trotz Ihrer Klaustrophobie selbst zwischen die johlenden Massen?

Auflösung: Es ist zu hoffen, daß Sie sich immer für die erste Antwortvariante entschieden haben. Wenn nicht, sollten Sie das Kapitel nochmals in aller Ruhe durchlesen.

Dating – Know-how für das erste Treffen

Gratulation! Sie haben die erste Hürde des Kennenlernens genommen, und zwar mit Erfolg: Der Flirt endete mit dem Telefonnummerntausch oder gleich mit dem festen Termin zur nächsten Verabredung. Das klingt doch gut! Aber für die meisten fängt der Streß jetzt erst richtig an.

War der Flirt schon Nervenkitzel, das erste Date ist Spannung pur! Zwischen diesen beiden Situationen gibt es einen feinen und zugleich folgenreichen Unterschied. Beim spontanen Flirt ist nichts geplant, da geht alles ganz schnell, ganz pur, ganz aus dem Bauch raus. Für das erste Date hat man eventuell ein paar Tage Zeit. Zeit genug, um sich klarzuwerden, ob man den anderen wirklich wiedersehen möchte, oder um sich reinzusteigern in dieses atemlose Verliebt-Gefühl. Und wenn man schon so richtig verknallt ist, will man sich beim ersten Wiedersehen von seiner Superseite zeigen. Wer kann dabei schon cool bleiben?

Natürlich ist das erste Date eine entscheidende Angelegenheit. Ja, eigentlich richtig ernst. Schließlich geht es um Lieben und Geliebtwerden und um die Zukunft: weiter allein oder gemeinsam …

Wer sich dabei völlig danebenbenimmt, kriegt höchstwahrscheinlich keine zweite Chance – denkt man. Aber die Erfahrung zeigt, daß da natürlich gar nichts so heiß gegessen wie gekocht wird. Das Ex-und-Hopp-System wendet keiner so leichtfertig an, vorausgesetzt er hat die rosarote Brille auf:

»Er hat wirklich alles falsch gemacht, was falsch zu machen

ist. Es ging so los, daß er um kurz nach acht in dem französischen Lokal, in dem wir verabredet waren, anrief und allen Ernstes sagte »Entschuldige, ich hab' dich total vergessen«. Bei einer solchen Unverschämtheit muß man doch eigentlich sofort gehen und dem Typen die Pest an den Hals wünschen! Aber ich blieb. Und er kam. Aber wie er aussah! Er war nicht rasiert, nicht geduscht, hatte sein Sportzeug noch an. Gott, war der peinlich. Aber ich blieb. Der Abend wurde so lala. Irgend etwas sagte mir trotzdem, der isses, laß nicht locker – also hab' ich mich noch mal mit ihm getroffen. Wir sind jetzt fünf Jahre zusammen, eine bessere Beziehung kann ich mir gar nicht vorstellen.«

Egal, in welcher Lebenssituation zwei Menschen aufeinander treffen, ob beruflich oder privat, immer sind beide aufgeregt. Erst recht, wenn sie verliebt sind! Jeder will sich gut präsentieren, sich nicht blamieren, möchte bestimmte Dinge erst mal verheimlichen und hat Angst vor der Entblößung, jeder hat bestimmte Ziele und muß sie mit dem Gegenüber abstimmen, möchte sich durchsetzen und nicht enttäuscht werden. Beide haben große Erwartungen. Beide! Männer sind da nicht lockerer, vielleicht nur die besseren Schauspieler.

Das ist also ein Plädoyer für ein wenig mehr Lässigkeit bei der Sache. Und die kommt, wenn man sich klarmacht, daß der andere genauso Hosenflattern hat wie man selbst. Aber selbstverständlich heißt das jetzt nicht, alles laufen und treiben zu lassen. Es gibt schon ein paar Überlegungen, wichtige Vorbereitungen und klar definierte Grundsätze für's erste Treffen …, und wenn wir schon dabei sind, muß natürlich mit ein paar Klischees abgerechnet werden.

Nach der natürlichen Chronologie des ersten Dates startet die atemberaubende Angelegenheit mit

Wer ruft wen an?

»Er hat meine Telefonnummer. Er sagte, er würde mich anrufen. Warum meldet er sich nicht?«

Ist das immer noch ein Thema? Warum kriegt er nicht die Kurve zum Telefon? Warum sitzt sie, die Frau von heute, immer noch vor dem verdammten Apparat und läßt sich tyrannisieren? Wagt sich nicht unter die Dusche, dreht die Musik aufs Hörminimum, würgt jedes andere Gespräch ab, nur um seinen eventuellen Einsatz nicht zu verpassen? Sie checkt, ob das verfluchte Ding kaputt ist, läßt sogar die Freundin probeanrufen. Und muß feststellen: Die Technik funktioniert, nur er nicht. Erst kriegt sie die Traurigkeit, dann Wut, dann wieder Demut – aber wartet und wartet und wartet?

Warum schreitet sie nicht zur Tat? Wo sitzt das Problem? Sie möchte ihn nicht nerven. Aha. Sie möchte nicht aufdringlich erscheinen. Oho. Sie möchte ihm nicht vorgreifen und ihm die Laune am Jagen verderben. Soso. Mal ganz ehrlich: Ist es nicht aus Schüchternheit und der (verständlichen) Angst, abgewiesen und blamiert zu werden? Die anderen Gründe können Männer ebenso anführen, sie galten noch nie und gelten noch immer nicht, und warum sollten sie plötzlich in emanzipierten Zeiten von Frauen eingesetzt werden dürfen …

Mag es einmal so gewesen sein, daß Frauen besser nicht angerufen haben – die Männer von heute sind definitiv anders, wie diese Zitate zeigen: *»Ich finde es toll, wenn sie zuerst anruft – es zeigt mir, daß sie selbstbewußt ist, daß sie eine klare Haltung hat und nichts von den üblichen Katz-und-Maus-Spielchen hält.«* – *»Ich finde es selbstverständlich, daß auch die Frau anruft. Ich verliere doch deshalb nicht das Inter-*

esse an ihr. Für wie bescheuert haltet ihr mich?« – *»Ich tigere den Flur auf und ab und rede mir Mut zu, sie anzurufen. Dann klingelt das Telefon und sie ist dran. Das ist doch fantastisch! Ich weiß dann, daß ich ihr sympathisch bin, und da kann ich so richtig loslegen.«*

Das leuchtet ein? Dann braucht es jetzt nur noch ein wenig Übung. Wie frau sich selbst ein Schnippchen schlägt und gar nicht in die Bredouille kommt, vor dem Telefon zu sitzen und zu warten, warten, warten, ist:

Sie ist am Drücker

Bereits beim Kennenlernen: Lassen Sie sich *seine* Nummer geben. Bleiben Sie hart, wenn er ihre will – die kriegt er nicht. So haben Sie das Zepter in der Hand und überlisten sich selbst: Er kann ja gar nicht anrufen … Und dann heißt die Parole: Reißen Sie sich zusammen!

Die zittrigen Finger wählen endlich die Nummer, noch mal tief durchatmen, Sie haben ihn dran und Sie wissen: Die meisten Männer sind Telefon-Nieten. Halten Sie sich kurz. (Sie wollen ihn ja auch nicht nur per Hörer dicht am Ohr, sondern leibhaftig wiedersehen!) Am besten, Sie legen sich einen Zettel mit den wichtigsten Stichpunkten, inklusive Ihrem Vorschlag für Datingort und -zeit, ans Telefon. Im Stehen, das hilft beim klar, deutlich und tief Sprechen, und in superguter Laune plaudern Sie über Ihr Kennenlernen (den schönen Abend, das nette Gespräch, den großen Spaß u.ä.), vielleicht noch eine clevere Bemerkung anschließen (etwa *»Ich habe mir das Buch, über das wir gesprochen haben, gekauft und angefangen zu lesen …«*), um dann unmittelbar zum Thema zu kommen: *»Wollen wir uns wiedersehen?«*, die nächste Verabredung treffen und Tschüs. In der kurzen Zeit freundlicher Nachrichtenübermittlung kann man gar nichts falsch machen. Kann sich nicht verplappern, zu viel von sich preisgeben, Familienprobleme diskutieren, harte Diskussionen anzetteln, Glaubensbekenntnisse ablegen. Wenn sie (!) auflegt, soll er eine leichte Enttäuschung, nicht Erleichterung verspüren – das steigert seine Wiedersehensfreude (gilt auch umgekehrt).

Blöd gelaufen

Erste Variante: Sie waren im Flirtrausch, nicht ganz auf Zack und haben seine/ihre Nummer nicht. Er oder sie aber Ihre. Sie durchlaufen unweigerlich den oben beschriebenen Marterweg (gleich ob Mann oder Frau). Jetzt heißt es cool bleiben. Hat er eigentlich konkret gesagt »Ich ruf' dich morgen um 15:12 an«? Oder hat sie gesagt »Vormittags«? Wahrscheinlich hat er/sie nur versprochen »Ich melde mich«.

Und Sie erwarten nun, daß er/sie anruft, wenn Sie sich danach fühlen. Kann sein, daß er/sie sich aus dem Staub machen will. Kann aber auch ganz anders sein. Bevor Sie so richtig sauer werden, sollten Sie bedenken, daß es wirklich Gründe gibt, warum jemand nicht anrufen konnte, z.B. die Nummer verloren; krank geworden oder einen Unfall gehabt; in richtig großen Schwierigkeiten gesteckt – die Chance sich zu erklären, sollte er/sie kriegen.

Andere Variante: Er/sie meldet sich nicht, und Sie halten es nicht mehr aus. Rufen Sie an, Sie müssen ja was tun und haben im Prinzip nichts zu verlieren. Dazu sollten aber schon ungefähr zwei Tage ins Land gezogen sein, und der Anruf sollte mit folgenden Einschränkungen erfolgen: Nicht demütig, nicht vorwurfsvoll, nicht im Zorn und keine Inquisition »Warum hast du nicht angerufen!?«. Nicht morgens um drei, nicht mehrmals täglich, keine erotischen Mitteilungen ins Büro.

P.S. für Frauen: Wenn Sie der festen Überzeugung sind, er ist von der Sorte Mann, der sich um sein Halali betrogen fühlt, wenn eine Frau ihn anruft, dann lassen Sie um Himmels willen die Finger vom Telefon. Und warten Sie. Aber seien Sie bei allen weiteren Aktionen mit ihm wachsam. Er könnte noch mehr von diesem altmodischen Kram auf Lager haben ...

Trickkiste

Ein Tip für den Mann: Sie haben versprochen anzurufen? Halten Sie sich daran, wenn Ihnen die Lady etwas wert ist – sonst schickt sie Sie nämlich (mit Recht) in die Wüste. Hiermit wird ein für allemal klargemacht: Frauen wollen nach einem wunderbaren Date angerufen werden, und gesagt bekommen, daß es ein wunderbares Date war. Was ist daran so schwierig? Vor allem, wenn mann es aus ganzem Herzen und Überzeugung bestätigen kann. Mann ist ja deshalb kein demütiger Bittsteller. Rufen Sie an, weil Sie gut erzogen sind. Rufen Sie an, um abzuchecken, wie Ihre Chancen stehen. Sie wissen nicht, was Sie sagen sollen? Daß es schön war mit ihr! – den Rest wird sie schon deichseln ... Und vergessen Sie dabei nicht, das nächste Date auszumachen.

Ein Tip für die Frau: Er ruft an! – aber erst am Abend nach dem Date oder er läßt sich doch zwei Tage Zeit. In Ihren Augen kommt das Klingeln auf jeden Fall zu spät. Bedenken Sie, es ist für ihn mindestens ebenso schwierig, den ersten Schritt zu tun, wie es das für Sie wäre (Sie haben ihn ja nicht gemacht!!!). Rumzicken und Vorwürfe machen, das ist jetzt nicht angebracht – und verkorkst außerdem den Beginn einer wunderbaren Freundschaft!

Treffpunkte

Na, wo soll's denn hingehen? Lassen Sie sich etwas einfallen. Eine besondere Idee für eine nicht alltägliche Situation und den Ausnahmezustand der Gefühle, das sollte schon drin sein! Eines ist sicher, je ausgefallener der Ort fürs erste Date, desto besser. Wie wär's damit: eine Parkbank mit schönstem Blick auf den Sonnenuntergang, während man sich eine Tüte Gummibärchen teilt; vor der Lieblingsstatue in einer Antikensammlung, da gibt es so schöne lederne Sofas (nur für zwei), auf denen man, inspiriert von der Schönheit, locker über Gott und die Welt philosophieren kann; ein Spaziergang durch den Zoo, vor dem Affenkäfig gibt es jede Menge Anlaß gemeinsam zu schmunzeln und zu staunen; bewegungs- und lachintensives Schlittschuhlaufen, zu empfehlen für die Kandidaten, die Panik davor haben, am Anfang keinen Gesprächsstoff zu finden; oder treffen Sie sich in der Buchhandlung, wenn er oder sie Literaturfreak ist; in der wichtigsten Bar downtown, um zu zeigen, daß man up to date ist; wie wär's mit sommerlichem Mondanheulen inklusive schwerem Rotwein, vorzugsweise an einem kleinen Badesee …

Überlegen Sie, was Sie schon über Ihren Flirtpartner wissen und was ihm gefallen könnte, was sie interessieren oder überraschen würde. Guter Nebeneffekt: Sie können dabei seinen Sinn für Humor und Romantik, ihre Spontaneität und

Fantasie testen. Es könnte beispielsweise schwer werden, einen Botanikfreak für ein Picknick auf dem Hochhausdach zu begeistern. Aber, wenn er's mitmacht, kriegt der Kandidat 100 Sympathiepunkte!

Leider hört man nicht allzuoft von ausgefallenen Ideen fürs erste Date. Überlegen Sie nicht zu lange hin und her, natürlich hat jedes Ding sein Für und Wider – wagen Sie etwas (wenn Ihnen danach ist). Und gehen Sie auf Gegenvorschläge ein. Wenn er wirklich nicht mitmacht, ist dieser Mensch einfach zu schwerfällig für Sie. Heben Sie Ihre Kreativität für andere auf, die Ihre Lebenslust zu würdigen wissen.

Noch nicht überzeugt? Sie wollen sich nicht zu weit aus dem Fenster lehnen? Dann nehmen Sie den allseits beliebten Klassiker fürs erste Date:

Dinieren in einem kleinen, feinen Restaurant

Zugegeben, obwohl es keine überwältigend neue Idee ist, bietet gerade das Restaurant ein neutrales Ambiente (keiner der beiden muß sich in den eigenen vier Wänden präsentieren oder gegebenenfalls die ausgefallene Dating-Idee erklären) und die richtige Ruhe (alles wird für einen erledigt), um den neuen Kandidaten ein wenig genauer unter die Lupe zu nehmen. Und diese Situation ist geradezu prädestiniert dafür, Sozialverhalten, Souveränität und Umgangsformen kennenzulernen. Wir wollen hier ja nicht kleinlich sein, aber natürlich spricht es für oder gegen diese Person, wenn sie sich verspätet; (k)einen Tisch reserviert hat; (nicht) aus dem Mantel hilft; mehrere Drinks vor dem Essen braucht; das Handy neben das Portemonnaie auf den Tisch knallt; Salz reicht und sich bückt, wenn was fällt; das Geld vergessen hat und/oder geizig ist und dergleichen mehr. Die Schmerzgrenze ist da ganz individuell ...

Suchen Sie das Lokal wie nach einem romantischen Drehbuch aus. Klein und gemütlich sollte es sein, mit dezenter Hintergrundmusik. Falls Sie sich vor allem unterhalten wollen, sollten Sie auf Restaurants mit laut vernehmlichem Publikumsverkehr wie in der Großkantine von Mannesmann verzichten. Kerzenlicht ist ganz wichtig, auch weil bisher noch jeder dabei besser ausgesehen hat als im verhörgrellen Neonlicht.

Und nun zu den zwei ärgerlichsten Themen beim ersten gemeinsamen Diner:

Frauen neigen dazu (ob aus Bescheidenheit, Figurproblem oder damenhafter Konsequenz »Ich esse nach acht nur noch leichte Kost«), sich ein kleines Schüsselchen Salat zu bestellen. In dem picken sie dann rum, als wären sie zum Essen verdonnert worden. Zeigen Sie Lebenslust gerade beim Essen! Sie müssen sich ja nicht gleich mit sabbernder Gier über das Essen hermachen, aber eine Frau, die rumknausert, die macht nicht an, sie wirkt eher langweilig und unsinnlich ...

Großer Fehler bei Männern: Sie quatschen viel und geben, im wahrsten Sinne, unerhört an – obwohl sie eigentlich genau wissen sollten, daß gerade das nicht gut ankommt.

Wer zahlt?

Es gibt vier Möglichkeiten:
- er bezahlt die ganze Rechnung,
- sie bezahlt die ganze Rechnung,
- jeder bezahlt für sich,
- sie machen 50:50.

Kaum ein Thema verlieh den diversen Strömungen des Geschlechterkampfs stärker Ausdruck. Mal war es verpönt, daß die Frau zahlt, mal war es verpönt, wenn sie nicht zahlte. Das Thema ist heutzutage kein so starkes Politikum mehr. Aber klar geregelt ist es dennoch nicht.

Sie sollten immer genug Scheckkarten oder Bares dabeihaben. Egal, ob Sie beim Dinieren waren, eine Zirkus-, Konzert- oder Theaterkarte kaufen, im Café eine heiße Schoko oder in der Bar einen coolen Drink nehmen – bezahlt werden muß bei der ersten Verabredung eigentlich immer irgendetwas. Die Variante »Jeder bezahlt für sich«, ist für ein erstes Date die denkbar unpersönlichste Sache. Davon ist abzuraten, es sei denn, Sie wollen damit klarstellen: Ich bin zu nichts verpflichtet! Und das ist, unter uns gesagt, in diesen Zeiten ein bißchen albern.

Es gibt nichts Peinlicheres als eine – bildlich gesprochen – Rechnung auf dem Tisch, für die sich niemand zuständig fühlt. Vorschlag: Um dieser ganzen Sache den Druck zu nehmen, sprich das Rendezvous zum Genuß werden zu lassen, sollte man, bevor man die Lokalität betritt, freundlich sagen, wie die Zahlverhältnisse sich verhalten. *»Darf ich dich einladen?«* oder *»Ich möchte dich einladen«* ist zum Beispiel eindeutig. Eine korrekte Regelung besagt: Derjenige, der die Lokal- oder generell Date-Idee hatte, bezahlt. Die süße Revanche für die weniger gut Betuchten ist, sich zum Milchkaffee zu treffen oder selber zu kochen (siehe unten) oder, oder, oder …

Wer auch immer diesen Akt übernimmt, nicht kleinlich nachrechnen und kontrollieren (*»Hattest du wirklich drei Rotwein?«*), nicht großkotzig die Scheine auf dem Tisch verteilen. Manieren und Großzügigkeit sind beim ersten Date gefragt. Die ganz, ganz feine Art ist, heimlich alles zu zahlen.

Warum kochen Sie eigentlich nicht zu Hause?

Weil Sie nicht so gut kochen können, ist wahrscheinlich spontan die Antwort. Anders gefragt: Würden Sie schlecht von ihr oder ihm denken, wenn sein/ihr Selbstgekochtes zu Hause nicht schmeckt wie von Meisterkoch Wohlfahrt persönlich? Für jemanden zu kochen ist etwas sehr Intimes, Romantisches und trotz (manchmal sogar wegen) aller Unprofessionalität der perfekte Schachzug, endlich ziemlich persönlich zu werden. Hinreißend besonders dann, wenn *er* für *sie* kocht. Da beweist er modernen Mannesmut und seine Sinnlichkeit.

Gibt's noch was zu bedenken? Es braucht doch kein 3-Sterne-3-Gänge-Menü sein! Spaghetti, serviert mit einer einfachen Tomatensauce (Fertigsaucen können auch lecker sein, vorher probieren!) und Salat oder Antipasti vom Italiener an der Ecke, schön auf Teller dekoriert, das tut's doch auch!

Also: Sie haben alles eingekauft. Entweder es ist schon alles bis ins Detail vorbereitet, wenn der Gast klingelt, oder er macht sich bei den Vorbereitungen nützlich. Beim Gemüseschnipseln, Tischdecken, Abschmecken (verliebtes Auge sei wachsam: sein/ihr Einsatz spricht Bände ...) plaudert es sich ganz ungezwungen, dabei wird schon am Aperitif genippt und man geht den Abend easy an. Merke: Wenn die Vorbereitungen gemeinsam in der Küche stattfinden, werden Sie dabei bloß nicht zum genervten, haareraufenden Küchenmonster! Das Tief-in-die-Augen-schauen gibt's erst in aller Genüßlichkeit, wenn das Essen bei Kerzenschein auf dem Tisch steht.

Vorsicht: Wenn Sie Ihren Gast zu sich nach Hause bitten, könnte er sich mehr davon versprechen als Sie halten wollen. Was wollen Sie?

Kleiderordnung

Natürlich machen Sie sich schön. Rasieren sich, parfümieren sich, wählen mit Sorgfalt Ihnen schmeichelnde Farbkombinationen und die richtigen Schuhe zur Hose. Dress to impress – Oder glauben Sie, daß Sie so lange Wirkungszeit kriegen, bis endlich Ihre inneren Werte nach außen glitzern? Ganze zehn Minuten haben Sie, um einen guten Eindruck zu machen, und der ist beinahe unwiderruflich – sagen die Experten.

Aber keine Panik: Dieses Schicksal läßt sich manipulieren. Eine Chance, die man einfach wahrnehmen muß. Ziehen Sie Ihrer zweifelsohne außergewöhnlichen inneren Schönheit ein hübsches Mäntelchen über. Und, Spaß beiseite, natürlich präsentieren Sie einen Teil Ihres Ego durch die Art, wie Sie sich kleiden.

Die wichtigste Überlegung sollte demnach sein: Was hatte ich an, als wir uns das erste Mal begegneten? Und diesen Stil ungefähr beibehalten. Das heißt: Nicht gleich im Marilyn-Imponier-Look aufkreuzen, wenn er Sie in lässigen Hogans, Jeans und T-Shirt kennengelernt hat. Schließlich fand er Sie darin so attraktiv, daß er mit Ihnen ins Gespräch kommen wollte. Und kommen Sie bloß nicht in Lederhose und Cowboystiefeln, wenn sie beim ersten Flirt von Prada-Slippern und feinstem Zwirn geschwärmt hat. Variieren und mit unterschiedlicher Verkleidung überraschen können Sie später. Ausnahmen: a.) Sie haben sich beim Faschingsball kennengelernt; b.) Sie haben sich auf dem Bundespresseball kennengelernt, und das erste Date findet beim Segeln auf einem Baggersee statt. Kleiden Sie sich dem Anlaß entsprechend, alles andere wäre – Sie haben es verstanden! – lächerlich.

Was haben Sie bloß vor?

Kleider-Knigge für Frauen:

- Kaufen Sie sich die grüne Handtasche, den lila Lippenstift, die Haarspange aus Horn, die Sie schon immer haben wollten. Etwas Neues hebt erheblich die Laune und das Gefühl, etwas Besonderes zu haben.

- Eigentlich wissen die meisten Männer nie so genau, wie die Dame ihres Herzens beim ersten Flirt gekleidet war – aber an die Farbe können sie sich erinnern, ergo: vorsichtshalber nicht dasselbe Kleid, aber einen ähnlichen Ton wie beim ersten Date wählen.

- Eine gründliche Überlegung wert: Wieviel Haut und wieviel Figur wollen Sie zeigen? Männer suchen ein klares »Ja« in Ihrem Outfit. Und präsentieren Sie nicht alles auf einmal: ein tiefer Ausschnitt, enger Rock und hohe Pumps killen sich in ihrer Wirkung gegenseitig.

- Bedenken Sie: zu Hause bei der Anprobe sind Sie wahrscheinlich mutiger als bei der Begegnung mit *ihm*. Die durchsichtige Bluse, die Sie vor dem heimischen Spiegel sexy fanden, wird plötzlich zum ordinären Fähnchen – und das müssen Sie dann einen ganzen Abend durchstehen. Wahrscheinlich sind Sie ohnehin nervös, ziehen Sie sich bequem an, nicht, daß Sie sich in einen Rock zwängen, der jede Sekunde zu platzen droht, oder in eine Hose, die kratzt; verzichten Sie auf Schmuck, der bei der kleinsten Bewegung klingelt wie der Gemüseverkäufer im Hof.

- Make-up sollte mann eigentlich nicht sehen können.

- Wählen Sie Schuhe, in denen Sie ohne fremde Hilfe laufen können.

- Keine neue Farbe ins Haar – das Risiko, daß die Sache schiefgeht oder zumindest das Ergebnis nicht so ist, wie Sie es sich vorgestellt haben, steht fifty-fifty.

- Kommen Sie um Himmels willen nicht komplett knallrot oder pink zum ersten Date; keine Rüschen, Puffärmel, Applikationen, weder Tigerlook noch Dirndl, es sei denn Sie sind im Dschungel oder auf der Alm unterwegs, und keine Sonnenbrille in geschlossenen Räumen.
- Keine Mogeleien, die Sie später bereuen, z.B. Push-ups.
- Sie gehen wahrscheinlich nicht beim ersten Mal mit ihm ins Bett! Trotzdem sollten Sie tolle Unterwäsche tragen, das gibt ein sexy Gefühl, und das kann nie schaden.
- Natürlich soll er sehen, daß Sie etwas dafür getan haben, schön zu sein, aber nicht, daß Sie Stunden gebraucht haben. Simpler Chic, nennen die Franzosen diese feine Melange von Persönlichkeit und Understatement.
- Ein Geheim-Trick: Wählen Sie etwas Flauschiges, Angenehmes, einfach einen wunderbaren Stoff. Etwas, das Lust zum Anfassen macht.

Kleider-Knigge für Männer:
- Hosen nicht so eng, als ob sie eingelaufen wären, das macht einen sehr unentspannten Eindruck. Auch das Jackett sollte nicht an den Kommunionsanzug erinnern.
- Er wird hier zwar nicht empfohlen, könnte aber durchaus auf Sie zukommen: Sex. Und dafür sollten Sie auch unterwäschentechnisch gerüstet sein! Keine Weihnachtsmänner auf dem Shorty!!!
- NoNo: Hochgeschlagener Kragen à la Burt Reynolds in den 70ern (es sei denn, Sie sind auf eine Party mit diesem Motto eingeladen); auch ¾ aufgeknöpfte Hemden, schwere goldene Ringe und Armbänder gehören in ein besonderes Milieu.
- Frauen wissen, daß sich Männer zunehmend gerne pflegen, aber zuviel Pomade, zuviel Parfum, zuviel sichtbare Eitelkeit, ist einfach – zuviel!

- *Sie* sollte schon sehen, daß Sie sich Mühe gegeben haben mit der Auswahl Ihrer Kleidung. An welchem Detail könnte sie es erkennen?
- Letzter Check bei Tageslicht: keine Schuppen auf der Schulter, keine Zahncreme am Revers, keine Ränder unter den Nägeln.
- Vermeiden Sie Knallfarben bei Hemd, Socken oder gar Hose. Es sei denn, sie hat Sie in diesem Aufzug kennen- und schätzengelernt.

Gleich geht's los

Sie haben noch eine Stunde oder vielleicht nur noch fünf Minuten, bevor Sie beide sich wiedersehen. Zeit genug, sich noch ein paar Gedanken zu machen:

- Was wollen Sie für einen Eindruck machen? Zum Gespräch mit dem Chef beispielsweise bereiten Sie sich vor – wer bin ich, was will ich, was darf ich, was kann ich? Auch auf eine Fete bei Freunden stimmen Sie sich ein – was zieh' ich an, was bring' ich mit, wer wird wohl dasein? Sich in positive Stimmung zu versetzen, geht manchmal von ganz allein – dem Anlaß entsprechend. So ein Rendezvous aber kann einem eher Hyperventilation und Hypernervosität bescheren: *»Ich weiß dann nie, wo mir der Kopf steht, bin schon morgens völlig unbrauchbar, laufe wie ein Kaninchen kreuz und quer und planlos durch die Gegend. Dabei steigere ich mich so rein, daß ich schließlich an mir zweifle. Ich habe tatsächlich schon mal ein Date abgesagt, weil ich mich selbst so mies gemacht hatte.«*

Packen Sie die Situation stark an. Denken Sie mal ganz objektiv über sich nach. Würden Sie mit jemandem wie Sie ausgehen? Warum nicht? Machen Sie eine Liste Ihrer Qualitäten. Was macht Sie so besonders und einzigartig? Denken Sie auch, wie Sie das beste »Ich« kreieren könnten. Was fehlt Ihnen; was ist eigentlich unwichtig; was können Sie hervorheben; was ist Ihre Spezialität?

- Sie sind höllisch aufgeregt. Gut so! Da sind sie, die berühmten Schmetterlinge im Bauch. Aber wenn es zu viele werden, können sie einem die Sprache verschlagen. Zappelnd und stammelnd vor der neuen Flamme stehen? Blackout wie bei der Matheprüfung? Wie grauenhaft ... Allein die Vorstellung läßt einen wieder umkehren. Moment mal: Folgende kleine Übung wird Sie wieder zu sich bringen: tief Luft holen, Fingerspitzen vor dem Bauch zu einem Krönchen verbinden, 30 Sekunden verharren und tief weiteratmen. So kommen Sie wieder zu Ihrer Mitte, nicht Kopf, sondern Herz. Einmal reicht. Sind Sie soweit?

- Kommen Sie zu spät, ein bißchen wenigstens, etwa fünf bis zehn Minuten – aber das gilt nur für die Damen! Zuspätkommen hat etwas nett Unvollkommenes, aber nur dann, wenn Sie wirklich dazu stehen und sich nicht den ganzen Abend aus lauter schlechtem Gewissen entschuldigen müssen. Und die meisten Männer warten gerne auf Frauen (ganz anders dagegen umgekehrt): »*Ich schaue dauernd auf die Tür und erschrecke vor Spannung jedesmal, wenn jemand eintritt. Ein großartiger Moment, wenn sie es endlich ist.*«

Kommen Sie nie zu früh, das ist nämlich auch nicht pünktlich. Gehen Sie in diesem Fall lieber noch woanders einen kleinen Aperitif trinken – davon kann man gar nicht betrunken werden. Überlegen Sie sich, was Sie als erstes sagen oder fragen könnten. Ein bißchen Sicherheit darin kann nicht schaden. Und nehmen Sie sich vor, ihm oder ihr gleich zu Beginn in die Augen zu sehen. Kontakt aufnehmen. Sympathie zeigen. Barrieren abbauen.

Die schönsten Geschenke

Denken Sie jetzt nicht an 2-Karäter oder Tag-Heuer-Uhren! Das erste Rendezvous mag Sie zwar so beglücken, daß Sie zum großzügigsten Menschen auf diesem Globus mutieren, aber halten Sie sich damit noch ein Weilchen zurück. Etwa bis Sie wissen, daß Sie Ihre neue Flamme damit nicht in Bedrängnis oder Zugzwang bringen. Dazu aber etwas später in diesem Kapitel. Außerdem ist die Perle unter den Geschenken:

Das Kompliment
»Du bist sehr schön!« Frauen haben mittlerweile gelernt, mit Schmeicheleinheiten umzugehen. Haben gelernt, sich flugs und stolz dafür zu bedanken, sich nicht dafür zu schämen oder eine dümmliche Rechtfertigung zu liefern (*»Ach, das ist doch nur mein ältestes Kleid«*). Männern Komplimente zu machen ist dagegen noch eine spaßige Sache. Sie werden meistens rot, und sie zieren sich wie kleine Mädchen. Direkte Komplimente sind ihnen unheimlich. Untereinander gehen sie ja auch nicht so um. Wenn einer erfolgreich war, sagt mann: *»Das ist gute Arbeit«*, Frauen würden sagen *»Das hast du gut gemacht«*. Männer sagen auch nicht *»Du bist ganz schön clever«*, so wie es eventuell Frauen ausdrücken würden; nein, sie äußern sich etwa so *»Darauf wäre ich nie*

gekommen!« Aber natürlich brauchen Männer Komplimente genauso wie Frauen, nur eben anders. Auf einen einfachen Nenner gebracht: *Sie* will es persönlich, sie will verehrt werden; sie erkennt daran, daß er sie interessiert beobachtet, daß ihm positive Dinge an ihr auffallen, daß ihm etwas an ihrer Person liegt. Wenn er also im Laufe des Dates immer wieder persönliche Komplimente macht, ist er schon direkt in der Balzphase. Aber Vorsicht an alle, denen Schmeicheln liegt: Frauen spüren sehr wohl die Nuancen zwischen ehrlich fein beobachtet und plump 08/15 dahergeschwätzt!

Männer dagegen schätzen Komplimente, die als Anerkennung getarnt sind. Wenn sie »große Taten« an ihm lobt, wie zum Beispiel die Wahl des Restaurants, ist er schon glücklich. Oder wenn er es geschafft hat, daß ihr die Ausstellung oder der Kinofilm gefällt, in die er sie geführt hat, dann ist er so stolz auf seine Entscheidung, als ob er selbst der Künstler oder Regisseur wäre.

Daß Männer und Frauen unterschiedlich gestrickt sind, muß oder sollte man wissen, jedoch sich sklavisch an geschlechtsspezifische Möglichkeiten und Vorlieben zu halten, das bringt uns nicht voran. Wenn er sichtlich auf etwas sehr viel Zeit und Mühe verwendet hat, sollte frau ihm das auch ganz persönlich sagen: »*Du hast einen guten Geschmack bei der Auswahl deiner Kleider*« (deiner Wohnung, der Blumen, Musik etc.); »*Ich finde es großartig, wieviel Engagement du in diese Sache steckst!*« Und umgekehrt. Frauen fühlen sich auch mit »Männerkomplimenten« geehrt.

Ein ganz besonderes Kompliment an die neue Liebe (überhaupt an alle Menschen) ist:

Gute Erziehung

Es gibt in diesem Buch nur äußerst wenige Aufforderungen dieser Art, also nehmen Sie diese ernst: Seien Sie altmodisch! – d.h. in diesem Fall: sehr aufmerksam! Das ist kein Rückschritt ins Mittelalter, hier geht es um völlig normale, selbstverständliche Umgangsformen, die Männer sicher mal von der Mutter gelernt, aber wohl schnell vergessen haben. Können Sie sich an folgendes erinnern? Halten Sie ihr die (Wagen-)Tür auf. Fragen Sie, wo sie sitzen möchte, reichen Sie ihr Feuer, bevor sie danach fragt; bieten Sie erst an, und nehmen dann selber etc. Egal, wo Sie beide sind und was Sie gerade tun – Kleinigkeiten, die Frauen auffallen (dafür sind sie ja wohl berühmt-berüchtigt), haben eine große Wirkung. Genauso verhält es sich mit einem anderen ausgefallenen Geschenk:

Humor

Auf Platz Nummer eins in der Rangliste erwünschter Eigenschaften von Männern setzten Frauen schon immer den Humor. Wenn ein Mann *sie* amüsieren kann, ist das schon die halbe Miete. Aber auch umgekehrt: Männer sind erleichtert, keine blaustrümpfige Zicke vor sich zu haben, sondern eine Frau, die Humor versteht und selbst Humor hat. Eine geradezu unschätzbare Nebenwirkung des Humors, vor allem in der Anfangsphase einer Beziehung: Viele zwangsläufig auftretenden Peinlichkeiten werden damit entschärft, alle Unsicherheiten überwunden, alle noch so trivialen und schrecklichen Situationen (Köpfe rumpeln aneinander, Gläser fliegen vom Tisch, Freudsche Versprecher u.ä. mehr) gerettet. Humor macht stark, weil man damit immer Erfolg hat (gemeint ist natürlich nicht die Sorte Humor, die deutlich unter die Gürtellinie zielt und dabei derbes Fußballplatzniveau erreicht ... siehe auch Kapitel »Vergiß es«, S. 251).

Liebesgaben

Bekannte Sache: In der Natur bieten paarungswillige Männchen der Angebeteten verschiedene Lockmittel. Meist ist es Nahrung. Würmer, Käfer, Blattläuse. Auch bei den Menschen, in allen Völkern, gibt es den Brauch, daß ein Mann einer Frau Geschenke macht, auf daß sie willig werde. Gummibärchen, Chanel No. 5, Diamanten.

Nicht gleich beim ersten Rendezvous, aber dann doch ziemlich bald erwarten Frauen Liebesgaben. Sie prüfen damit und meinen abschätzen zu können, wieviel ihm an ihr liegt. Soziologen gehen noch weiter: Geld ausgeben ist eine Art Versprechen an die Frau, ein Symbol und ein Nachweis für seine Fähigkeit, sie, und eventuell eine ganze Familie, versorgen zu können. Dem Himmel sei Dank, daß sich die Beziehungsmuster verändern. Viele Frauen haben selbst Geld, Männer haben manchmal keins, Kinder sind kein so klares Ziel mehr in einer Beziehung, wie das früher einmal war. Schenken ist wieder Herzenssache und sollte keine »niederen« Beweggründe haben.

Gerade in der Zeit des Verliebtseins ist Schenken ein wahrer Drang und zugleich Lustgewinn des Schenkers. Den Geliebten mit Präsenten verwöhnen. Ihm die ganze Welt zärtlich zu Füßen legen. *»Ich glaube, wenn ich von meinem Freund nie etwas geschenkt bekäme ... würde ich ihm bald den Laufpaß geben. Es muß doch nichts kosten, eine geklaute Tulpe wäre mir Liebesbeweis genug.«* Die Geste zählt.

Und damit haben Männer größte Probleme: Zu nichts wollen sie sich mit einem Präsent verpflichten, kein Präsent soll sie in die Pflicht nehmen. Das löst Fluchtgedanken aus oder ruft zumindest Mißverständnisse hervor.

Klar, es ist nicht so einfach, den geliebten Unbekannten zu beschenken. Allgemein gilt: Setzen Sie Ihren Kopf in kreative Bewegung und hüten Sie sich vor bedeutungslosen

Geschenken. Die werden als solche sofort entlarvt und als Punkteabzug auf dem Verliebtkonto verbucht! Schenken Sie nicht irgendeine CD, sondern eine, über die Sie beide gesprochen haben oder eine mit Ihrer Lieblingsmusik. Nicht irgendeinen Duft – die Erklärung dazu ist wichtig (»Sensitivity« zum Beispiel, weil das ihre schönste Eigenschaft ist). Nicht irgendeine Theatereinladung – eine mit Thema, ›Romeo und Julia‹ etwa oder das Stück, das Sie am meisten schätzen, das macht Sinn. Und beim genauen Hinsehen, ein Liebesgeschenk hat meistens einen erotischen Bezug.

Und werden Sie beim Beschenken nicht *zu* aufdringlich: Ein Bilderrahmen für den Schreibtisch mit Ihrem Konterfei darin ist schon sehr persönlich und besitzergreifend, es schreit geradezu »*diesen Schreibtisch kontrolliere ab jetzt ich!*«. Auch von Selbstgestricktem (Socken, Norwegerpulli etc.) sei hier zunächst abgeraten.

Ein Liebesgeschenk ist bedeutungsvoll, kostet meistens Mühe und manchmal viel Geld. Aber: Gleich zu Beginn wahnsinnig teure Geschenke machen, löst beim anderen eher ein schlechtes Gewissen aus (»*Das kann ich nicht erwidern*«) oder wirkt erpresserisch (»*Ich bin doch nicht käuflich!*«). Selbst wenn Sie eine gute (teure) Idee haben, warten Sie mit dieser Überraschung noch ein paar Monate oder bis zum nächsten Geburtstag. Das gilt auch für das romantischste aller Geschenke: den Ring. Weil er die Einheit beider symbolisieren soll, ist er als Einstiegspräsent viel zu übertrieben. Außerdem, denken Sie daran, es muß auch noch Steigerungen geben.

Worüber wird geredet?

Erwarten Sie jetzt einen ultimativen Fragenkatalog? Das Handbuch »So beginne ich ein erfolgreiches Gespräch mit meiner neuen Liebe«? Sorry, nicht möglich. Keine Stimmung läßt sich genau voraussehen, keine Begegnung so planen, daß man die richtige Einstiegsfrage, den optimalen Gesprächsverlauf inszenieren könnte.

Ja, richtig, der empfindlichste Punkt beim Knüpfen zarter Bande ist die Unterhaltung. Sie kann das feine Gespinst zwischen zwei Menschen in kürzester Zeit auflösen. Nicht die nonverbalen Signale, nicht das Äußere eines Menschen geben so viel preis wie ein Gespräch, wenn auch oft in chiffrierter Form. Da das allen – zumindest intuitiv – bewußt ist, ist es soooo schwer. *»Eigentlich bin ich im Freundeskreis als Pausenclown bekannt. Es gibt fast keine Situation«*, sagt ein junger Mann, *»die mir die Sprache verschlägt. Aber immer, wenn es mir mit einer Frau wichtig ist, werde ich total angespannt und die Gespräche sind zäh wie Pattex.«*

Wichtigster Rat an ihn: Hören Sie auf zu prahlen, das nervt! Sie sind nicht in einer Männerrunde, in der Sie sich unaufhörlich mit Ihren Großtaten und allumfassender Kompetenz zur Schau stellen müssen! Okay, Sie wollen *ihr* gefallen, aber das erste Rendezvous ist nun mal kein Vorstellungsgespräch beim neuen Chef. Was bei ihr ankommt: *»... einfallsreich und lustig muß er sein ...«; »... mich zum Lachen bringen!«; »... er soll etwas von sich erzählen, das zeigt mir, daß er sich selbst kein Fremder ist ...«.* Clevere Männer wissen, daß emotionale Themen (sich vorher ein paar Gedanken dazu machen) bei Frauen gut ankommen. Aber Männer müssen ihr auch zuhören können. Was Männer oft nicht checken:

Sie stellt Fragen und erwartet eine kurze Antwort inklusive Gegenfrage, um das Gespräch ausgeglichen zu halten, nicht damit er Monologe halten kann.

Wichtigster Rat an sie: Sie haben (hoffentlich) nicht nur diesen Abend oder diese eine Stunde beim Teetrinken, um Ihre Lebensgeschichte zu erzählen. Traditionell enthüllen sich Frauen (verbal) zu Beginn einer Beziehung sehr viel eher als Männer, geben viel von sich preis. Aber bitte: Machen Sie es kurz. Quasseln Sie ihn nicht zu, machen Sie ihn nicht mundtot, schließlich wollen Sie auch etwas über ihn erfahren – und, auch wenn es Ihrem romantischen Gefühl total widerstrebt, unterbrechen Sie ihn, wenn er Quatsch erzählt, und sagen Sie ehrlich, was Sie denken. Seien Sie smart und zeigen Sie, daß Sie eine eigene Meinung haben – wenn es ihn stört, wissen Sie hoffentlich, was Sie zu tun haben!? Ein souveräner Mann wird 100mal mehr Respekt vor Ihnen haben, wenn Sie nicht einen ganzen Abend lang hilflos lächelnd an seinen Lippen hängen! Wenn Sie von sich erzählen, dann nur zart offenherzig, schließlich wollen Sie Ihr Gegenüber zur gleichen Offenheit animieren, nicht ihn verschrecken. Und: Frauen neigen noch immer dazu, ihr Licht unter den Scheffel zu stellen. Gehen Sie davon aus, daß er kein barmherziger Samariter ist oder gar von Ihrem Vater dafür bezahlt wurde, mit Ihnen auszugehen. Er findet Sie toll, seien Sie also stolz und selbstsicher.

Das sollte Sie sofort bedenklich stimmen

Da ist schon was dran: Ihr erstes Rendezvous ist ein Makrokosmos Ihrer zukünftigen Beziehung. Schauen Sie aber nicht zu genau und kritisch hin, Sie wissen schon, aus verliebter Panik und Verwirrung macht und sagt man schon mal jede Menge Blödsinn – darum soll es auch nicht gehen. Eher um die groben Schnitzer, wie zum Beispiel:

- Er/sie benimmt sich herablassend und kleinlich zu Taxifahrern, Kellnern, Verkäufern oder anderen Dienstleistenden.
- Er jagt schnellen Schrittes voraus, und sie muß durch Menschenmassen und zufallende Türen hinterherstolpern.
- Das Portemonnaie liegt drohend auf dem Tisch.
- Er/sie interessiert sich nur für das eigene Spiegelbild direkt hinter Ihnen.
- Er/sie blickt sich immer wieder um, es könnten ja wichtige Geschäftspartner oder attraktive Mitmenschen aufkreuzen.
- Sie will nur einen halben Salat mit Zitrone, das Steak möglichst ohne Fleisch und bei Fisch nur Forelle ohne Gräten, den Wein ohne weiß und das Wasser ohne H_2.
- Er schlingt und schmatzt.
- Er/sie äußert radikale politische Meinungen und reißt rassistische Witze.
- Er/sie spricht sofort hemmungslos über die/den Ex und andere schlechte Erfahrungen.
- Er sagt »*Meine Mutter wird dich mögen*«.
- Sie spricht von sich in der dritten Person: »*Eva mag das*« oder »*Eva nimmt heute die Suppe als Vorspeise*«.

Das Ende der ersten Vorstellung

Sie stehen sich gegenüber. Nahe, vielleicht sogar zum Spüren nahe. Kleine Blitze rasen durch die dünne Luft zwischen Ihnen. Die Spannung ist schier unerträglich. Der eine wie der andere sucht nach Zeichen, überlegt scharf, was jetzt wohl am besten zu tun sei. Sagen Sie bloß nicht *»Ich ruf' an«* oder *»Melde dich doch mal«*! Das ist wie mit der flachen Hand ins Gesicht. Haben Sie beide einen schönen Tag miteinander verbracht? Einen amüsanten Theaterbesuch, ein romantisches Dinner? War es toll? Wollen Sie es wiederholen? Wollen Sie diesen Menschen wiedersehen? Dann nichts wie raus mit der Sprache. Das kann zaghaft, leise, polterig oder ruppig daherkommen, Hauptsache es kommt. Es ist das letzte Kompliment für diesen Abend und zugleich das stärkste, das krönende. Spontan um eine Fortsetzung der Liebesgeschichte zu bitten, mehr braucht der andere nicht, um zu wissen, daß er begehrt ist. Und mit einem klaren »Ja« haben auch Sie Ihre Bestätigung.

Wir steigen noch mal ein in oben angesprochene Szene: Starkstromsituation und keiner weiß so recht, was er tun soll. Wir leben in einem aufgeklärten Land, in dem das »sich in den Arm nehmen« beinahe schon zum guten Ton gehört. Um sich für eine zauberhafte Begegnung zu bedanken, ist das wohl der perfekte Einstieg. Dabei kann man ihr oder ihm auch etwas Nettes ins Ohr flüstern (ist ideal, weil man meist vor lauter Scham dem anderen ja gar nicht in die Augen sehen kann) und dann, wenn man Entgegenkommen spürt, auch den kleinen Kuß auf die Wange wagen, und vielleicht ein bißchen weiter und noch weiter Richtung Mund . . . Stop. Wer entschieden hat, das erste Date nicht gleich zur ersten Nacht zu machen, der sollte jetzt, kurz vor dem Kuß auf

den Mund, aufhören. Denn wenn das erst mal losgeht, ist da kein Halten mehr. Erfahrungsgemäß. Sie küssen sich also nicht. Dann sollten Sie aber einen konkreten Vorschlag bereithalten, wie es mit Ihnen weitergeht. *»Möchtest du mit mir morgen abend in die Kunstausstellung gehen?«*, *»Ich hole dich morgen zum Mittagessen ab, okay?«*, *»Ich bin die kommenden zwei Tage nicht da, wann kann ich dich erreichen und dann wiedersehen?«* Fangen Sie nicht endlose Diskussionen an wie, wo, was und wann es paßt, besser oder schlechter, idealer oder komplizierter. Es ist doch alles egal, Hauptsache, Sie finden sich wieder. Dann ist da noch – wahrlich ein Meisterstück – der Moment des Gehens zu absolvieren. Tun Sie es. Schnell. Mit aller zu erwartenden, sofort einsetzenden Sehnsucht. Sie können ihn/sie ja von zu Hause aus nochmals anrufen (wenn da nicht noch ein anderer ist . . .).
P.S.: Wir wollen nicht hoffen, daß Sie sich so in Ihrem Flirt getäuscht haben und Ihr erstes Date ein Debakel wurde. Doch auch das soll es geben, und dafür gibt es nur einen Rat: Das Leben ist kurz. Gehen Sie! Je eher, desto besser. Aber in einer freundlich-höflichen Art: *»Ich muß morgen früh raus und muß mich deshalb verabschieden«*; selbst wenn es noch früh am Abend ist *»Wie spät es doch geworden ist! Es war wirklich nett, aber . . .«*

Vorausgesetzt Sie können überzeugend schwindeln, versuchen Sie (ohne Erfolgsgewähr) Folgendes: Lassen Sie sich vom besten Freund/bester Freundin im Lokal anrufen, seien Sie Ihrem Date gegenüber dann richtig enttäuscht, wenn Sie das Rendezvous abbrechen müssen, weil: Ihre Mutter hohes Fieber hat; Ihr Haustier jault; Ihr Auto angefahren wurde. Oder Sie machen sich den Ober zum Freund, der die unangenehme Prozedur beschleunigt, indem er flugs die Menüfolge samt Rechnung präsentiert.

Kleine Philosophie des Datens

• Das erste Date bewußt kurz halten!

Am besten sogar sollten Sie die Verabredungen ganz langsam aufbauen. Erst nur ein kleiner Happy-Hour-Drink oder ein Fünf-Uhr-Tee oder ein zeitlich begrenzter Lunch (und zwar während der Woche) statt gleich zum großen Essen einzuladen – aus zwei Gründen: a.) Man sitzt nicht einen elendlangen Abend in der Falle und kann sich schnell und problemlos verabschieden. b.) Das erste Date verliert, wenn es zeitlich begrenzt ist, auch an (dieser fast erdrückenden) Dimension.

• Soll man mehrere Frauen/Männer daten?

Sie denken: Ja, ein Übungsprogramm kann nic schaden, außerdem tut es gut, zu spüren, wie heiß begehrt man ist. Wir sagen: Nein! Daten nur die Person, die echt in Frage kommt, sonst leiert der Enthusiasmus der Verliebtheit aus. Im schlimmsten Fall wird der Trainingsfaktor vom Ablaschfaktor übertrumpft. So landet man eventuell mit einem im Bett, der besser Kumpel geblieben wäre, heiratet eine, mit der der Sex nur lau ist.

• No Sex beim ersten Date!

Mit einem Mann am ersten Abend Sex zu haben, ist wie das Ende eines Krimis zuerst zu lesen. Kapiert? No Sex beim ersten Date! Und das hat nichts mit antiquierter Einstellung, Prüderie oder sonst was zu tun. Es ist einfach clever. Es ist Taktik. Es ist nicht, um sich, wie Mama sagte, rar zu machen, nein, es ist, um das Spiel der Liebe in all seinen Facetten zu spielen. Die Zeit bis zum ersten Sex braucht man, um sich kennenzulernen, um sicher zu werden, Vorfreude, ja sogar Begierde zu schüren. Er muß seine Lust bezähmen (klar will er sofort mit ihr ins Bett!, aber im nachhinein finden es die meisten Männer gut, daß *sie* nicht so leicht zu haben war, und bestätigen, daß es immer spannender wurde). Der Kandidat, der das Warten nicht schafft und sich mit fiesen Bemerkungen aus dem Staub macht, den kann man getrost vergessen. Der Sex und alles weitere wäre – Hand dafür ins Feuer – nichts geworden. Dazu eine Zahl aus der Statistik, damit Sie sich nicht so alleine fühlen: Die meisten Frauen gehen mit einem neuen Lover erst ins Bett, nachdem sie ihn mindestens sechsmal getroffen haben – aber darüber spekuliert, wie er wohl im Bett wäre, das haben fast alle bereits beim ersten Treffen.

Nun aber: Natürlich sollen Sie (und werden Sie) nicht um jeden Preis in der Hitze des Gefechtes aufhören – das käme, um beim Eingangsbeispiel zu bleiben, dem gleich, den Krimi wegzulegen, wenn er am spannendsten ist – und natürlich gibt es Leute, die beim ersten Rendezvous miteinander geschlafen haben, und das war dann (einer amerikanischen Studie zufolge, genauso oft wie bei Paaren, die damit gewartet haben) der Anfang einer großartigen Beziehung.

Zertifikat:
Das erste Date ist ein Meilenstein auf dem Liebesweg. Wir sind am Ende dieses wichtigen Teilstücks. Alles gespeichert? Denken Sie auch im praktischen Ernstfall an die wichtigen Kleinigkeiten? An die Komplimente, an das kurze Telefonat, an die Kochkünste zu Hause, den Fünf-Uhr-Tee, die Großzügigkeit, die Höflichkeit und nicht zuletzt an sich selbst … So werden Sie dieses Abenteuer, das so wunderbar und zugleich so schwer sein kann, bilderbuchmäßig, hollywoodreif und mit der Auszeichnung für unwiderstehliche Herzensbrecher bestehen.

1:0 für Sie! Und weiterhin viel Erfolg!

Erster Kuß – Ein echtes Lippenbekenntnis

A kiss is just a kiss ... von wegen, ein Kuß ist nur ein Kuß. Paare vergessen vielleicht, an welchem Wochentag sie sich zum ersten Rendezvous getroffen haben, ob es geregnet hat oder geschneit, ob sie Wein oder Champagner getrunken haben, aber doch nicht wie es zum ersten Kuß kam. Eine Inszenierung. Manchmal hochdramatisch, manchmal zum Brüllen komisch, manchmal chaotisch, manchmal ganz, ganz zerbrechlich, aber immer sehr intensiv und, wie gesagt, merkenswert.

Der erste Kuß ist von immenser Bedeutung. Selbstverständlich auch was seine Qualität betrifft, aber davon später. In erster Linie läutet er eine wichtige Wende in einer frischen Beziehung ein. Jetzt wird es nämlich ernst. Intuitiv wissen das beide Parteien, deshalb zieren sie sich auch so lange. Ein Kuß auf den Mund, und meistens wird er ja zum Zungenkuß, ist die erste unmißverständlich sexuelle Berührung. Aus der anfangs eher emotionalen Begegnung zwischen den beiden Verliebten entwickelt sich jetzt körperliche Hochspannung.

Es gibt viele Frauen und auch Männer, die den Kuß sogar intimer empfinden als den Geschlechtsverkehr. »Ich bin eigentlich nicht so wählerisch, mit welcher Frau ich ins Bett gehe. Aber küssen würde ich nicht jede!« Küssen hat wohl mehr mit Liebe, nicht so sehr mit körperlicher Befriedigung zu tun. Die scheint austauschbar. Ist es nicht so, daß man sich beim Geschlechtsverkehr einen anderen Partner phantasieren kann? Beim Küssen aber ist es schwer vorstellbar, in Gedanken jemand anderen zu küssen als die Person, der man gerade an den Lippen hängt.

Auf den Mund küßt man nicht einfach so, aus Lust, Laune oder Langeweile – selbst Pretty Woman hatte da ihre Prinzipien. Und schon gar nicht zwangsweise, wie etwa die Schöne und das Biest, die Prinzessin und der Frosch; die Chancen, daß daraus ein Gentleman wird, gehen nämlich erfahrungsgemäß gegen Null.

Der Kuß, so heißt es seit der Antike, vereint die Seelen. Nehmen wir es weniger griechisch-tragisch, bleibt: Es ist der letzte Moment, bevor die Vernunft der Leidenschaft unterliegt. Die Folge: Man sitzt zu Hause und wird verrückt vor Sehnsucht nach Berührung, oder man landet gemeinsam im Bett und/oder etwas später vor dem Standesbeamten – auf jeden Fall sagt so ein Kuß: Es geht weiter mit uns!

Das richtige Timing und wichtige Spielregeln

»Ich hab' sie nach Hause gebracht, ihr einen hauchzarten Kuß auf die Backe gegeben. Ich habe gedacht ›das reicht für heute, wenn du so baggerst, wie du gerne würdest, hast du ausgespielt‹. Aber als ich dann alleine weiterging, war ich mir plötzlich nicht mehr so sicher und hab' die ganze Situation noch mal durchgespielt: Was sollte ihr Lächeln, als ich sie fragte, ob ich sie nach Hause begleiten darf. Hat sie ihren Kopf nicht stark zu mir gewendet, als ich sie auf die Backe geküßt habe? Wollte sie nicht doch vielleicht mehr? War sie enttäuscht von mir?«

Die meisten Männer sind nicht wirklich Meister in Feinkoordination und im Erkennen von Details. Aber verstanden haben sie intuitiv schon, was auch wissenschaftliche Beobachtungen belegen: Für den ersten Kuß gibt es strenge Spielregeln (wobei die Wahl des Orts völlig unerheblich ist, supergut küssen geht überall).

Die Inszenierung hat eine klare Dramaturgie und die ist schnell erklärt: Phase eins: sie gibt Signale – Phase zwei: er küßt – Phase drei: sie legt nach. Das Ganze kann Minuten dauern, sich aber natürlich auch über Stunden, sogar Tage hinziehen. Aber wer auf den richtigen Moment nicht warten kann, beraubt sich selbst eines wunderbaren Feuerwerks – und bringt sich meistens, schade, schade, um die Chance der Fortsetzung. Zu früh, und es ist keine Glut dahinter, zu spät, und alle Lust und Leidenschaft ist schon längst überm Siedepunkt.

Zu Phase eins:

Die Frau bestimmt, wann es Zeit ist für den Kuß. Alle Videoaufzeichnungen verliebter Paare (zu Studienzwecken!) haben gezeigt: Sie gibt Zeichen, sie ist diejenige, die den Mann zuerst berührt, sanft und natürlich nicht ganz zufällig (daß das alles nach einem fein ausgetüftelten System läuft, soll hier den Männern verraten werden, jede Frau weiß, wann und wie intensiv sie diese Berührungen, diese Blicke, diese Mimik einsetzen muß!). Der Mann steckt in der Warteschleife. Männer mögen es, wenn Frauen damit anfangen und nicht komatös wie Dornröschen verharren, bis ihnen der Kuß aufgezwungen wird. Und so perfekt sind die Damen im Zeichensetzen: Wie die Heldinnen aus Hollywood wenden sie sich beschämt ab oder lassen sich in traceähnlichem Zustand in den Sessel zurückfallen oder rühren sich nicht mehr, gucken Löcher in die Ferne, schweigen still.

Für Frauen untrügliche Zeichen, daß sie nichts dagegen haben, geküßt zu werden. Aber für ihn? Wehe, er versteht die Zeichen falsch: Berührt und küßt er sie zu früh, kriegt er gleich den Stempel »zu aufdringlich«. Ein Balanceakt, denn zu lange warten, könnte ihm auch falsch ausgelegt werden.

»Ich wollte, daß er mich küßt, aber irgendwie hat er überhaupt keine Anstalten gemacht. Da bin ich in die Offensive gegangen. Als er in die Küche ging, um Tee zu kochen, legte ich mich recht aufreizend auf sein Bett und tat so, als ob ich eingeschlafen wäre. Was er tat, als er mit dem Tablett wiederkam? Er hat mich zugedeckt und ist leise aus dem Zimmer gegangen.«

Zu blöd gelaufen. Der Kavalier hat sich sicher kurz gedacht »super Gelegenheit«, wollte sich aber später nicht beschimpfen lassen, die Situation schamlos ausgenützt zu haben. Recht hat er. Nichts ist schlimmer als ein aufgezwungener Kuß.

Problematisch wird das Ganze, wenn er nach dem zweiten oder dritten Rendezvous noch immer nicht die Signale deuten konnte und keinen Kußanlauf gestartet hat. Die Dame seines Herzens muß annehmen, daß er keine Lust auf sie oder ein Liebesleben gleich einem ausgestopften Eichhörnchen hat. Aber vielleicht ist er einfach nur schüchtern? Und kann sich überhaupt nicht vorstellen, diese Traumfrau je berühren, geschweige denn küssen zu dürfen?

Die (moderne) Lösung wäre: Sie beginnt von sich aus eine kleine, klitzekleine Knutscherei: *»Ich glaube, er war ein wenig überrascht von meiner ›Attacke‹. Aber ich dachte, wenn er es jetzt nicht macht, werden wir für immer auseinandergehen. Und dann bekam ich so ein Krieg-und-Frieden-Gefühl: Wenn wir uns wirklich nie mehr wiedersehen, möchte ich ihn doch zumindest geküßt haben.«*

Hier noch einmal für das Notizbuch der Männer zusammengefaßt einige Beispiele, wie Frauen Kuß-Gelegenheiten schaffen und eindeutige Beweise für ihre Hingabe liefern:

- ihn am Arm (oder sonstwo) berühren, ihn nicht aus den Augen lassen – bringt Intensität;
- beim Gespräch immer näher rücken – Gesicht an Gesicht, den Atem an seiner Wange spüren lassen – sehr einladend;
- in einen spannenden Film gehen – vor Schreck ihm beinahe auf dem Schoß sitzen oder sich in seinen Oberarm »krallen«. Actionfilme (fast so wie Pornofilme) erhöhen die Erotik, das hat die Wissenschaft herausgefunden;
- Gespräche über Sex – sehr intim, sehr flirtuos, heizt an;
- last but not least: good old Alkohol, selbstverständlich in Maßen, macht alles etwas einfacher.

Nervös geworden? Die Spannung steigt. Immer mit der Ruhe, die Herren, denn jetzt kommt Ihr großer Auftritt und damit

Phase zwei:

Der erste Lippenkontakt geht erstaunlicherweise von ihm aus. Allen Beobachtungen nach machen Frauen damit äußerst selten den Anfang. Das scheint – plausible Erklärungen gibt es dafür keine – nach wie vor ein männliches Vorrecht, wohlgemerkt nicht ohne das Dazutun der Frauen. *»Wir trafen uns bei einer Fete und waren uns ziemlich schnell einig, daß es woanders, wo auch immer, schöner für uns sei. Wir gingen zum Italiener um die Ecke und aßen Pasta und tranken dann später in einer Bar noch gemeinsam aus einem Glas Wein. Wir redeten und redeten und verloren total das Zeitgefühl. Kurz* *bevor ich in das Taxi stieg, das er mir gerufen hatte, drehte ich mich noch mal zu ihm um. Ich wußte, daß er ganz nah hinter mir steht. Da zog er mich fest an sich und küßte mich so ungestüm, so mitreißend ..., eigentlich hätten wir diesen Abend, der so intensiv war, nicht anders beschließen können.«*

Schon sind wir bei Phase drei:

Sie legt nach. Das, was sie jetzt an Leidenschaft, Mut und Experimentierfreude zeigt, soll er mitmachen und ausreizen. Nicht umgekehrt, wobei wir schon am Knackpunkt »Qualität« angekommen wären.

Die Qualität

Es gibt Frauen, die behaupten, der erste Kuß entscheidet darüber, ob er beim großen Liebesroulette weiterspielen darf oder nicht. Ein (exzellenter!) Kuß, so die klare Übersetzung, ist der Schlüssel zu jedem anderen Körperteil einer Frau – nicht ganz so exklusiv, aber ähnlich funktioniert's natürlich auch beim Mann.

Ist er grob, sanft, fordernd, spielerisch? Ist sie zurückhaltend, lockend, aggressiv? Was spüren die Lippen, was geben sie weiter? Preßt er »nur« seine Lippen auf ihre; hat sie spannende Zungenspiele in petto; bleiben seine Lippen weich, bis frau darin wegschwimmt; macht sie ein spitzes Mäulchen, bis er sich einsam fühlt wie auf dem Mount Everest – ein bißchen Biß muß schon sein! Schließlich können beim Küssen nicht weniger als dreißig Gesichtsmuskeln bemüht werden.

Man braucht nur Sekunden, um zu spüren, ob man es

mit einem guten Küsser zu tun hat – und natürlich läßt das entscheidende Rückschlüsse zu, ob er oder sie ein guter, kreativer, experimenteller, traditioneller oder sonstwie Lover ist. Steckt er gleich unverschämt seine Zunge bis zu ihren Mandeln? Führt er sich auf wie Clark Gable mit Scarlett, hält sie beim Küssen eisern im Griff und kann dabei die Stellung nicht wechseln? Schicken Sie ihn gleich nach Haus, der gehört vom Winde verweht ...

Ein Kuß ist nichts wert, wenn er nicht zwischen den zweien geteilt wird. Wenn er perfekt ist, verwischt er die Unterscheidung von Geben und Nehmen. Zu ihm gehört die Nähe, das Vertrauen, die Verwundbarkeit, die Sinnlichkeit – er ist eine beschwörende Geste.

»Klingt das komisch? Noch nie zuvor hatte mich eine Frau so voller Hingabe geküßt – ich fühlte mich danach, als ob sie mich freigeküßt hätte – erhebend!«

Beim optimalen Kuß ist das Verlangen physisch wie emotional auf beiden Seiten gleich.

»Ich hatte keine besondere Erfahrung mit dem Küssen – aber unser erster Kuß machte mich so glücklich, so leichtsinnig, daß ich all seine Bewegungen, und zwar ohne dabei zu denken, mitmachen und erwidern konnte.«

»Es war, als seien wir in diesem Moment die Erfinder des Küssens. Es kam mir vor wie Stunden, dauernd wechselten wir die Seiten oder küßten uns frontal. Mal war es zart und vorsichtig, mal war es fast aggressiv und forsch tief im Mund des anderen.«

Beim Küssen rasen unfaßbar viele Infos kreuz und quer durch den Körper. Eine Zunge berührt die andere. Hormone und Muskeln werden aktiviert. Das Herz arbeitet auf vollen Touren, Blut wird gepumpt, Lippen schwellen an. Nerven geben die Nachricht in den Genitalbereich weiter. Dort kribbelt es, vielleicht auch in den Fingerspitzen. Alles läuft auf

Hochtouren, hot, hot, hot; mehr, mehr, mehr. Die Leidenschaft geht auf Autopilot und die Glücksgefühle sind am Bersten. Keine quietschenden Reifen etwa, johlende Menschenmassen oder trällernde Ordnungshüter können zwei herzhafte Küsser auseinanderbringen. Wie gesagt, manche finden es besser als Sex ...

Vorsicht: Man kann sich bis zum Orgasmus küssen!

Und bitte: Vergessen Sie das Atmen nicht!

P.S.: Sie haben das Kapitel aufmerksam gelesen. Haben in Ihrer Vorbereitung Signale gedeutet, den richtigen Zeitpunkt, den richtigen Ort, das richtige Dämmerlicht gewählt. Sie versuchten dann am Objekt Ihrer Begierde die Spielregeln des Küssens nach bestem Wissen einzuhalten. Doch Sie waren einfach viel zu nervös? Keine Spur von Souveränität? Alles ist schiefgelaufen? – Und Sie sind immer noch oder gerade deshalb heillos verliebt. Lassen Sie sich nicht beirren und denken Sie an den Mythos mit Happy-End von Amor und Psyche: Warum auch immer, die beiden kannten sich nicht und sollten sich nur im Dunkeln lieben. Das taten sie auch brav. Bis Psyche neugierig, wie der Liebste wohl aussehen würde, eine Kerze anmachte und sich so in sein wunderschönes Gesicht verliebte, daß sie ihn mit Küssen überschüttete. Da stürzte er fluchtartig aus dem gemeinsamen Lager. Psyche hat ihm diesen Affront verziehen, mußte aber schwere Prüfungen bestehen, um ihn wiederzubekommen. Schließlich zogen die beiden als Unsterbliche in den Olymp. Na, eine hübsche Aussicht?

Freunde – Haben sie ein Verhältnis mit Ihrer neuen Liebe?

Vorhang auf! Das Spiel beginnt. Heute steht ein besonderes Stück, ein Kammerspiel auf dem Plan. Drei Akteure befinden sich zum ersten Mal gemeinsam auf der Bühne:
- die beste Freundin bzw. der beste Freund,
- Sie selbst und
- der oder die Neue.

Es kann ein Lustspiel werden oder eine Tragödie. Spannend wird es allemal.

Wehe, Sie lehnen sich seelenruhig zurück und lassen dem Spiel freien Lauf! Sie halten das Regiebuch in der Hand, wie diese zwei wichtigen Menschen in Ihrem Leben zusammenkommen.

Natürlich haben die beiden einiges gemeinsam, zum Beispiel Ansprüche: Sie wollen all Ihre Zeit, brauchen immer Anerkennung und Streicheleinheiten. Sie wollen Ihre Nähe, Ihr Vertrauen, Ihre Freundschaft, Ihre Liebe. Das klingt zwar sehr schmeichelhaft, problematisch ist das Ganze nur, weil beide es exklusiv für sich beanspruchen. Und sehen sie ihre Königsrolle gefährdet, gibt's Streit. Alte Revieransprüche und Eifersüchteleien können die Atmosphäre ganz schön vergiften. Und nicht immer sind sich die beiden auf Anhieb sympathisch ...

Mit ein paar taktischen Überlegungen, cleveren Vorbereitungen und viel Einfühlungsvermögen nimmt das Kennenlernspiel der Freunde einen positiven Verlauf – Tragödien gibt es genug ...

Platz da, jetzt komm' ich!

Sie sind die neue Liebe? Die angenehmste Rolle beim Pas de trois. Sie kriegen alle Zeit, alle Liebe. Wie die Sterne um die Sonne, kreisen alle Gedanken (des/der Liebsten) nur um Sie. Genießen ist angesagt, aber zum vollkommenen Glück könnte man sich als Neuer ein paar Gedanken machen oder spüren: Da gibt es noch einen anderen, der lange vor mir da war, einen Intimus, eine wichtige Person im Leben des/der Liebsten: die beste Freundin, der beste Freund. Dieser Mensch kennt alle Details und prägte vermutlich auch das Leben, das Ihre Liebste vor Ihnen führte. Als »Eindringling« sollten Sie Ihre/n Liebste/n keinesfalls zu einer Entscheidung dieser Tragweite zwingen: »... *dein Motorradkumpel oder ich!«* oder »... *Frauenfront, nein danke! Sie oder ich!«* Wie sollte er oder sie das entscheiden können?

Die tollsten Freundschaften sind schon wegen einer Liebesbeziehung kaputtgegangen. Aus Eifersucht, Trotz oder Mißverständnissen. Die neue Liebe mag im Zweifel gar nicht daran schuld sein, aber sie ist Anlaß – das könnte ihr in harten Zeiten zum Vorwurf gemacht werden. *»Ich hätte für Karin einiges aufgegeben. Nur meinen besten Freund nicht. Da sie ihn aber nicht mochte, zog er sich zurück und später habe ich ihn völlig aus den Augen verloren. Immer wenn wir Streit hatten, hab' ich ihr zum Schluß vorgehalten, daß sie ja auch meinen besten Freund verjagt habe ...«* Ein Makel bleibt allemal.

Treten Sie nicht in Konkurrenz mit seinem besten Freund bzw. ihrer besten Freundin. Versuchen Sie nicht zu ersetzen, was Sie nicht ersetzen können. Sie sind nun mal nicht best friend sondern lover! Am besten ist es daher, daß sich neuer Partner und alter Freund respektvoll begegnen, auch, und das kommt schon mal vor, wenn die beiden sich nicht leiden können. Sich respektvoll begegnen, muß nicht heißen, sich regelmäßig zu sehen. Es heißt, zu akzeptieren, daß es außer Ihnen auch noch einen anderen wichtigen Menschen im Leben Ihrer neuen Liebe gibt.

Altes Besitzrecht

Stellen Sie sich doch nur mal vor, welche Bedeutung der beste Freund, die beste Freundin für Ihre neue Liebe hat: Sie schmiedeten womöglich schon in Sandkastenzeiten große Pläne. Haben eventuell die wilden pubertären Jahre Arm in Arm gegen den Rest der Welt bestritten. Lernten sich in ihren ausgelassensten Zeiten an der Uni, in der Basketballmannschaft oder auf der Asienreise kennen. Und in Singlezeiten sind sie einander sowieso die wichtigsten Menschen auf der Welt. Der beste Freund, die beste Freundin . . . Retter und Vertrauter in guten wie in schlechten Zeiten. Da ist es doch nicht ganz verwunderlich, daß sie seltsam reagieren, wenn ihnen der Rang abgelaufen wird. Sie sind eingeschnappt. Werden richtig zickig. »*Mein bester Freund hat sich wirklich albern aufgeführt. Wir kennen uns seit 20 Jahren. Eines Abends rief er an und sagte, er habe furchtbare Kopfschmerzen, ich solle bitte vorbeikommen und ihm helfen. So was hat er noch nie getan, führte sich auf wie eine abgetakelte Diva – dabei wußte er genau, daß ich gerade zum ersten Mal Katja zum Essen bei mir hatte.*« Manchmal werden beste Freunde böse und kündigen unter Erpressung regelrecht die Freundschaft: »*Ich will dich erst wieder sehen, wenn du mit dem Typen Schluß gemacht hast!*«

Ein bißchen Eifersucht okay, wäre auch seltsam, wenn ihnen die neue Situation inklusive Liebesentzug völlig egal wäre. Aber oft reagieren sie über – Bemerkungen wie *»Der ist doch nicht dein Ernst?«* oder *»Hast du eigentlich nicht bemerkt, wie die dich einlullt?«* – sind kindisch und völlig unangebracht.

Von außen betrachtet, hat sich der alte Freund, die alte Freundin mit der neuen Liebe natürlich verändert (meistgehörter Vorwurf). Und natürlich ist die neue Liebe wichtiger als der alte Freund (zweithäufig gehörter Vorwurf). Aber warum ist es so schwer, sich in der intensiven Anfangsphase, in der sich die beiden frisch Verliebten nah und näher kommen wollen, zurückzuziehen? Was kann man denn verlieren? Eine altbewährte gute Freundschaft auf jeden Fall nicht! Es sei denn, man wirft sich wie ein wildgewordenes Tier in den Porzellanladen, zerschlägt wertvolle Erinnerungsstücke, fordert alte Revierrechte ein, klagt, schmollt, wird unfair und – lächerlich! Aber selbst gutgemeinte Kritik im richtigen Moment verhallt in den endlosen Weiten verliebter Verzückung. Jetzt zeigt sich, wer ein guter Freund ist. Sich freuen für des anderen Glück wäre jetzt eigentlich angemessen, oder? Zurücklehnen, abwarten, beobachten, Zeit verstreichen lassen.

Denn der wichtigste Auftritt, alter Freund, kommt jetzt:

Wenn der Doppeldecker von Wolke sieben langsam wieder zu Boden gleitet, wenn es dann den ersten handfesten Streit zwischen den Verliebten gibt, wenn Liebeskummer und all die anderen Widrigkeiten auftauchen, ist guter Rat und ein Tröster wichtig. Wer sich anfangs disqualifiziert hat, ist jetzt natürlich kein glaubwürdiger und regulierender Gesprächspartner mehr. Ein klarer Fall von Eigentor!

Die hohe Kunst des Vermittelns

»Mein Neuer und sein bester Freund. Die Unzertrennlichen wurden sie genannt. Ich hatte fast Angst vor ihm. Wieviel Einfluß hat er? Könnte er ein vernichtendes Urteil über mich fällen?«

Das erste Treffen zwischen dem neuen Partner und dem »best friend« ist weit mehr als ein harmloses gegenseitiges Beäugen. Es entscheidet über den Verlauf der späteren Beziehung des Trios. Wird es ein höfliches, aber gleichgültiges Nebeneinander, ein ständiges Gerangel um Gunst und Vertrauen oder eine gute Freundschaft?

»Dich würde ich, wenn überhaupt, maximal einen Abend lang aushalten ... sagte er und lächelte Eva dabei triumphierend an. Sie ist meine beste Freundin, er mein neuer Lover. Die beiden haßten sich vom ersten Moment an.«

Daß die beiden sich mögen, kann man nicht erzwingen. In ganz extremen Fällen hilft auch nur eine klare Entscheidung, entweder für den neuen Partner oder den alten Freund. Vorher sollte aber der, der zwischen den beiden sitzt, versuchen, das Verhältnis in positive Bahnen zu lotsen, und zwar gleich bei der ersten Begegnung:

- Versuchen Sie so normal wie immer zu sein. Locker, gelassen, spontan. Hohe Erwartungshaltung macht Druck und Pickel. Nervosität überträgt sich leicht wie ein Grippevirus.
- Jeder möchte einen guten Eindruck hinterlassen. Geben Sie beiden die Chance und erzählen Sie über jeweils den anderen nur wenig, um keine Vorurteile zu zementieren – zum Beispiel über Schwächen, Fehler und sonstige Aussetzer. Es reicht zu erklären, wie wichtig der eine, wie wichtig der andere für Sie ist.
- Wählen Sie den Ort der Begegnung mit Vorsicht: nicht

ins Kino gehen, wenn der eine Cineast ist, der andere aber unter Klaustrophobie leidet; nicht ins Klassikkonzert, wenn die beste Freundin vor Leidenschaft immer gleich heulen muß und der Neue Techno-DJ ist; nicht ins Fußballstadion, wenn es für den einen das Größte, für den anderen das Letzte ist.

• Verwickeln Sie die beiden beim ersten Treff in gemeinsame Aktivitäten. Bocciaspielen, Flohmarktbummeln, Pferdewetten auf der Rennbahn oder zum Beispiel Kochen zu Hause. Beim Zwiebelschneiden, Spaghettirühren und Tischdecken plaudert sich's ungezwungen, peinliche Stille und Fauxpas werden locker weggesteckt.

• Sitzt die beste Freundin in der Gleichstellungsstelle und provoziert gerne mal jeden Mann mit feministischen Ideen – der neue Lover aber ist Sternzeichen Fisch und eher ein wenig fern von dieser Welt? Geben Sie ihr den dringenden Tip, sie solle sich etwas zurückhalten, und vermeiden Sie konsequent alle Themen, die die beiden zu extremen Haltungen anstiften. Suchen Sie Stoff, der beide interessieren könnte.

• Beim ersten Treff geht es ums Integrieren, nicht Isolieren: Saftiges Dauerknutschen ist deshalb auf später zu verschieben, Intimgespräche mit dem besten Freund à la »weißt du noch …« sind eine Gemeinheit dem/der Neuen gegenüber.

Wie man seinen Liebling dem Freundeskreis vorstellt

Natürlich sind alle im Umkreis scharf darauf, Ihre neue Liebe kennenzulernen. Natürlich hat der eine oder andere schon Details mitgekriegt, diese wie üblich ausgemalt und so bunt wie möglich weitergegeben. Sie können sich sicher sein, daß schon einiges über Sie beide im Umlauf ist. Das aber sollte Sie, wenn möglich, überhaupt nicht stören. Viel wichtiger ist, wie Sie und wann Sie Ihren neuen Partner vorstellen. Und dabei kommt es nur darauf an, was er oder sie für ein Typ ist. Scheu? Unangepaßt? Partymatador oder -muffel? Immer cool oder eher unterkühlt? Ist er oder sie überhaupt interessiert an Ihren Freunden? *»Ich bin so stolz auf sie. Auf sie und mich. Natürlich sollen das meine Freunde sehen und von mir aus die ganze Welt . . .«*

Es gibt Leute, die da ganz anderer Meinung sind: *»Ich habe mich in diese Frau verliebt und nicht in ihre Familie, schon gar nicht in ihren Freundeskreis. Wenn wir uns treffen, will ich Sandra ganz für mich allein haben. Nur sie und ich. Auf Parties müßte ich ihre Aufmerksamkeit mit anderen teilen. Da soll sie ruhig allein hingehen.«* Das muß man akzeptieren, hat ja auch – zumindest anfangs – im wahrsten Sinne des Wortes etwas Exklusives und Charmantes.

So oder so. Auf jeden Fall sollten Sie den Freundeskreis Ihres Partners zumindest einmal kennengelernt haben. Schließlich ist er ein Teil von ihm. Ein Stück Leben, das er sich selbst aufgebaut hat und worauf er stolz ist, sein soziales Netz, sein Spiegelbild. Wenn Sie diesen Teil nicht akzeptieren, ihn gar nicht wahrnehmen, beleidigen Sie seinen Stolz (gefährden eventuell sogar die Beziehung) und dürfen natürlich auch kein Sterbenswörtchen über diese Freunde verlieren. Vorurteile, unbekannterweise Abkanzeln und Madigmachen, damit disqualifizieren Sie sich nur selbst. Denken Sie daran: Sie haben ja auch einen Freundeskreis . . .

Das Treffen muß ja nicht gleich in den ersten Wochen stattfinden. Besser ist es auch, den neuen Freund/die neue Freundin nicht gleich der ganzen Kumpelmeute zu präsentieren. Wählen Sie geschickt. Für den Ruhigen: Wenige

Freunde nach Hause einladen, dort kann man genüßlich Schubert im Hintergrund laufen lassen. Dagegen: Den nächsten großen Anlaß nicht versäumen, wenn die neue Liebe in die Party-Arena will. Im Pulk ins Kino, Theater, Konzert, wenn er oder sie ein bißchen Schnupperzeit benötigt, und anschließend zum Nachtarocken in eine schöne Bar. Sie können dann noch eines tun: den Liebsten auf die Meute vorbereiten. Etwa: *»Da wird also Sabine sein mit Freund Markus. Ich kenne die beiden aus dem Büro. Das sind die, hab' ich dir schon erzählt, mit denen ich im letzten Sommer in Griechenland segeln war. Dann natürlich Betty, meine liebste Freundin. Und Klaus, ehemaliger Studienkollege, Fußballfan und Lebenskünstler. Immer gut drauf und auf der Suche nach Neuem . . .«*

Details wie *»Mit dem hab' ich mal . . .«, »Der wollte immer . . .«, »Die ist manchmal ziemlich hysterisch . . .«* sind, zumindest für ein erstes Treffen, unerheblich, ja manchmal sogar gemein decouvrierend. Es soll nur ein kurzer respektvoller Überblick gegeben werden, eine Meinung wird der oder die Neue sich schon selber bilden.

Gut gebrüllt, Liebste/r –
Drei gute Gründe, eifersüchtig zu sein

Ja, brüllen würde man gerne – können, oder dürfen. Seiner Wut, seinem Zorn, seiner Traurigkeit Ausdruck verleihen. Einen Ton finden, der sitzt. Worte finden, die sagen, wie schrecklich man sich fühlt. Weil man die blanke Ohnmacht spürt, wenn man eifersüchtig ist.

Jeder kennt es, dieses Gefühl, das heimtückisch wie eine Fieberattacke völlig von einem Besitz ergreift. Jeder kennt sich in dieser Situation, x-Male selbst erlebt, und doch: In unserer Gesellschaft ist dieses Gefühl Eifersucht verpönt. Man lacht über die irren Aktionen der Infizierten, wenn sie zum Beispiel in ihrer Verzweiflung täglich einen Arm voller Rosen schicken oder ihre Schlafstatt, mit Transparent »Komm zurück«, vor der Türe der Angebeteten aufbauen. Man wundert sich über ihre übertriebenen Rachegelüste und wirft ihnen vor, sich nicht mehr unter Kontrolle zu haben. Frauen werden als Hysterikerinnen abgestempelt und Männer als Schwächlinge.

Die Eifersucht als lächerlich darzustellen (und sie sich selbst tunlichst zu verkneifen), ist erstaunlicherweise kein Relikt aus grauen Vorzeiten. Es war eines der Top-Themen der sexuellen Befreiung in den 60er Jahren. »Wer zweimal mit der/dem Gleichen pennt, gehört schon zum Establishment«, der Spruch sollte deutlich machen, daß sich die Jugend gegen das Patriarchat, das Besitzdenken und den bigotten Treueschwur der kleinbürgerlichen Gesellschaft abgrenzte. Wer also eifersüchtig war, mußte sich den Vorwurf »Spießbürger« gefallen lassen. Wer das nicht wollte (und wer will sich schon als antiquiert bespötteln lassen?), unterdrückte fortan seine »kleinlichen« Gefühle und spielte cool. Daß wir viele Freiheiten heute der damaligen Phase verdanken, ist klar, ebenso bekannt ist aber, daß einige Forderungen wieder bloß vorgefertigte Meinungen waren und uns in neue Abhängigkeiten führten. Nicht eifersüchtig sein zu dürfen, gehört dazu.

Eifersucht ist natürlich, meinte bereits Freud, und alle seine Nachfolger haben ihm bis heute in diesem Punkt nicht widersprochen. Eifersucht gehört zu den leidenschaftlichsten Gefühlen, die Menschen erleben können. Sie beeinflußt die gesamte Person, ihre Gedanken, ihre Gefühle, sogar ihre körperlichen Reaktionen. Eifersucht wahrnehmen und – zumindest versuchen – damit angemessen umzugehen, ist ein Schritt im Prozeß sich weiterzuentwickeln, sagen die Therapeuten. Eifersucht ist (in gewissen Grenzen) normal, sie dient dazu, eine reale Situation befriedigend abzuschließen. Eifersucht regt den Kampfgeist an, den Überlebenswillen. Eifersucht macht Gefühle klar. Eifersucht treibt uns voran. Eifersucht macht kreativ.

Es gibt alle möglichen und unmöglichen Gründe dafür, eifersüchtig zu sein. Für die Phase der Verliebtheit lassen sich speziell drei Schwachpunkte erkennen:

Konkurrenz, nein danke!

Frisch Verliebte kann man schnell verunsichern. Da muß bloß eine unbekannte Schöne, ein attraktiver Kerl auf der Bildfläche erscheinen, die (den) Herzallerliebste(n) innig begrüßen und ihm vielleicht auch noch unverschämt zuzwinkern, schon kocht's und brodelt's innerlich. Wer ist das? War da was? Welche Bedeutung hat oder hatte diese Person einmal?

»Wenn wir ihre Freunde trafen, ließ sie sich immer von denen in den Arm nehmen und abknutschen. Klar, das war harmlos. Aber ich stand daneben wie Pik sieben und als es mir zu bunt wurde, hab' ich dann einen sogar mal ziemlich hart am Arm gepackt und weggedrückt.«

Eifersucht – dieser Zorn, dieser Schmerz, diese Traurigkeit entsteht vor allem, wenn es einem Dritten gelingt, in die »heilige Zweisamkeit« – dem Grundbedürfnis einer frischen Beziehung – einzudringen. Ihr Aufmerksamkeit und Zeit und Intimität stiehlt. *»Das ging doch wirklich nicht mit rechten Dingen zu, oder? Seine Ex rief immer dann an, wenn ich gerade bei ihm war. Ich hatte schon richtig Verfolgungswahn, machte mich aber in seiner Gegenwart über sie lustig. Da wurde er sauer, meinte, daß ich unfair sei und keinen Grund hätte, mich so eifersüchtig zu benehmen.«*

Was aber wäre, wenn niemand seine Eifersucht zeigen würde? Was wäre das für ein schales Gefühl, wenn es ihr oder ihm nichts ausmachen würde, daß der Partner von anderen verehrt und begehrt und eventuell sogar abgeworben wird? Na eben. Eifersucht gehört zur Liebe wie die Zitrone zum Martini. Sie wirkt wie ein Geschmacksverstärker. Vielleicht wünscht sich manch einer etwas weniger hitzige Gefühlsausbrüche oder Szenen (dazu schnell ein

Tip: Überlegen Sie gut, was Sie mit Ihren Aktionen erreichen wollen, man muß ja nicht gleich Reifen zerstechen oder Feuer legen), aber wenn es gar keine Reaktion gäbe auf Flirten mit Fremden (so manch eine(r) braucht das, wie eine Blume die Sonne), könnte man mit Recht annehmen, daß in dieser Beziehung etwas nicht stimmt. Es sei denn, geschwisterliche oder kumpelhafte Beziehungen gelten hier als erotische Liaisons.

»Laß mich machen, was ich will, ich bin doch nicht dein Eigentum ...!« Frei sein, unabhängig sein, eine oft gehörte Ausrede von Beziehungsflüchtern und »potenten« Fremdgehern, meist gepaart mit der Forderung, ihnen peinliche Eifersuchtsaktionen in Zukunft zu ersparen. Das nennen sie dann modernes Liebesleben, tolerant und aufgeschlossen. Von Besitzanspruch, den sie beklagen, sprechen aber zum Beispiel Analytiker erst dann, wenn Gewalt mit ins Spiel kommt, wenn Macht und Kontrolle über Gefühle und Handlungen des Partners eingesetzt würden.

Echte Liebe aber ist und bleibt im wahrsten Sinne ohnmächtig, es besteht keine Möglichkeit, den anderen dazu zu zwingen, die Liebe zu erwidern.

Offensichtlich kann nicht jeder seine Eifersucht ausleben, selbst wenn sie ihn quält. Psycho-Forscher haben festgestellt, daß nur der seine Eifersucht zu zeigen traut, der sich in der Beziehung zum Partner sicher fühlt. Wer dagegen die Beziehung als nicht stabil einschätzt, hat Angst, den anderen mit seinen starken Gefühlen zu nerven, sogar zu vertreiben, und wagt es daher nicht, dem geliebten Menschen Vorwürfe zu machen. Und wohin steckt der dann seinen Frust? Er rächt sich, indem er dem anderen Aufmerksamkeit entzieht und Trübsal bläst.

Rasende Eifersucht ist nicht zwangsläufig ein Zeichen für brennende Liebe. Doch zumindest eines haben die Ausdrucksstarken mit den Zurückhaltenden gemeinsam: Sie wissen sehr genau um den Wert, der ihnen verlorengehen kann. Und das ist auch der Grund, warum unsere Eifersucht immer auf den »Abtrünnigen« zielt. Schon bemerkt? Wenn ein Konkurrent auftaucht, flippen wir in den selteneren Fällen deshalb aus, weil der etwa schöner, jünger, intelligenter ist oder uns das Liebste wegnimmt, nein, unsere Enttäuschung gilt meistens dem Partner, wenn bzw. weil er sich von einem anderen verführen läßt. Das ist wie Hochverrat. *»Wie konnte er mir das antun«* oder *»Ich hasse sie dafür«* oder *»Er hat mein Vertrauen mißbraucht«* sind oft gehörte Bemerkungen zum Thema.

Es gibt Leute, die das Gefühl der Eifersucht sehr gut ertragen können. Ein potentieller Rivale spielt eine ganz wichtige Rolle in der Form von Liebe, die sie leben. Es spornt sie an. Sie brauchen die Hindernisse, die Eroberung und Verführung.

Die einzige Art, mit Konkurrenz & Eifersucht klarzukommen ist, sich damit beim Partner zu outen (dafür sollten Sie allerdings eine charmantere Art als Psychoterror und Gewalt wählen). Er muß gleich von Anfang an verstehen, wie empfindlich Sie sind, er muß von Anfang an begreifen und einschätzen lernen, wie weit er gehen darf. Betrachten Sie das Gefühls-up-and-down der Eifersucht als ein Liebesspiel. Natürlich geht es dabei um Macht und Ohnmacht – aber immer wechselseitig und immer fair! Völlig irrsinnig ist, sich in eifersüchtige Verhaltensweisen hineinzusteigern. Das hilft keinem und führt geradewegs ins Aus.

Nun noch schnell zu einer weitverbreiteten, sehr häßlichen Auswirkung der Eifersucht: Kontrolle. Checken Sie in Ruhe die folgenden (handelsüblichen) Strategien und ihre Wirksamkeit. Kennen Sie die eine oder andere etwa persönlich?

- Ich rufe unerwartet an, um festzustellen, ob sie/er da und allein ist. Bewertung: Klingt gut, ist aber wenig effektiv. Ein derart laienhaftes Stasi-System schreit geradezu danach, ausgetrickst zu werden.

- Ich gehe mit ihm/ihr nie auf Parties, auf denen attraktive Frauen/Männer sind. Bewertung: Ihr kränkelndes Selbstbewußtsein wird bald auffallen, und zwar unangenehm, vor allem werden Sie bald allein zu Hause sitzen.

- Ich verbringe all meine Freizeit mit ihr/ihm, damit sie/er niemand anderen treffen kann. Bewertung: Funktioniert, solange er/sie nicht auf den Dreh kommt und das Ausweichprogramm exzellent ist.

- Ich weise andere Frauen zurecht, wenn ich merke, daß sie sich für ihn interessieren. Bewertung: Super Idee! Das interessiert diese Damen bestimmt so brennend, wie den U-Bahnschaffner, ob Sie heute gut geschlafen haben.

- Ich fange Streit an mit dem Mann, der sich für sie interessiert. Bewertung: Die Frau, die das gut findet, paßt dann auch zu Ihnen.

- Ich gebe mich besonders sexy, damit er keine Augen für andere hat. Frage: Wo lebt Ihr Freund? Auf einer einsamen Bohrinsel?

- Ich schenke ihr Schmuck, damit sie mir dankbar und treu ist. Bewertung: Wenn Ihnen das Zeug wieder entgegengeflogen kommt, wissen Sie wenigstens, daß diese Frau souverän und unkäuflich ist.

- Ich suche nach Tagebüchern, Liebesbriefen und anderen Beweisen seiner/ihrer Untreue. Bewertung: Wenn er/sie schlau ist, werden Sie so etwas nie finden.

Wie sicher ist die Liebe

»Was war bloß los mit mir? Von Anfang an habe ich mich selbst im stillen und immer mehr dann auch sie gefragt, was sie eigentlich an mir findet. Ob ich sie nicht langweile. Ob sie glücklich ist. Ob sie mich noch liebt. Ich habe sie genervt, ich habe sie verjagt, ich habe unseren Gefühlen nicht vertraut.«

Da ist diese riesige Unsicherheit – die Angst, nicht wiedergeliebt zu werden. Eifersüchtig wacht man über jede Geste, jedes Mienenspiel, jedes noch so leichtfertig gesagte Wort, um bestätigt zu bekommen, daß alles noch in bester Ordnung ist. Die Sorge, nicht liebenswert zu sein, unwichtig zu sein, als Frau oder als Mann nicht attraktiv genug zu sein, herumgestoßen und nicht ernstgenommen zu werden, ist allzeit präsent. Was für eine furchtbare Vorstellung: Der andere könnte jederzeit seine Meinung ändern, dieses Glück jeden Moment platzen lassen – gerade jetzt, wo man so unendlich froh ist! Schließlich kennt man die neue Liebe noch nicht gut genug, und es gibt keine eindeutigen Hinweise, keine Sicherheit darüber, daß er/sie auch heute so verliebt ist, wie gestern noch behauptet.

Starke Gefühle gehören nun mal zur Liebesgeschichte, und es gibt dafür kein Linderungsmittel. Das einzige »Glück« dabei ist, daß beide das gleiche Problem haben: die Unsicherheit. Beide brauchen, auch wenn es der eine oder andere nicht so offen zugibt, die Bestätigung: *»Du, nur du!«* Vielleicht hilft es, in diesen verunsicherten Stimmungen dem Liebsten einfach ins Ohr zu raunen *»Ich liebe aber doch nur dich!«* . . .

Wen die Vergangenheit quält

»Alles soll der Liebste mir erzählen, jedes Detail aus seinem Leben ist mir wichtig. Ich möchte hören, was er gedacht hat, wie er gefühlt hat, was er jemals gesprochen und getan hat.«

Übertrieben? Die meisten Paare beginnen ihre Liebesgeschichte mit den ausführlichsten Beschreibungen ihrer Vergangenheit. Das geht über Stunden, Tage, Wochen. Am liebsten wären sie von Geburt des anderen an dabeigewesen, und hätten schon immer diese zentrale Position in seinem Leben innegehabt. Diese Erzählstunden wirken wie eine Art Verschmelzung. Es ist der Versuch, die Dinge mit den Augen des Liebsten zu sehen, eine gemeinsame Weltanschauung und das dazugehörige Wertesystem herzustellen. Natürlich ist man auch neugierig auf die (vielen) Liebschaften, würde gerne die Anzahl der Bettgenossen, die schlechten Erfahrungen kennen, will hören von Glücksgeschichten und ihrem tragischen Ende, und über die erste große Liebe. Das machen die meisten Verliebten ganz intuitiv. Nicht, um den anderen eifersüchtig zu machen, nicht um etwas gegen ihn in der Hand zu haben, es dient lediglich dazu, Schritt für Schritt seine intimen Wünsche offenzulegen, Gedanken klarzumachen, Hindernisse zu beseitigen. Einige Liebespaare haben sogar den Drang zu erzählen und zu fragen, um keine Geheimnisse mehr voreinander zu haben. *»Ich glaube, ich habe sie ganz wahnsinnig gemacht mit meiner Fragerei über die Lover vor mir. Aber irgendwann hatte ich das Gefühl, es hat sich etwas in ihr gelockert, sie sprach dann fast lückenlos über all das – und sagte eines Tages zu mir: Ich habe alles geregelt, ich bin frei.«*

Irgendwie wirkt das Erzählen über die Vorzeit wie Teufelsaustreiben: Mit jeder Geschichte, die mit Schmerz oder

Ängsten oder Fehlern oder in manchen Fällen sogar mit einem Trauma verbunden ist, wird die Vergangenheit ad acta gelegt, nicht vergessen, aber aufgeräumt – jetzt wird mit einem neuen Partner ein neues Kapitel im Leben aufgeschlagen, mit der begründeten Hoffnung (schließlich ist man über beide Ohren verliebt), daß von nun an alles anders, alles schöner, alles noch bunter und die Liebe von Dauer sein wird.

Das wäre nett und normal, wenn der Mensch an sich nicht diese Angewohnheit hätte, alles sehr genau zu nehmen. Es reicht ihm also nicht, zu hören, was der andere in seiner Vergangenheit getrieben hat, er will mehr, will lückenlos wissen, bis ihn dieses Gefühl beschleicht, daß da noch etwas Unüberwindbares im anderen steckt. Ein klassisches Drama zwischen zwei frisch Verliebten entsteht aus der Eifersucht auf die Vergangenheit, wenn einer der beiden das Gefühl nicht loskriegt, er kenne nur die halbe Wahrheit.

»Als er mir von seiner ersten großen Liebe erzählte, merkte ich, daß da noch was war – ich tastete mich so vorsichtig wie es ging heran, aber er verschwieg mir etwas. Das bohrte in mir, das ließ mich total unsicher zurück, wie ein Schatten stand das zwischen uns.«

Es ist also sehr wichtig und entscheidend, daß man seine Erzählungen ganz vorsichtig aufbaut, sie nicht dem anderen hinschleudert nach dem Motto »friß oder stirb«. Nichts darf verzerrt werden, indem es beispielsweise nicht interpretiert oder gemeinsam besprochen wird.

Auf der anderen Seite gehört sehr viel Taktgefühl dazu, und es ist Vorsicht und Ausfragephantasie gefordert, um der oder dem Liebsten die wichtigen, die wirklich wichtigen (und das bestimmt natürlich nur der Gefragte) Einzelheiten zu entlocken. Bohren und immer wieder nachhaken kann genauso lähmend wirken wie scheinbares Desinteresse.

Bei derlei Inquisitionen bekommt man eventuell Dinge zu hören, die die weitere Beziehung schwer belasten. Andere bekommen nie die Chance, über Dinge zu reden, die Klärung über wesentliche Punkte einer Partnerschaft bringen würden, zum Beispiel, wenn eine Frau Probleme beim Sex hat, weil sie einmal Opfer einer Vergewaltigung war.

Lassen Sie sich Zeit mit der Entdeckung Ihres neuen Partners. Jeden Tag ein neues Detail. Für was, wenn nicht für das, will man mit diesem Menschen ewig leben?

Hürdenlauf – Checkliste für die kleinen Abenteuer des gemeinsamen Lebens

Fassen wir einmal bis zu diesem Zeitpunkt zusammen: Sie haben Ihr erstes Date erfolgreich hinter sich gebracht, das zweite, dritte, vierte auch. Der erste Sex war ein wenig holprig, aber ausbauwürdig, der zweite schon gut, der dritte klasse, und dann hörten Sie auf zu zählen. Die besten Freunde haben zu Ihrer Neueroberung ihr Okay gegeben. Er weiß bereits, welche Blumen *sie* liebt; sie weiß, daß *er* hin und wieder richtig ungeduldig sein kann. Die Beziehung scheint tatsächlich über eine normale Affäre hinauszuwachsen. Und jetzt geht's an neue Herausforderungen, die nächsten hohen Hürden der Gemeinsamkeit:

Der erste Wochenendtrip

Eine großartige Idee. Gemeinsam irgendwo hinfahren. Wild und romantisch. Zum Skifahren in die Berge mit Übernachtung in einer kleinen Hütte; auf Genußtour durch das Elsaß; ein Last-Minute-Ticket nach Paris. Rasch ein kleines Köfferchen gepackt oder, wenn's ganz spontan ist, nur die Zahnbürste. Und komme, was wolle, es soll die pure Lust werden, Minute für Minute. Das heißt: Zusammensein vom ersten Augenblinzeln bis zum Wieder-in-die-Kissen-sinken.

Dazwischen Neues und Spannendes erkunden. Aufregend ist allein das Reiseziel, noch spannender jedoch ist, zu beobachten, ob der neue Partner auch den 24-Stunden-Test besteht. Ob er länger als einen Tag halten kann, was er bislang versprach, oder etwa »nur« ein, im wahrsten Sinne, blendendes Schauspiel geliefert hat?

So ein Wochenende ist sehr intensiv, sehr nah. Einige Macken und alltägliche Dinge können bei diesem Trip überraschend und gewaltig wie eine Sintflut über Sie schwappen. Hohe Erwartungen an den Mini-Honeymoon können bitter enttäuscht werden. Sind Sie dafür schon reif, wollen Sie das tatsächlich? Gehen Sie in Klausur:

- Wer bezahlt? Und wie wird das zwischen Ihnen beiden vorab geregelt?
- Apropos Reiseziel: War er/sie schon mal da? Mit wem, wie lang, war's schön? Nur um zu vermeiden, daß Sie Hauptfigur in einem Remake werden. Denn das kann nur ein Flop werden!
- Zum Wochenende in einer kleinen Berghütte tritt er/sie an mit Aktenkoffer, Faxgerät und selbstverständlich Handy. Bevor Sie ins Auto einsteigen, sollten Sie beide über das Programm der kommenden 48 Stunden sprechen.
- Vorsicht bei exzessiven Sportlern – die brauchen ihren Auslauf, gerade am Wochenende. Bevor Sie ganz einpacken, nehmen Sie Ihre Turnschuhe mit!

Der erste Urlaub

Eine alte Weisheit sagt: Ob die Liebe hält, entscheidet der erste gemeinsame Urlaub. Da ist natürlich was dran. Ein Wochenende lang kann man sich vielleicht noch zusammenreißen, seine allerfeinste Seite präsentieren, charming und immer guter Laune sein. Aber ganze zwei oder gar drei Wochen lang? Es zeigt sich natürlich in dieser Zeit, mit wem Sie es da wahrhaftig zu tun haben. *»Ich war eigentlich sehr überrascht. So wie ich Peter kennenlernte, war er hyperaktiv, konnte keine zehn Minuten stillsitzen, quasselte locker die Leute auf der Straße an und war Hansdampf in allen Gassen. Das fand ich schon klasse, wir hatten immer Spaß. In unserem ersten Urlaub war er aber auch sehr leise, sehr nachdenklich. Ein völlig anderer Peter. Und ich glaube, wenn er nicht diese Seite gezeigt hätte, wäre er mir als Hansdampf sehr bald auf die Nerven gegangen.«*

Und darüber wundert sich ein junger Mann noch heute:

»War ich eigentlich blind all die Wochen und Monate, bevor wir in unsere ersten Ferien fuhren? Schon bei der Planung hätte ich aufmerken sollen. Ich wollte schon immer in die Karibik, ganz selbstverständlich fand ich, daß man dort tauchen geht. Sie war begeistert. Aber, wie sich rausstellte, nur vom Reiseziel, ganz und gar nicht vom Tauchen. Sie lag den ganzen Tag am Strand und ließ sich braunbrutzeln, war der Himmel einmal etwas bedeckt, hat sie gejammert, wenn das Essen nicht perfekt war, hat sie gemeckert. Das Hotel entsprach angeblich sowieso nicht ihrem Standard – nach vier Tagen habe ich meinen Tag so voller Sportprogramm gepackt, daß ich sie nicht mehr sehen mußte, und abends, viel früher als üblich, verzog ich mich hundemüde ins Bett. Ob unsere Beziehung noch läuft, fragen Sie?«

Das kleine Einmaleins des gemeinsamen Urlaubens:

- Miesmacher Nummer eins: die Urlaubskasse – wer nimmt wieviel mit? Fragen Sie nach, ob für sie oder ihn der Preis fürs Hotel und alle ähnlichen fixen Ausgaben okay sind; klären Sie, ob per Mietauto, Bahn oder Bus gereist wird; ob man immer zum Essen ausgeht oder auch ein romantisches Picknick am Strand mit Brot, Käse und Wein möglich ist.

- Wieviel Luxus, wieviel Zeltplatz verträgt der neue Begleiter?

- Lieber nach einer Woche kein Geld mehr haben, aber großzügig gewesen sein.

- Was treibt der oder die Neue denn so im Urlaub? Lassen Sie sich alte Urlaubsfotos zeigen und dazu erzählen, achten Sie auf Details. Bunter Geldbeutel um den Hals? Schwarze Socken in Sandalen zu Bermudas? Immer nur in der Gruppe im vollklimatisierten Reisebus unterwegs? Abenteuer-Bilder am Strand von Rimini, am Strand von Cannes, am Strand von Malaga, am Strand von Mykonos, am Strand von ...? Jeder Urlaub eine mittelgroße Beschwerde? Wenn Sie dabei kein gutes Gefühl haben, sprechen Sie darüber, bevor Sie die Koffer packen.

- Stimmen Ihre Reiseziele eigentlich überein? Wirklich? Zwingen Sie einen Alpenfreak nicht auf eine einsame Insel, auf der der höchste Punkt die Spitze der Palme ist. Mit dem Pferd durch die Mongolei ist nichts für eine Lady, die höchste Ansprüche an Duschmöglichkeiten hat.

- Während des Urlaubs mindestens einen Solotag einlegen – und sich beispielsweise am nächsten Tag die Trouvaillen des anderen zeigen lassen.

- Keine unangemeldeten Begegnungen mit Dritten einfä-

deln: »*Ach, übrigens, heute nachmittag kommen die Meiers, die haben auch vierzehn Tage in unserem Hotel gebucht.*«
- Alle Unterpunkte vom Abschnitt »Erstes gemeinsames Wochenende« sind auch hier gültig.

Eltern kennenlernen

Es könnte einem ja so egal sein (soll es um Himmels willen auch, wenn Sie glauben, die Liebe Ihres Lebens gefunden zu haben). Aber irgendwie sind wir doch alle davon abhängig, was die Eltern zu unserer neuen Flamme sagen. Ihr Kopfnicken, ihre Meinung, ihr Achselzucken oder Strahlen ist wichtiger als wir zugeben. Und irgendwie ahnt doch jedes erwachsene Kind, ob dieser neue Partner in der Familie Zustimmung findet oder nicht. Das macht es nicht unbedingt leichter. Wenn der Vater seiner Tochter einen potentiellen Nachfolger für die Anwaltskanzlei aussucht, diese aber ernsthaft einen Narren an einem Zirkusclown gefressen hat, wird das vermutlich Diskussionen auslösen. Wenn sich die Mutter für ihren Sohn ein feuriges Wesen wünscht, der sich aber bereits eine nette Dame aus seinem Minigolfclub ausgeguckt hat, wird Mama keine Ruhe geben. Stimmt's? Eltern sind schwierig (Väter denken immer nur das Schlimmste, Mütter muttern) – aber deshalb muß das erste Treffen mit Schwiegersohn/-tochter ja nicht erst vor dem Standesamt stattfinden. Ort, Zeit und Wahl der Waffen sind sorgfältig zu bedenken:

Kreuzen Sie erst dann mit Ihrem Partner zu Hause auf,

- ... wenn die Zeit reif ist, sprich die Eltern neugierig genug sind – das beginnt, wenn Sie die Durchschnittsdauer Ihrer bisherigen Affären überboten haben.
- ... wenn Sie Ihren neuen Partner moderat auf Ihre Eltern vorbereitet haben – wie sie heißen, reicht nicht, aber ihre größten Fehler aufzuzählen, gibt sicherlich auch nicht das wahre Bild wieder.
- ... wenn die Eltern auf den neuen Partner eingestellt sind (auch hier gilt der goldene Mittelweg an Infos).
- ... wenn Sie zu Hause klargemacht haben, daß Sie nur auf Kurzbesuch kommen – ausgedehnte Familienwochenenden provozieren unnötig Probleme und machen dem Neuling angst.

Sparen Sie sich den Besuch,

- ... wenn Ihre neue Liebe noch nicht will – egal, wie groß die elterlichen Lockungen (Ihr Lieblingsessen, Geldgeschenke und ähnliches) sind.
- ... wenn Sie sich beim leisesten Zweifel noch für Ihre Mutter vice versa Vater entscheiden würden.
- ... wenn Sie genau wissen, zu Hause herrscht dicke Luft. Benützen Sie den neuen Partner nicht als Streitauslöser, um alte Rechnungen zu klären – das ist nicht fair.
- ... wenn Sie Kritik nicht ertragen können.
- ... wenn Sie, eingeladen bei Ihren (künftigen?) Schwiegereltern, nicht über Ihre Vergangenheit, Vorlieben und Verwandte erzählen möchten. Noch weniger über Heiratstermine und finanzielle Sicherheiten.
- ... wenn Sie Verwandte per se schrecklich finden.
- ... wenn Ihre Kinder aus der ersten Ehe keine Lust auf neue Opis und Omis haben.
- ... wenn Sie sich nicht anständig benehmen wollen.

Zusammenziehen

»Frag ihn bloß nicht! Er muß das Gefühl haben, daß die Entscheidung zusammenzuziehen seine eigene war, sonst wird er sich gefangen und unwohl fühlen! Und wenn es noch so lange dauert, ich rate dir, warte, bis er fragt!«

Bekannte Worte? Guter Rat? Von der Mutter, von der Großmutter oder etwa von der besten Freundin?

Mal abgesehen davon, daß dies nicht das modernste Rollenverständnis demonstriert, für wie dämlich werden dabei Männer eigentlich unter Frauen gehandelt? Als ob er nicht *»Nein, noch nicht«* sagen könnte oder *»Ja, das ist eine wunderbare Idee, ich hatte noch nicht gewagt, dich zu fragen ...«* Natürlich muß frau ihm nicht den bereits fertigen Mietvertrag unter die Nase halten *»Du mußt nur noch unterschreiben, Liebling«* oder die Erpressernummer fahren *»Wenn wir nicht bald zusammenziehen, trenne ich mich von dir!«* Alles schon vorgekommen – und da würde im umgekehrten Fall jede Frau schreiend auf Nimmerwiedersehen davonlaufen. Er eben auch ...

Gehen wir doch einfach von einem zeitgemäßen Paar aus: Sie arbeitet, er arbeitet, sie verdient, er verdient, sie hat ihre Wohung, er hat seine. Jeder lädt jeden mal ein, bekocht, verwöhnt den anderen – alles gleichberechtigt: gleich stark, gleich gut, gleich wichtig – und dann soll die Frau plötzlich einen Rückschritt machen? Warten, bis er auf die Idee kommt, eine gemeinsame Wohnung zu beziehen? Sich unselbständig und unbeholfen zeigen? Als Single hat sie bisher ihr Leben allein bestimmt, jetzt soll sie alles ihm überlassen? Wollen das Frauen, wollen das Männer? Die Umfragen sagen *»Nein!«*

Wer wen und wann fragt, ist letztendlich nur halb so interessant wie die folgenden Themen, die überdenkenswert sind, lange bevor man gemeinsam entscheidet, welcher Lampenschirm für die Küche und welche Deckenfarbe fürs Klo passend wäre.

- Sich lieben heißt nicht zwangsläufig auch miteinander leben zu können.
- Warum will ich mit meinem neuen Partner zusammenziehen? Sich jeden Tag sehen, ohne viel Organisation und Telefoniererei, keine doppelte Miete, kein doppelter Strom und keine doppelten Versicherungskosten und zudem zeitsparende Arbeits- und Liebeswege. Das ist pragmatisch, praktisch ... schlecht! Zwar wohlüberlegte, aber zweitrangige Gründe, eine gemeinsame Wohnung zu suchen – wenn von Gefühlen keine Rede ist.
- Gehen beide von den gleichen Voraussetzungen aus? Träumt sie etwa von einer baldigen Hochzeit in Weiß, er will aber nur die Vorteile einer gemischten WG nutzen, sprich halbe Miete plus Kuscheln und Sex? Zwei so verschiedene Vorstellungen werden unweigerlich aufeinanderknallen. Über die wahren Gründe des Zusammenziehens muß vorher gesprochen werden, sonst fühlt sich später einer von beiden überrumpelt, unverstanden, mißverstanden oder eingeengt.
- Wann ist der beste Zeitpunkt? Da gibt es nur eine Richtlinie: Wenn die prickelnde Verliebtphase vorbei ist und die beiden schon ein, zwei Enttäuschungen gemeinsam überlebt haben.
- Keiner der beiden sollte den anderen invasionsartig überfallen: erst die Zahnbürste im Bad, dann ein Koffer, dann ein ganzer Schrank und dann steht der Umzugslaster vor der Tür.
- Der am häufigsten genannte Grund zusammenzuziehen

ist: endlich jede Nacht in einem Bett zu kuscheln (oder was auch immer). Schön und gut, aber daran denken, daß es dann keine Fluchtmöglichkeiten mehr gibt (außer zu Mama). In einer gemeinsamen Wohnung sollten Sie auf einem eigenen Zimmer bestehen, mit eigener Schlafmöglichkeit und genau nach Ihrem Geschmack eingerichtet. Kleine Gesten und ein bißchen Distanz erhalten die Freundschaft.

- Auf wen läuft der Mietvertrag? Ihn gemeinsam zu unterzeichnen, klärt von vornherein: fifty-fifty Verantwortung für alles, was hier passiert. Wenn Sie in seine/ihre Wohnung ziehen, sollten Sie den laufenden Vertrag nachträglich unterzeichnen.

- Zu mir oder zu dir? Sich für eine der beiden Wohnungen entscheiden, kann manchmal ganz schön schwierig sein. Die beste Regelung – wenn nicht praktische Gründe (wer hat die schönere, die günstigere Wohnung) überwiegen – ist, eine ganz neue dritte zu suchen. Das vermeidet auf jeden Fall Kommentare wie *»Siehste, wir hätten doch in meine ziehen sollen!«*

- Autonomie und Bindung sind die zwei zentralen, aber auch zwei ständig im Konflikt stehenden Grundbedürfnisse einer Beziehung: In der Zeit der Verliebtheit ist persönliche Freiheit nicht ganz so wichtig, da zelebriert man eher das enge Miteinander. Versucht man das über diese Phase hinaus zu erhalten, kann es leicht zum Käfig werden. Achten Sie deshalb auf den ständigen Wechsel von »ich« und »wir«.

Aber:

- Es gibt Paare, die gerne umeinander sind – sie stützen sich, gleichen sich aus, sind gemeinsam einfach stärker, klüger, glücklicher – das ist völlig in Ordnung, vorausgesetzt, die beiden sind sich darüber einig. Lassen Sie sich bloß nichts einreden – die anderen sind doch nur mißtrauisch, weil es diese bedingungslose Nähe und Symbiose zweier Menschen so selten gibt.

- *»Bevor wir zusammengezogen sind, hat Peter mir Blumen mitgebracht, mich zum Essen eingeladen oder sich sonst irgendwas einfallen lassen, um mich zu überraschen.«*
  Danach hat er anstelle der Rosen Schnittlauch für den Salat mitgebracht, anstelle Theaterkarten gab's die erste Reihe vor der heimischen Glotze. Vorsicht: Alltag leben heißt nicht gleich ablaschen und langweilig werden müssen!
- Ein paar »Geheimnisse« (z.B. allein im Bad; eigenes Zimmer; Telefonieren ohne Mithöranlage etc.) sollte sich jeder bewahren, da gerade die Balance zwischen vertraut und unbekannt sein, zwischen Nähe und Distanz die Spannung erhält.
- Trotz oder gerade weil Sie eine gemeinsame Wohnung haben, sollten Sie wichtige Teile Ihres eigenen Lebens weiterführen. Freunde treffen, Sport und Hobbys nicht vernachlässigen. Sich gegenseitig vertrauen und Freiräume lassen.

Resümee: Eine gemeinsame Wohnung verändert die Form der Beziehung ... und verändern heißt nicht verschlechtern!

Inspiration – Bücher und Filme für liebeslose Zeiten

Ständig verliebt – das würde kein Mensch aushalten. So ganz ohne den Seelenchampagner allerdings mag auch keiner sein. Zumindest nicht auf Dauer. Sehnsucht nach Verliebtheit, diesen Zustand kennt jeder, der in einer festen Beziehung lebt und die Phase des ersten Liebesglühens bereits hinter sich hat. Erst recht kennen ihn die, die gerade vogelfrei ohne Partner und ohne Gefühlsturbulenzen durchs Leben gehen. Was man nicht hat, kann man sich zum Glück per Buch oder Video verschaffen. Ein Sonntagnachmittag mit einem herzverzehrenden Liebesroman oder einem richtig schönen Liebesfilm ist zwar nicht ganz so mitreißend wie eine echte neue Liebe. Aber vom Sofa oder Bett aus Euphorie und Liebeskummer anderer mitzufühlen, hat auch seinen Reiz. Hier unsere ganz persönlichen Top Ten zum Lesen und Anschauen in alphabetischer Reihenfolge.

Bücher

Tschingis Aitmatow: *Dshamilja*
Knappe 100 Seiten (und damit auch für Lesemuffel zu bewältigen) über eine unschuldige, reine Liebe in Kirgisien zur Zeit des Zweiten Weltkriegs. Gilt vielen als die schönste Liebesgeschichte der Welt.

Philippe Djian: *Betty Blue. 37,2 Grad am Morgen*
Junge, verrückte Liebesgeschichte. Über jeden Kitschverdacht erhaben.

Gustave Flaubert: *Madame Bovary*
Eine Frau scheitert an ihrer Sehnsucht nach der großen Liebe. 1857 erstmals in Buchform erschienen und kein bißchen in die Jahre gekommen.

Theodor Fontane: *Irrungen, Wirrungen*
Baron liebt Näherin und beugt sich am Ende der herrschenden Moral. Klassiker über die Liebe zwischen oben und unten.

Johann Wolfgang von Goethe: *Die Leiden des jungen Werther*
Junger Mann liebt vergeblich an seine Angebetete hin. Die schönste Pflichtlektüre der gesamten Schulzeit und einer der größten Liebesromane der Weltliteratur.

Uwe Johnson: *Zwei Ansichten*
Deutschland zur Zeit des Mauerbaus: Eine junge Ostdeutsche und ein Westdeutscher verlieben sich ineinander. Als die Mauer die beiden voneinander trennt, beginnt ein stummer Dialog. Liebesroman und interessante Zeitstudie in einem.

Michael Ondaatje: *Der englische Patient*
Eine Villa in der Toskana gegen Ende des Zweiten Weltkriegs: Unglückliche kanadische Krankenschwester verliebt sich in indischen Bombenentschärfer und zur Unkenntlichkeit verbrannter Pilot erzählt nach und nach seine tragische Liebesgeschichte. Noch Fragen?

Astro Teller: *Hello, Alice*
Sie ist Computerwissenschaftlerin, er künstliche Intelligenz.
Gefühle im Internet-Zeitalter.

Leo N. Tolstoi: *Anna Karenina*
Russisches Roulett: Eine Frau verläßt den Ehemann für
einen anderen. Ihre Leidenschaft endet in der Tragödie.

Ulrich Woelk: *Amerikanische Reise*
Zwei Männer, eine Frau. Gut gemachtes Roadmovie inklusive moderner Dreiecksgeschichte.

Filme

Das Piano (1993)
Es lieben: Holly Hunter und Harvey Keitel
Poetisches Epos über die Liebe zwischen einer stummen
Klavierspielerin und einem Hinterwäldler im neuseeländi-
schen Urwald.

Die unerträgliche Leichtigkeit des Seins (1988)
(Lesenswert: die Romanvorlage von Milan Kundera)
Es lieben: Juliette Binoche und Daniel Day Lewis
Die komplizierte Liebesgeschichte zur Zeit des Prager Früh-
lings zwischen einer Fotografin und einem Arzt, der die
Frauen zu sehr liebt. Zum Heulen schön.

Harry und Sally (1989)
Es lieben: Meg Ryan und Billie Crystal

Der Klassiker über die Liebe auf den dritten Blick. Macht garantiert gute Laune.

Il Postino (1994)
Es lieben: Maria Grazia Cucinotta und Massimo Troisi
Anrührende Liebesgeschichte zwischen einem Postboten mit dichterischen Ambitionen und einer scheinbar unerreichbaren Schönen. Träume werden doch wahr!

Jenseits von Afrika (1985)
Es lieben: Meryl Streep und Robert Redford
Das in wunderschönen Bildern verfilmte (Liebes-)Leben der dänischen Schriftstellerin Tania Blixen auf einer Farm in Ostafrika zur Zeit des Ersten Weltkriegs. Einmal von Robert Redford die Haare gewaschen bekommen und sterben.

Pretty Woman (1990)
Es lieben: Julia Roberts und Richard Gere
Modernes Märchen von der Hure und dem gefühlsarmen Märchenprinzen. Perfektes Hollywood-Kino.

Sense und Sensibility (1995)
(Lesenswert: die Romanvorlage ›Vernunft und Gefühl‹ von Jane Austen)
Es lieben: Kate Winslet, Emma Thompson, Allen Rickman und Hugh Grant
Kostümfilm über alle möglichen Umwege, die die Liebe nehmen kann. Ideal für einen gemütlichen Sonntagnachmittag.

Titanic (1997)
Es lieben: Kate Winslet und Leonardo DiCaprio
Die Geschichte von zweien, die sich nicht haben dürfen, eingewoben in eine der großen Katastrophen des 20. Jahrhunderts.

Vom Winde verweht (1939)
Es lieben: Vivian Leigh und Clark Gable
Amerikanisches Bürgerkriegs-Melodram. Zwanzigmal gesehen, zwanzigmal geheult. *Der* Liebesfilm schlechthin.

Wie wir waren (1973)
Es lieben: Barbra Streisand und Robert Redford
Love-Story zwischen einer politisch engagierten, ernsthaften Frau und einem Sonnyboy. Herzzerreißend, einer der aufwühlendsten Liebesfilme aller Zeiten.

Jagd – Wer jagt hier wen?

Kommt Ihnen dieses Szenario bekannt vor? Sie sitzen in einem Café, in einer Bar, in der U-Bahn, an einem Seeufer, und es fällt Ihnen jemand auf. Ein besonderer Mensch – der ist schön oder rothaarig oder trägt einen verrückten Hut, auf jeden Fall ist er sympathisch und sitzt sogar noch in greifbarer Nähe? Es trifft Sie wie ein Blitz. Schon immer waren Sie ein romantischer Zeitgenosse und glauben an vom Himmel inszenierte Begegnungen. Doch unverzüglich arbeitet die Maschinerie in Ihrem Kopf: Wenn ich jetzt ... Was würde ... Könnte es womöglich ... Aber dann ... Das Ende dieser Szene: Sie verharren sprachlos.

Was könnte Ihnen schlimmstenfalls passieren, wenn Sie sich zu dem oder der Fremden hinüberbeugen und »Hallo« sagen würden? Vermutlich würden Sie (zumindest innerlich) erröten, hastig atmen wie nach einem 1000-m-Lauf, und in ein erstauntes Gesicht blicken. Diese Person wird aber wahrscheinlich nicht laut losprusten, auf Sie zeigen und allen Umsitzenden verkünden, wie lächerlich es doch ist, daß Sie gerade sie/ihn angesprochen haben.

Menschen, die einem auf Anhieb so sympathisch sind, daß man mit ihnen ins Gespräch kommen möchte, sprießen nicht wie Unkraut aus dem Boden. Denken Sie bloß an die vielen Male, bei denen Sie einem Typen oder einer tollen Frau hinterhergeschmachtet haben, und er oder sie für immer aus Ihrem Leben verschwand, nur weil Sie ihn/sie nicht aufgehalten haben. So manch einer hat nach verpatzter Gelegenheit sogar Suchmeldungen über Radio aufgegeben, vergebens.

Grob geschätzt würde knapp die Hälfte der Männer in einer solchen Situation die Initiative ergreifen (gemeint ist nicht durch Blickkontakt ermutigen, sondern etwas tun!) – aber, ebenso geschätzt, nur höchstens 10 Prozent der Frauen. Da geben die Herren den Ton an, obwohl es sicherlich für beide gleichermaßen schwer ist, den ersten Schritt zu wagen. Männer wie Frauen können schüchtern sein oder wollen nicht aufdringlich wirken, es fällt ihnen vielleicht nicht der richtige Auftaktspruch ein, und sie können beide wahrlich gut auf Körbe verzichten … nur scheint das »Beute erspähen, anvisieren, jagen und geschickt erlegen« nach wie vor eine Männerdomäne zu sein. Frauen leben in der Ambivalenz »Ich will, darf aber nicht«. Überlegen erst alle Für und Wider, bevor sie Augenkontakt suchen. Sie flirten mit angezogener Handbremse und hängen sich nicht zu weit aus dem Fenster. Und sie meinen noch immer, daß sie das Objekt ihrer Begierde nicht harpunieren dürfen, daß sie besser warten sollten, sich rar machen, damit der Mann seinem Jagdinstinkt frönen kann, daß er wie Siegfried bei der Brautwerbung Gefahren meistern und seine Mannhaftigkeit unter Beweis stellen muß (und soll). Die meisten überlassen den Männern die Regie. Und das alles in Zeiten, da Frauen zum Mond fliegen, Außenministerin einer Weltmacht sein können, Autos reparieren, Nobelpreise kriegen, Haushalt, Familie und Beruf organisieren und keiner mehr die Ebenbürtigkeit von Frauen und Männern anzweifeln dürfte.

Was muß noch passieren, daß auch Frauen ihre Chancen und Möglichkeiten bei der Partnerwahl wahrnehmen?

Fünf Gründe, den ersten Schritt zu machen:

1. Das macht eine Frau kraftvoll, überzeugend und damit unwiderstehlich.

2. Dabei kann sie getrost all die Männer aussieben, die allergisch auf aktive Frauen reagieren.

3. Insgeheim sind Männer erleichtert, wenn sie merken, daß Frauen wissen, was sie tun.

4. Sie werden 100 Prozent besser schlafen, denn anstelle bangend *seinen* ersten Schritt abzuwarten, haben Sie zuversichtlich den *Ihren* schon gesetzt.

5. Frauen müssen endlich erleben, wie großartig das Gefühl ist, sowohl zu jagen als auch gejagt zu werden, das heißt: gleichsam Liebhaberin wie Geliebte sein zu können.

Und das nicht nur in der Phase des Kennenlernens – das gilt immer, auch wenn die Beziehung bereits Jahrzehnte anhält, vielleicht ist das sogar ihr Geheimnis ...

Und es gilt nicht nur für Frauen. Auch Männer müssen genießen lernen, jagen zu dürfen und gejagt zu werden.

Frauenangst und Frauenpower

Gute Vorbilder von Frauen, die erfolgreich einen Mann erobert haben, findet man ausnahmsweise mal nicht im Film oder Roman, sondern, wenn überhaupt, nur im wahren Leben. Hollywood zeigt zwar Frauen, die stark sind, emanzipiert, selbstbewußt und sexuell aktiv, aber entweder sie scheitern im großen Stil (Geld weg, Mann weg, Karriere futsch), oder sie müssen erkennen, daß sie mit dieser (männlichen) Art zu leben gefühlsarm dahinvegetieren (Motto: Ich war zu lange egoistisch, jetzt will ich nur noch Mann und Familie) oder sie werden zu niederträchtigen, blutrünstigen Monstern stilisiert (siehe Sharon Stone in ›Basic Instinct‹, Glenn Close in ›Gefährliche Leidenschaft‹, Demi Moore in ›Enthüllung‹). Das schürt bei Männern Angst und

Frauen soll es zeigen, daß geballte Erotik, gleich sexuelle Aggressivität, zu guter Letzt bestraft wird. Auch in einigen Psycho- und Partnerschaftsratgebern, wie zum Beispiel ›Die Kunst, den Mann fürs Leben zu finden‹ und ›Mars sucht Venus, Venus sucht Mars‹, wird heutzutage Frauen wieder der Rückzug empfohlen. Unzählige Beispiele sollen den Frauen demonstrieren, daß sie Männer verjagen, wenn sie die Grenzen tradierter Strukturen überschreiten und aktiv werden. Schnell kommen Frauen dann zu dem Ergebnis: *»Ich bin zu weit gegangen, es war ein Fehler, mich so an seinen Hals zu werfen«* oder *»Wenn ich nur nicht angerufen hätte, den Druck hätte ich nicht machen dürfen, bestimmt ist deshalb nichts aus uns geworden ...«*

Sieht so eine gleichberechtigte Partnerschaft aus? Er darf, sie nicht. Wer, wenn nicht die Frauen, hat es in der Hand, durch klares, couragiertes Vorgehen neue Zeiten in der Partnerwahl einzuläuten?

»Ich habe eine Freundin, die noch nie diese zickige Männeranmache drauf hatte, sich weder supercool gibt, noch sich ewig ziert. Trotzdem hat sie regelmäßig einen Mann an der Angel, im Gegensatz zu mir. Ist sie größer, schöner, sexier? Auf Parties nimmt sie, noch bevor ich mir einen Drink geholt habe, mit dem aufregendsten Mann der Runde sofort Kontakt auf. Was hat sie, was ich nicht habe? Mittlerweile weiß ich es. Ich habe ihren Auftritt, ihren Stil analysiert. Als erstes fiel mir auf, daß sie sich von einer Zurückweisung nicht einschüchtern läßt. Naja, sie ist dann schon ein bißchen sauer auf den Typ, aber sie läßt sich trotzdem nicht beirren, sie macht weiter. Sie sagte mir mal, ›was ist das für ein Leben: rumsitzen, warten, hoffen und wünschen, von einem Mann ausgewählt zu werden?‹ Sie macht sich und ihr Selbstbewußtsein nicht davon abhängig, ob einer will oder nicht.«

Und, wie lange wollen Sie noch
- ... warten und sich darein ergeben, was passiert?
- ... Horoskope lesen, die Ihnen versprechen, daß, dem-nächst, bald, noch in diesem Monat, spätestens aber am Ende des Jahres, wenn Pluto im fünften Haus steht und der Mond abnehmend ist, Ihr Traummann auftaucht?
- ... zur Wahrsagerin gehen oder täglich eine Tarot-Karte ziehen, die Ihnen bestätigt, wie toll Sie sind, und daß der Mann, den Sie verdienen, früher oder später auftauchen wird?
- ...auf die Erfindung eines ultimativen Lockstoffes warten?
- ... nur auf Ihr Äußeres vertrauen? Schönheiten wie Mona Lisa und die Venus von Milo will zwar jeder haben, aber wollen Sie wirklich als ergatterter Besitz schweigend an der Wand hängen oder in der Ecke stehen?
- ... die Geschichten aus der Tierwelt auf die Menschen übertragen? Die Männchen sind nicht überall die Macher! Bei den Löwen jagen zum Beispiel die Weibchen ...
- ... nur aus der Reihe Ihrer Verehrer auswählen? Und dabei den vorbeilaufen lassen, den Sie eigentlich haben wollen?

Es ist besser, einen Mann zu wollen
als ihn zu brauchen

»Es war auf einem Flug nach Hamburg. Da saß ich neben ihm. Er sah einfach großartig aus, genau mein Typ. Ich überlegte hin und her, wie ich ihn wohl ansprechen könnte, aber er gab nur diese »Stör mich bloß nicht«-Vibes von sich. Als die Stewar-dess nach unseren Getränkewünschen fragte, fiel mir spontan nichts Besseres ein, als zu sagen ›Ich möchte den Herrn neben mir auf einen Kaffee einladen‹. Das war wohl genau das Rich-tige – er sah mich ganz verblüfft an, lachte, und wir kamen ins

116

Gespräch. Den Kaffee haben wir dann auf festem Boden getrunken.«

Frauen sind intelligent und stark genug, sich ihr Glück zu organisieren. Sie müssen sich nicht allein auf die Kunst des Haarewerfens und Lippenschürzens verlassen – diese Flirt-Details ergänzen und verfeinern das Spiel der Verführung.

Natürlich gehören zur Jagd Mut und Risikobereitschaft und der Blick dafür, wann man seine Chancen wahrnehmen muß. Wer einen Mann erobern will, muß damit rechnen, einen Korb zu kriegen, muß Ablehnung oder eventuell ein mitleidiges Lächeln ertragen können. Denn nicht immer reagieren die gejagten Herren unkompliziert, erfreut oder antworten mit einem netten Spruch.

Sie denken, die Damen, die aktiv werden, strotzen vor Selbstbewußtsein und Souveränität – weit gefehlt: Die meisten fühlen sich dabei etwas unbehaglich, sind ein bißchen verkrampft und sagen bestimmt nicht auf Anhieb preisverdächtige Sachen – aber das macht sie ja so sympathisch. Der einzige Unterschied zu denen, die es nicht machen, ist ihre innere Einstellung. Sie denken anders.

»Ich suche aus und werde nicht ausgesucht!«, das ist entscheidend. Sie übernehmen Risiko in allen Lebenslagen, sie wissen, daß das zum Leben gehört. Genauso wie die Abfuhr. Natürlich schluckt man erst mal, natürlich ist man verletzt und etwas kleinlauter. Aber: *»Zurückgewiesen zu werden stärkt deinen Charakter. Wenn du dich entschieden hast anzugreifen, wirst du auch dutzendmal eine Abfuhr durchstehen müssen. Dabei merkst du, daß eigentlich nichts Schlimmes passiert ist, viel eher, daß du es kannst, daß du deine Schüchternheit überwunden hast und ganz aufregende Dinge erlebst.«*

Machen Sie sich klar, daß eine Zurückweisung 1000 Gründe haben kann, aber am wenigsten den, daß Sie diesem Unbekannten nicht gefallen: Er weiß doch gar nichts von Ihnen! Sein Korb ist also auch keine Aussage über den Wert Ihrer Person. Kein Grund, tief verletzt zu sein. Noch viel wichtiger: Ein Mann oder eine Partnerschaft sind nicht primär dazu da, Ihr Ego zu stärken, das Stärkemittel holt frau sich in unseren Zeiten woanders – und so gibt es eben nichts Befreienderes als zu entdecken, daß es besser ist, einen Mann zu wollen als ihn zu brauchen.

Last but not least: Mit dem Risiko, abgewiesen zu werden, wächst die reale Chance, genau das zu bekommen, was man will! Oder: Je mehr Männer Sie ansprechen, desto größer die Chance auf Erfolg.

> Es ist ein gutes Gefühl, mit jemandem auszugehen,
> den man selbst ausgesucht hat

Viele Frauen glauben, daß sie schon Initiative ergreifen, wenn sie den Mann durch Berührung dazu motivieren, sie – zum Beispiel – zu küssen. Das ist aber nicht die Dimension »gleiches Recht beim Jagen«, von der hier die Rede ist: Diese Frauen bewegen sich noch immer in den alten Mustern und in den Grenzen der festgelegten Rollen. Den Fremden offen anlächeln, ihn ansprechen, ihm etwas vorschlagen, das meint offensiv den ersten Schritt tun. Diese starke, gleichwertige Rolle gleich zu Beginn einer Bekanntschaft ist vielversprechend für den weiteren Verlauf der Beziehung: Die Frau gestaltet mit, hat Einfluß, sie läßt sich nicht gefallen, was ihr nicht paßt. Guter Nebeneffekt des aktiven Jagens: Wer selbstbewußt ist, bestätigen die Wissenschaftler, der hat auch mehr Spaß im Bett. Außerdem passiert dort dann auch mehr das, was sich die Frau wünscht, wovon sie träumt und was sie braucht.

Das kleine Halali

Sie haben noch nie einen Mann/eine Frau angesprochen (es sei denn, Sie haben nach dem Weg gefragt), und Sie haben keine Ahnung, wie das geht:

Machen Sie sich klar, daß jeder Mensch, der eine mehr, der andere weniger ängstlich ist. Jeder hat Probleme, auf einen Fremden zuzugehen und Kontakt aufzunehmen. Deshalb sind die meisten auch froh und dankbar, wenn jemand anderer diese Aufgabe übernimmt.

Lockerungsübungen: Nehmen Sie sich für jeden Tag vor, einen Unbekannten anzusprechen: Den Kioskbesitzer nach der Uhrzeit fragen, den Schaffner nach dem Weg … diese kleinen Mutproben immer weiter ausbauen, immer schwierigere Kandidaten aussuchen, Menschen, die Sie wirklich interessieren – Sie werden sehen, nach etwa 14 Tagen würden Sie jeden auf dieser Welt anquasseln, denn das macht Spaß, stärkt die Sinne und das Selbstbewußtsein …

Es fällt Ihnen natürlich nichts ein, wenn's drauf ankommt? Trockenübung: Stellen Sie sich Situationen vor, in denen Sie jemanden ansprechen möchten. Welcher Satz wäre charmant, auf welche Frage bekommt man eine nette Antwort? Wie bringt man Sie zum Lachen? Das funktioniert bei Fremden wahrscheinlich auch! Vermeiden Sie Fragen, die mit »Ja« oder »Nein« beantwortet werden können. Besser: Komplimente machen *»Wo haben Sie diese tollen Schuhe gekauft?«*, Tips geben lassen *»Was trinkst du da? Kannst du das empfehlen?«* (Siehe auch Kapitel »Augenblick mal!«, S. 21)

»Tu keinem an, was du nicht willst.« Überlegen Sie bei Ihren Jagdstrategien, ob und wie Sie selbst darauf reagieren würden. Seien Sie Ihr bester und intimster Berater.

Männerglück

»Ich fänd's toll, wenn mich endlich mal eine Frau ansprechen würde.« – »Immer müssen die Männer den ersten Schritt machen.« – »Es ist schon lang nicht mehr zeitgemäß, daß Männer die Jäger spielen müssen. Ich liebe es, wenn Frauen die Initiative ergreifen.« – »Mich schreckt eine Frau nicht ab, die ehrlich ist und klar zeigt, daß sie Sex will. Wenn man jemanden verführen will, riskiert man immer eine Abfuhr, und wenn jemand dieses Risiko für mich übernimmt, bin ich begeistert.« – »Ich fühle mich geschmeichelt.« – »Wenn eine Frau den ersten Schritt macht, fühle ich mich sicherer und mutiger bei all dem, was ich mir für sie einfallen lasse.«

Dürfen wir glauben, daß Männer nichts gegen aktive Frauen haben? Wollen sie tatsächlich gern erobert werden? Sind sie wirklich so offen und flexibel?

Mittlerweile ja. Junge Männer geben zu, daß ihnen der erste Schritt bei Frauen oft schwerfällt, mehr noch, daß es ihnen schwerfällt, dem tradierten Männermodell des Jägers zu entsprechen. Emanzipierte Männer wollen das auch nicht. Und schüchterne Männer fühlen sich geradezu gegeißelt, wenn sie tun müssen, was nach alten Regeln ein »richtiger« Mann tun muß. Sie werden zwar von ihrer Vätergeneration (und dem schwindenden Rest traditioneller Frauen) als Softies ausgelacht, die sich gegen den aggressiven Sex der »modernen Hyänen« nicht wehren können.

In Wirklichkeit aber sind diese Männer die Schlaueren. Sie haben erkannt, daß das Jagen und Gejagtwerden ein Spiel ist zwischen Mann und Frau. Nur in erweiterter, verfeinerter Form. Der Zugewinn: Sie kommen in den Genuß, selbst verehrt und begehrt zu werden, umspielt, umflirtet und aufgeheizt, eingeladen, aufgeladen, mitgerissen zu werden. Das erweitert den Erlebensbereich, den Erfahrungshorizont. Und wo diese Grenzen überschritten werden, wartet persönliche Freiheit.

Welcher clevere, genußvolle Mann wollte sich bei diesen Aussichten noch auf tradierte Jägermodelle versteifen?

Hier noch ein paar Stories von denen, die die gleichberechtigte Variante probiert haben:

»Ich finde es gut, wenn Frauen den ersten Schritt machen, aber sie dürfen nicht erwarten, daß ich mich sofort wie ein liebestoller Affe auf sie stürze – erst will ich ein Gespräch mit ihr, herausfinden, ob wir Gemeinsamkeiten haben, ob wir miteinander lachen können.«

»Wir beide wissen: hätte ich nicht den Anfang gemacht, wäre es nie zu dieser Nacht gekommen. Und wenn er mir danach nicht die Blumen geschickt hätte, wäre daraus nie eine Beziehung geworden.«

»Es stört mich, wenn eine Frau zu direkt rangeht. Das ist langweilig, daraus entsteht keine Spannung. Charme muß gar nicht mit Worten verbunden sein, Augenzwinkern oder auffordernd Tanzen verstehe ich sehr gut!«

»Als ich ihn angesprochen habe, merkte ich sofort, daß in seinem Kopf die Frage auftauchte ›Was ist das denn für eine?‹ – es war ihm wohl noch nie passiert. Er war so reserviert, daß ich ihn bald stehenließ.«

»Es war auf einer Party, da entdeckte ich plötzlich, wie sie mich mit ihrem Finger zu sich lockte. Mensch, war das aufregend . . .«

»Einmal bin ich mit einer Frau mitgegangen. Ich dachte, sie hätte echtes Interesse an mir – später stellte sich heraus, daß sie es als Sport empfand, Jungs zu sammeln. Daran muß man sich wohl gewöhnen, denn umgekehrt: Männer, die Mädels sammeln, gibt es ja auch . . .«

Männer müssen umdenken. Frauen auch. Männer müssen sich im Genießen üben. Frauen im Jagen. Manchmal sind Männer zu forsch. Frauen zu wenig charmant. Männer sind mal selbstbewußt, mal schwach. Frauen auch.

Es ist noch viel zu tun.

Korb – Wie überlebe ich eine Abfuhr?

»Das ist schon brutal. Du bist verrückt nach einer Frau. Würdest alles dafür tun, sie zu kriegen. Willst nur sie, sie, sie. Alles andere ist dir unwichtig. Und dann der Schock: Sie will dich nicht. Das haut einen erst mal um.«

Eine Abfuhr zu kriegen, gehört wohl zu den bittersten Erfahrungen im Leben. Was für eine Kränkung, was für ein Schlag gegen das Selbstbewußtsein. Da himmelt man jemanden bis zur Besinnungslosigkeit an, und der zeigt nicht die geringste Neigung, sich auch nur ansatzweise zu verlieben. Ganz zu schweigen von der brennenden Scham, nachdem man dem anderen voller Hoffnung seine Gefühle offenbart hat. Das alles ist nicht weiter tragisch für diejenigen, die nur verknallt waren. Diese fast Verliebten quält mehr gekränkte Eitelkeit als echter Schmerz. Das Ego ist angeknackst, aber das Herz ist nicht gebrochen. Um so härter trifft der Liebeskummer alle, die sich ernsthaft verliebt haben. Da spielt es keine Rolle, ob sie von vornherein abgewiesen oder nach ein paar Tagen oder Wochen zu zweit wieder verlassen wurden. Der Schmerz ist der gleiche. Seltsam, daß eine Abfuhr auch dann weh tut, wenn man es nie über ein freundschaftliches Händeschütteln zur Begrüßung hinausgebracht hat. Verschmähte Verliebte wissen doch gar nichts darüber, wie eine Beziehung mit dem angebeteten Menschen tatsächlich gelaufen wäre. Ob sie glücklich geworden wären, ob sie den anderen nach der Eroberung immer noch begehrt hätten. Sie kennen den Ersehnten nicht wirklich, seine Macken, seine kleinen Eigenarten. Verliebte verbringen unendlich viel Zeit damit, sich ihr Leben mit dem anderen zusammenzuträumen. Sie projizieren Wünsche und Hoffnungen in ihn hinein, lassen das Ganze wieder und wieder als immer ausgefeilteren Film vor dem inneren Auge ablaufen. Ein einziges Herumphantasieren von morgens bis nachts. Wird nichts aus dieser Traumbeziehung, dann haben sie, außer eben dem schönen Traum, nichts verloren. Sie haben nur etwas nicht bekommen. Doch das nimmt dem Schmerz nichts von seiner Schärfe.

Gefühlsgewitter

Etwa alle fünf Jahre erleben wir im Alter zwischen 20 und 40 eine unglückliche leidenschaftliche Liebe, die Jahre dazwischen sind wir rund einmal alle zwölf Monate erfolglos verknallt. So die Durchschnittszahlen. Diese Bilanz der Liebe stellte Dr. Roy Baumeister auf, Psychologe an der amerikanischen Case Western Reserve University. Etwa alle fünf Jahre also durchtobt uns – je nach dem Grad der Verliebtheit – das ganze Spektrum starker Gefühle, die Liebeskummer lostreten kann: Haß, Eifersucht, Trauer, Sehnsucht, Hoffnungslosigkeit. Naßgeheulte Kissen, eine genervte beste Freundin, die es nicht mehr hören kann, astronomische Rechnungen in der Lieblingsbar, Telefonterror bei dem herzlosen Objekt der Leidenschaft. Das Verrückte ist, mit zunehmendem Alter und wachsender Lebenserfahrung nimmt die Intensität von Liebeskummer kaum ab. Es kann einen mit 70 genauso erwischen wie mit 17. Nur weiß der Ältere ganz sicher, daß die Welt wider alle Überzeugung von diesem Drama nicht untergeht, daß jeder Mensch solche Tiefen durchschreitet und daß es jedesmal wieder bergauf geht, wenn sich der erste Schmerz gelegt hat. Alte Männer können da auf einen besonders reichen Erfahrungsschatz zurückgreifen, denn Männer verlieben sich häufiger unglücklich als Frauen. Den Grund dafür fand Dr. Deborah Then, Psychologin am Zentrum für Frauenstudien an der University of California, bei ihren Singles-Forschungen. Von Männern erhielt sie bei Befragungen immer die gleiche Antwort, wenn es um die Wunschpartnerin ging: Vor allem gut aussehen muß sie. Und das bedeutet Pamela-Anderson-Maße: groß, schlank, vollbusig. Ein Blick in den Spiegel oder auf den eigenen Lebenslauf hätte genügt, um vielen der Befragten zu zeigen, daß sie bei so einer Frau nicht die Spur einer Chance haben. Doch so viel Realitätssinn liegt Single-Männern offenbar fern. Je länger sie keine Partnerin haben, desto höher stecken sie die Ansprüche an die potentielle Partnerin. Sie verlieben sich ständig in Frauen, die weit attraktiver sind als sie selbst. Und blitzen natürlich ab.

Nach einer Abfuhr packt Frauen und Männer der gleiche Katzenjammer. Nur mögen Männer ihren Schmerz oft nicht recht zugeben. Bei der Bewältigung von Liebeskummer gibt es allerdings auffällige Unterschiede zwischen den Geschlechtern. Frauen leiden oft länger als Männer. Sie suchen nach Erklärungen und Fehlern, die sie vielleicht gemacht haben, grübeln, machen sich selbst runter. Männer verdrängen ihren Kummer häufiger mit Alkohol, Arbeit und Sex oder stürzen sich schnell in eine neue Partnerschaft. Von den Männern, die eine Abfuhr absolut nicht ertragen können, liest man ab und zu in der Zeitung: sie beschließen in ihrem Liebeswahn, »Wenn ich sie nicht haben kann, dann soll keiner sie haben« – und werden zum Mörder an der angebeteten Frau.

Erste Hilfe

Eines muß klar sein: Liebeskummer tut weh und daran läßt sich nichts ändern. Man kann lediglich für Linderung und Ablenkung sorgen. Doch sollte man es damit nicht übertreiben. Wer seine negativen Emotionen ignoriert, der bekommt es schneller mit physischen Beschwerden wie Übelkeit, Kopfschmerzen, Erbrechen oder Eßstörungen zu tun. Die Alternative ist nicht, in seiner Trauer zu baden und sich in Selbstmitleid zu ergehen. Etwas Bewältigungsarbeit und die Frage »Warum ist mir das (schon wieder) passiert?« müssen schon sein. Und wenn Ihnen nach Heulen ist, dann heulen Sie, solange Sie wollen. Wenn Sie eine Tasse an die Wand knallen wollen, dann tun Sie's (vielleicht nicht gerade die altehrwürdige Meißner Tasse der jüngst verschiedenen Großtante). Tun Sie, was immer Sie wollen, nur denken Sie an die Konsequenzen. Hier ein paar Vorschläge, wie Sie heil durch die Krise kommen.

Reine Interpretationssache

Ein wichtiger Schritt hin zur Erholung von diesem Schlag ist die Erkenntnis, daß das mit dem »nicht gut genug für den andern« keineswegs stimmt. Solche Sätze taugen nur als Heizmaterial fürs Selbstmitleid. In Wirklichkeit verhält es sich nämlich so: Der/die Begehrte hat einfach andere Vorstellungen davon, wer zu ihm/ihr paßt und mit wem er/sie zusammensein möchte. Das hat nicht unbedingt etwas mit »gut« oder »schlecht« zu tun, sondern schlicht mit dem kleinen Wörtchen »anders«.

Gute Frage

Fragen Sie nicht nur, warum, warum, warum will er/sie mich nicht? Wenn Sie öfter Schiffbruch in Sachen Liebe erleiden, dann sind vermutlich nicht nur die bösen anderen oder ewiges Pech daran schuld, sondern Sie selbst haben einen gewissen Anteil daran. Welchen, das können Sie durch die richtigen Fragen herausbekommen. Zum Beispiel: Suche ich mir immer Liebesobjekte aus, die unerreichbar für mich sind? Sind meine Erwartungen an eine Beziehung realistisch – was suche ich eigentlich? Kann ich Sex und Liebe unterscheiden? Wie komme ich zu mehr Autonomie, um beziehungsfähig zu werden? Brauche ich einen Partner für mein Selbstwertgefühl? Wer ernsthaft über solche Fragen nachdenkt und sie sich ehrlich beantwortet, kann hilfreiche Entdeckungen machen. Zum Beispiel könnte sich herausstellen, daß Sie trotz intensiver Partnersuche Angst vor einer festen Beziehung haben und sich deshalb immer in Personen verlieben, die gebunden sind oder in mindestens 1000 Kilometern Entfernung leben. Im nächsten Schritt ginge es dann darum, die Ursache für die Beziehungsangst zu erforschen und entsprechende Gegenstrategien zu entwickeln.

Fitneß für die Seele

Sie können Ihr Kopfkissen windelweich boxen, Ihre Mutter am Telefon anschreien oder alle Schuh- und Wurstverkäufer der Stadt schikanieren. Sie können Ihren Frust und Ihre Aggressionen aber auch in positive Energie umsetzen. Jagen Sie Ihren Squash- oder Tennispartner über den Platz, laufen Sie im Park oder Wald gegen Ihren Kummer an, setzen Sie sich jeden Tag aufs Fahrrad. Sport verschafft ein gutes Körpergefühl, und das richtet das geknickte Selbstbewußtsein ein Stück weit wieder auf. Ein paar Trainingseinheiten, und Sie fühlen sich fit und attraktiv. Das strahlt auf andere Menschen aus und bringt einem jede Menge Komplimente ein. Natürlich klappt dann auch der Service in Schuh- und Wurstgeschäften doppelt gut.

Trost von der Ersatzbank

Männer sind in dieser Strategie gegen Liebeskummer bestens bewandert. So mancher Liebeskranke tröstet sich mit einer schnellen Affäre über eine Abfuhr hinweg. Frauen neigen eher dazu, eine unglückliche Liebe zu durchleiden und in Kopf und Herz für sich abzuschließen, bevor sie sich auf den Nächsten einlassen. Für die, die eine feste Bindung suchen, die bessere Entscheidung. Denn fast alle Sofort-danach-Beziehungen gehen wieder in die Brüche. Außerdem kann man aus jedem negativen Liebeserlebnis etwas für die Zukunft lernen. Wer sich in eine stürmische Affäre stürzt und sich wirklich nicht mehr davon erhofft als schnellen Trost, dem kann ein Ersatzpartner tatsächlich ein Retter in der Herzensnot sein. Begehrt, angehimmelt, verwöhnt werden, das tut der wunden Seele wohl. Nur sollte niemand mehr in so ein Intermezzo hineininterpretieren, sonst initiiert er in Eigenregie seine nächste Enttäuschung. Damit Sie sich und dem anderen ein böses Ende und neuen Kummer ersparen, hier ein paar Spielregeln:

• Genießen Sie die Affäre, aber verkneifen Sie sich alle Gedanken an eine gemeinsame Zukunft, die es (fast) sicher nicht geben wird.

• Nutzen Sie die Affäre als erotisches Abenteuer. Probieren

Sie neue Rollen und Praktiken aus, es geht schließlich um nichts.

- Vermeiden Sie Treffen mit den Freunden des Interimpartners und treten Sie nicht in seinen Golfclub ein. Hinterher ärgern Sie sich!
- Den Ersatzgeliebten muß nicht jeder kennen. Sie brauchen ihn nicht Ihrem ganzen Freundeskreis zu präsentieren, sonst legt Ihre Umgebung dieser Affäre mehr Bedeutung bei, als ihr zukommt.
- Jubeln Sie den Ersatz nicht hoch, nur weil er das (absichtlich erwählte) Gegenteil des Ex ist. Genießen Sie die gemeinsame Zeit und fertig.
- Heucheln Sie dem anderen nicht die große Liebe vor. Sie werden sich garantiert nicht besser fühlen, wenn Sie nach der erlittenen Schmach Ihre Rachegelüste an einem unbeteiligten Dritten austoben. Das ist keine echte Wiedergutmachung, und außerdem drückt Sie hinterher obendrein das schlechte Gewissen. Und dann haben Sie wieder negative Gefühle, obwohl Sie gerade die doch loswerden wollten.

Post-Geheimnis

Wer meint, an seinen unausgesprochenen Gefühlen für den/die Angebetete/n zu ersticken, der sollte zum Füller greifen und Liebesbriefe schreiben. Nächtelang, seitenlang. Zum Abschicken sind diese Beichten, Beschwörungen, Racheschwüre oder Verwünschungen allerdings nicht gedacht. Sind die Sehnsucht, der Zorn oder der Kummer von der Seele geschrieben, schichten Sie die Briefe am besten zu einem kleinen Scheiterhaufen auf und verbrennen Sie sie (aber bitte nicht auf dem Wohnzimmerparkett).

Süßer Trost

Vor allem Frauen schwören auf die heilsame Wirkung von amerikanischer Eiscreme und Schokolade. Das kann man in jedem neueren Liebesfilm, aber auch im persönlichen Umfeld beobachten. Tatsächlich enthält Schokolade große Mengen von dem Glücksbringer Phenylethylamin (siehe Kapitel »Biodrogen und Herzflimmern«, S. 31). Die Behauptung, daß Milka, Lindt & Co. den PEA-Spiegel, und somit die Stimmung anheben, dürfte jedoch falsch sein. Das PEA in der Schokolade überlebt die Reise durch den Magen-Darm-Trakt nicht unbeschadet und kann deshalb kaum im Gehirn wirken. Wohl aber setzen Schokolade und andere zucker-, fett- und kohlehydratehaltige Speisen Endorphine frei. Der »Wohlfühlspeicher« wird wieder aufgefüllt.

Liebes(kummer)gaben

Wenn Sie schon Ihre Gefühle zum Fenster hinausgeworfen haben, dann werfen Sie gleich noch eine ordentliche Portion Geld hinterher. Da kriegen Sie wenigstens was für. Schenken Sie sich dieses graue Kostüm, von dem Sie schon lange träumen oder das edle Holzlenkrad für Ihren Wagen. Lassen Sie sich den antiken Sekretär anliefern, den Sie seit Monaten sehnsüchtig umkreisen, oder tragen Sie endlich den neuen Hightech-CD-Player nach Hause. Wetten, Sie haben die Fähigkeit sich zu freuen doch nicht verloren?

Freunde und Helfer

Ihre Freunde sind jetzt wahrscheinlich besonders nett zu Ihnen. Seien Sie nicht störrisch, lassen Sie sich helfen. Nehmen Sie alle Einladungen an, egal ob zu Festen, Kinobesuchen, zum Rollerbladen oder Kaffeetrinken. Wochenlang allein in der Wohnung hocken und grübeln bringt Sie kein Stück weiter. Und dem Objekt Ihrer Begierde kommen Sie so auch nicht näher. Und wie gut tut es der Seele, wenn die Freunde erklären, wie toll man doch sei und daß der andere ja keine Ahnung habe ... Vielleicht versuchen sich Ihre Freunde sogar als Kuppler – diese gutgemeinten Anbandel-Aktionen müssen Sie nicht unbedingt über sich ergehen lassen, aber so was muß auch nicht zwangsläufig daneben gehen ...

Karriere gegen Kummer

Klotzen Sie ran. Das lenkt ab und die bei so viel Einsatz unvermeidlich anfallenden Erfolgserlebnisse tun dem Ego gut. Wenn's schon in der Liebe nicht klappt, dann schaltet man eben im Beruf einen Gang höher und erntet Lorbeeren. So lohnt sich der ganze Kummer wenigstens. Das ist Ihnen momentan vielleicht schnuppe, aber hinterher freuen Sie sich garantiert. Goethe hat den ›Werther‹ geschrieben, als der Liebeskummer ihn schier umbrachte. So viel Genie müssen Sie nicht unbedingt an den Tag legen, aber möglicherweise entspringt Ihrem Kopf ja ein grandioses Marketingkonzept, oder Sie sind einfach so motiviert bei der Sache, daß Ihnen eine Gehaltserhöhung zufliegt. Behalten Sie Ihren Liebeskummer aber für sich. Es muß ja nicht jeder wissen, was Sie zur Zeit zu solchen Höchstleistungen antreibt. Weniger liebe

Kollegen könnten Ihnen den Leistungs- und Erfolgsschub neiden und Ihnen mit fiesen Bemerkungen (»Sie haben ihr wohl nicht genug verdient ...«) und geheucheltem Mitleid (»Ach Sie Arme, Ihnen muß es ja ganz furchtbar schlechtgehen«) das Leben noch schwerer machen.

Reif für die Insel

Packen Sie ein paar Klamotten ein, überreden Sie einen Freund oder eine Freundin mitzufahren und machen Sie sich aus dem Staub. Je nach Typ gibt es zwei Möglichkeiten: entweder Sie starten einen Abenteuertrip, der Sie in eine völlig andere Welt entführt. Sie werden so viel Neues und Aufregendes entdecken und erleben, daß das Leben plötzlich wieder lebenswert und der Schmerz vergessen ist (»Wieso war ich in den/die nochmal so verliebt?«). Sie können sich auf Borneo durch den Dschungel kämpfen, im Himalaya oder auf La Gomera eine Trekkingtour machen oder in Marokko durch die Sahara wandern. Die Wirkung bleibt ähnlich reanimierend. Die Alternative ist der Trip zu einer Dauerparty, zum Beispiel eine Karibik-Kreuzfahrt, eine Woche Goa oder eine Woche im Club. Jede Nacht unterwegs, umgeben von Menschen mit guter Laune – doch doch, das halten Sie aus, wetten, nach drei Tagen feiern Sie mit – gute Musik, tanzen, Drinks, Flirts, vielleicht eine übermütige Affäre. Das lenkt vom Schlimmsten ab – nachdenken und verarbeiten können Sie, wenn Sie mit klarem Kopf und vom gröbsten Kummer befreit, wieder zu Hause sind.

Der Kummer-Kasten

Sie können keinen Menschen um sich ertragen, wollen nicht, daß jemand Sie mit rotgeheulten Augen und wundgeschneuzten Nasenflügeln sieht? Das heißt nicht, daß Sie mutterseelenallein auf dem Sofa hocken und sich die Zeit mit dem Fernseher vertreiben müssen. Klicken Sie sich ins Internet. Dort finden Sie Lebenshilfe, Kontakt mit Leidensgenossen, Beruhigung, Aggressionsventile und vielleicht sogar eine neue Affäre. Im Internet tummeln sich nicht nur Tausende von Gleichgesinnten, die in diversen Chatgroups über ihr Schicksal als Beziehungsopfer räsonnieren. Hier gibt es auch handfeste Hilfe. »Ask Annabelle« (www.angelfire.com/ca/AskAnnabelle) zum Beispiel hat schlaue, weniger schlaue und originelle Antworten parat auf die alte Frage, warum man schon wieder an den Falschen geraten ist. Zur Aufmunterung kann man auf der Seite »Support Loneliness« die törichten Fragen anderer Liebeskranker lesen und sich wohltuend überlegen fühlen. Der »Cyrano Server« (www.nando.net/toys/cyrano.html) erteilt Nachhilfe im Schreiben von Liebes- und Abschiedsbriefen. Jede Menge Tips und Unterhaltendes zum Thema Liebe und Liebesleid läßt sich unter www.electra.com oder www.ivanhoe.com/smartwoman oder www.underwire. msn.com/Underwire/cover.asp finden. Wer schon wieder erste Annäherungsversuche ans andere Geschlecht unternehmen will, wird sich vor Angeboten kaum retten können, zumindest für einen harmlosen elektronischen Flirt. Zum Chatten www.singletreff.de, www.Lovetalk.de, www.City-Chat.de, www.metropolis.de, www.playground oder www.vibe.de anwählen.

Auch toll: Computerspiele. Man kann ein virtuelles Aquarium hegen und pflegen, bei Ballerspielen endlich mal in der

Männer- oder Frauenwelt ordentlich aufräumen oder komplizierte Rätsel knacken. Am besten, Sie verschaffen sich im nächsten Computerladen einen Überblick und suchen sich das zu Ihrem Naturell und Seelenzustand passende Spiel aus.

Dufte Laune

Es klingt banal, aber es wirkt: Parfum und Duftöle bessern die Stimmung auffällig. Das wurde in verschiedenen internationalen Studien immer wieder festgestellt. Bei Parfum spielt die Duftnote, wie amerikanische Forscher behaupten, offensichtlich keine Rolle. Wer sich parfumiert, ist einfach besser drauf. Über die positive Wirkung ätherischer Öle auf die Psyche sind sich Experten inzwischen ebenfalls einig. Sie werden etwa in Japan unter anderem zur Verbesserung des Arbeitsklimas in Büros und Banken eingesetzt und helfen bei depressiven Verstimmungen. Auch bei Liebeskummer können eine Duftlampe oder ein Ölbad der Seele wohltun. Für die Duftlampe können Sie zum Beispiel folgende Öle kombinieren: Spezieller Duft zugleich für Verliebte und gegen Liebeskummer: Je 3 Tropfen Rose und Jasmin. Gute-Laune-Macher: Je 4 Tropfen Blutorange und Vanille und 3 Tropfen Bergamotte. Als Badezusatz gegen düstere Stimmung: Je 3 Tropfen Jasmin und Grapefruit, 4 Tropfen Sandelholz auf 2 EL Sahne. Achtung: nur naturreine Öle verwenden. Sie sind zwar teurer als gepanschte oder synthetische Öle, aber sie duften und wirken besser.

Erste Hilfe vom Coach

Seit Wochen hat man außer für den Job das Haus nicht mehr verlassen, nicht richtig geschlafen, keine Freunde getroffen, kann sich im Büro auf nichts konzentrieren – wenn der Liebeskummer einen aus der Bahn zu werfen droht oder in schwere Depressionen ausartet, dann sollte man sich einen Coach an die Seite holen. Einen Profi, der mit den richtigen Fragen hilft, den Kummer abzubauen und wieder klarzusehen. Das gleiche gilt für alle, die das Gefühl haben, immer wieder die gleichen Situationen zu erleben. Natürlich können auch Freunde gute Zuhörer und Frager sein, aber sie sind nicht neutral. Viele glauben, wenn sie den Übeltäter nur ordentlich in die Pfanne haun, dann ist dem Liebeskranken geholfen. Er mag im ersten Moment auch sicher Erleichterung spüren, aber für künftige Beziehungen hat sich nichts geändert. Besonders eignen sich die Gesprächs-, Gestalt- oder körperorientierte Therapie und die Verhaltenstherapie. Es geht darum, das Erlebte zu begreifen und realistisch einzuschätzen. Und man wird angeleitet es gefühlsmäßig zu verarbeiten, also vor allem die Trauer und die Wut zuzulassen und zum Teil auch auszuleben.

Bitte bleiben lassen

Liebesdrama

Bitte keine Oper, kein bühnenreifes Liebeskummer-Spektakel! Also nicht wochenlang sentimentale Liebeslieder hören und das Leid künstlich in die Länge ziehen. Nicht monatelang öffentlich der verpaßten Chance zur großen Liebe hinterhertrauern. Sie haben ein Foto von dem angebeteten Menschen? Weg damit in einen Schuhkarton ganz hinten unters Bett und mindestens ein Jahr lang nicht mehr reingucken. Wenn der andere vorschlägt, gute Freunde zu bleiben, lehnen Sie dankend ab und gehen Sie ihm eine Zeitlang aus dem Weg. Das Zusammensein wäre immer verkrampft und Sie träumten immer weiter, was wäre wenn ... Entzug total ist die beste Therapie bei einem mißglückten Beziehungsversuch.

Verfolgungsjagd

Die Versuchung ist groß, aber nach einer Abfuhr hat eine weitere Verfolgung des oder der Angebeteten keinen Sinn. Weder ihm oder ihr ständig auf Band zu sprechen, noch ihre oder seine Wege zu kreuzen, um ein Gespräch zu erzwingen. Gehen Sie nicht in die Kneipen und Clubs, in denen er/sie sich ständig mit seinen/ihren Freunden trifft. Wenn Sie zum Telefonhörer greifen, wählen Sie eine andere Nummer, rufen Sie Ihre Mutter oder eine Freundin oder einen Freund an, irgend jemanden, aber nicht ihn oder sie. Ja, Sie denken Tag und Nacht an den anderen, bekommen ihn nicht aus dem Kopf. Sie riechen sein Parfum, hören ständig seine

Stimme. Vielleicht gab es ein Mißverständnis, vielleicht hat jemand etwas Schlechtes über Sie erzählt, das Sie wieder geraderücken könnten. Und vielleicht überlegt er es sich ja noch mal, wenn Sie mit ihm sprechen. Vielleicht, vielleicht, vielleicht ... Die Antwort heißt »Nein«. Und dieses »Nein« gilt es zu akzeptieren. Der andere weiß genauso wie Sie, was er will. Und das sind nun mal leider nicht Sie. Nachstellungen sind demütigend und peinlich. Sie verlängern und verstärken das miese Gefühl nur unnötig, ziehen das Selbstbewußtsein noch weiter in den Keller.

Selbstdemontage

Machen Sie sich nicht nieder Sie sind kein Loser, nur weil es dieses oder wieder mal nicht geklappt hat. Kein Mensch ist gefeit vor einer Abfuhr. Antonio Banderas hat Madonna abblitzen lassen. Ist sie deshalb weniger attraktiv?

Geben Sie nicht auf!

Okay, es hat nicht geklappt. Sie haben Farbe bekannt, sind offen auf den anderen zugegangen, haben sich ohne Rücksicht auf Verluste reingestürzt in das Abenteuer Eroberung. Die Niederlage tut weh, aber sie bringt Sie nicht um. Wer sich nach einem Fehlschlag in den Schmollwinkel zurückzieht und lamentiert »Mich will eh keine(r)«, der tut nicht gut daran. Die Leute im Schmollwinkel kommen im Leben zu kurz. Sie werden ganz einfach übersehen. Wollen Sie ab jetzt die interessantesten Kandidaten an sich vorbeilaufen und im Arm der Konkurrenz den Raum verlassen sehen? Wollen Sie wirklich warten, bis sich jemand Ihrer

erbarmt, wollen Sie ausgesucht werden, ohne selbst auszusuchen? Wenn ja, bitte, spielen Sie das Mauerblümchen.
Aber wer vom Leben etwas haben will, der sollte sich nicht
einschüchtern lassen. Sie haben eine Abfuhr bekommen,
nehmen Sie's als Erfahrung. Analysieren Sie den Flop, und
dann zurück in den Ring. Beim nächsten Mal machen Sie
den gleichen Fehler nicht noch mal, agieren Sie anders oder
ordnen Signale und Verhalten des anderen besser ein, erkennen Eigenschaften schneller, mit denen Sie garantiert
nicht klarkommen werden. Verfallen nicht noch mal in die
gleichen Muster. Erfahrung macht klug, auch wenn man die
eine oder andere gleich mehrmals hintereinander machen
muß – um ganz sicherzugehen ... Sehen Sie's einfach so:
Mit jeder Abfuhr kommen Sie dem Menschen näher, der
genau der richtige für Sie ist. Man muß sich in viele Frösche
verlieben, bevor ...

Liebeskummer umgedreht

Zum Schluß noch ein kleiner Trost: So quälend unerwiderte Liebe sein kann, ungewollt das Objekt der Begierde
zu sein, ist auch nicht unbedingt angenehm. Im Gegenteil,
viele Menschen leiden unter der Rolle des Zurückweisenden kaum weniger als der Zurückgewiesene, stellte Dr.
Roy Baumeister fest. Beide Beteiligten an einer unerfüllten
Liebesgeschichte fühlen sich oft als Opfer. Dabei ist der
Zurückgewiesene womöglich sogar im Vorteil: Während
der Liebende aus positiven Emotionen wie Leidenschaft
und Hoffnung schöpft, bevor die große Desillusionierung

kommt, fühlt sich der Umworbene zunächst geschmeichelt. Aber diese Stimmung schlägt schnell in eher negative Empfindungen um wie Verwirrung, Ärger über die Belästigung, die Qual, den Schmachtenden zurückzuweisen und dann Schuldgefühle. Negative Emotionen wie Frust und Ärger machen sich dreimal so häufig in den ungewollt Geliebten breit wie in den Verliebten. Die bleiben oft selbst nach der Abfuhr noch von ihrer Schwärmerei erfüllt. Und wer schon einmal in der Rolle des Zurückweisenden war, weiß, wie schwer ein »Nein« fällt, wenn einem große Gefühle angetragen werden. Man fühlt sich mies, gemein und arrogant. Hat Angst, den anderen zu verletzen. Die meisten bleiben deshalb in ihrer Reaktion vage. Bleiben nett, lügen, wenn es um Verabredungen geht, und warten ab in der Hoffnung, daß sich die Verliebtheit des anderen schon legen wird, wenn er merkt, daß es nicht richtig vorangeht. Eine fatale Situation: der eine will die harten Worte nicht aussprechen, der andere will sie nicht hören. Der Zurückweisende sagt ständig durch die Blume: »Du bist wirklich nett und wir können gute Freunde sein, aber ...« Der andere macht sich immer weiter Hoffnungen. Man kennt das schließlich aus dem Kino: Junge liebt Mädchen, sie sagt nein, er bleibt dran, und erobert am Ende doch ihr Herz. Im wirklichen Leben soll das ja manchmal klappen ...

Lust und Leidenschaft –
Das verflixte erste Mal

Unglaubliche Dinge spielen sich da ab. Gefühlstornados von Stärke 10 und chaotische Zustände ergreifen Kopf und Körper. Beinahe vergessen, doch irgendwie vertraut als Dauerzustand aus pubertären Tagen sind schwitzige Hände, zapplige Füße, hektisch kurzes Atmen, zerrissene Gedanken und sinnentleerte Gespräche, wenn das Gehirn überhaupt noch etwas anderes zustande bringt, als an sie, an sie, an sie – oder: ihn, ihn, ihn zu denken. Jede Berührung mit dem begehrten Menschen verursacht Ganzkörperschauer, jeder tiefe Blick in seine Augen veranlaßt heftiges Kribbeln in der tieferen Bauchgegend, vom Küssen ganz zu schweigen . . . Die Kennenlernphase ist ausgereizt. Jetzt ist er einfach an der Reihe, der Sex.

Und er kommt ja nicht überraschend: Jeder Mann und jede Frau – beweist eine Hamburger Studie unter Studenten – überlegt sich bereits beim ersten Treffen mit der neuen Bekanntschaft, wie es wohl mit ihm oder ihr im Bett sei. Zwischen diesem Gedanken und seiner Ausführung vergeht heutzutage wieder einige Zeit. Selbst die jungen Männer scheinen immer mehr auf die Variante einzuschwenken: lieber einmal guten Sex, als viele Male so lala. Erst anziehen, dann ausziehen. Das heißt: Nicht immer, doch immer öfter wollen sich die zwei erst genau kennenlernen, bevor es losgeht.

Aber egal, wieviel Zeit vergeht, das erste Mal ist und bleibt einer der aufregendsten Momente einer heranwachsenden Beziehung. Alles spitzt sich darauf zu. Passiert es schon heute? Bin ich dafür bereit? Die Spannung, die Angst, die Leidenschaft steigen und steigen. Der erste Sex ist »the point of no return«. Jetzt wird ein neues Kapitel aufgeschlagen, eines, das maßgeblich die Beziehung gestaltet.

Wenn die Aufregung groß ist und die Unsicherheit noch größer, dann ist wohl nicht damit zu rechnen, daß sich irgend jemand über Sex ausspricht, also sollen hier die zehn brisantesten Fragen beantwortet werden.

Ich habe Angst. Wie schaffen das die anderen?

Höchstwahrscheinlich arbeiten in dieser Sache all »die anderen« nach dem Prinzip: Wer nicht wagt, der nicht gewinnt. Aber nur keine Panik, Sie befinden sich mit Ihrer Angst vorm ersten Mal in illustrer Gesellschaft. Er und sie und Sie und er, jeder hat ein bißchen Bammel davor. Ein Fakt mit vielen Facetten: die Angst zu versagen, sich zu blamieren, nicht gut, nicht sexy genug zu sein, oder daß es der andere gar nicht ernst meint. Die Angst, daß Erwartungen enttäuscht werden, Wünsche nicht in Erfüllung gehen. Angst, weil man noch nicht genug Vertrauen zum neuen Partner hat, um sich ihm oder ihr so intim anzuvertrauen.

Immer mit der Ruhe! Es ist gut, nervös zu sein, das gehört zu unseren Instinkten und ist damit (auch über-) lebenswichtig. Und es ist ja geradezu sympathisch, in dieser Situation aufgeregt zu sein: »*Ich stelle mir jemanden dabei vor, ganz relaxed, ich meine, wirklich richtig relaxed ... da würde sich in meinem Hinterkopf folgendes abspulen: Dieser Mensch ist offensichtlich schon unzählige Male durch ein er-*

stes Mal marschiert. Der spürt den Thrill gar nicht mehr. Das langweilt mich. Wenn ich mit einer Frau das erste Mal zusammen bin, bin ich total aus dem Häuschen. Wenn sie es nicht ist, gehe ich davon aus, daß ich sie nicht antörne.«

Also: Machen Sie sich klar, daß Ihr (bald nackiges) Gegenüber genauso angespannt ist, wie Sie selbst. Genauso dummes Zeug brabbelt, ungeschickte Bewegungen macht, Sie sich vor Kichern nicht mehr einkriegen, und er dann keinen hochkriegt, daß alles so wunderbar geplant war und alles schief läuft. Na gut. Wir sind doch nicht im Leistungszentrum. Ganz im Gegenteil. Dann trinkt man eben noch ein Glas Wein, schmust und knutscht und erzählt sich schöne Geschichten. Bis zum nächsten, dann schon zweiten Mal, da können Sie sich ja entspannen ...

Wenn Sie wirklich *zu* aufgeregt sind, und zwar nicht geil, sondern fast schon angsterfüllt, dann verschieben Sie die ganze Aktion. Nennen Sie nicht irgendeinen fadenscheinigen Grund, seien Sie ehrlich und schlagen Sie vor, einfach nur beieinanderzuliegen. Vielleicht ist er oder sie sogar froh darüber, ein wenig Aufschub für die Nacht der Nächte gewährt zu bekommen.

Ich will. Aber wie?

Sie möchten sich auf ihn stürzen. Wälzen, toben, Bauch und Busen, Haut und Haar fühlen. Und sein Interesse spüren Sie genau. Worauf warten Sie? Denken, er soll doch bitte machen. Aber er macht nicht. Warum nicht? Weil er genauso Hemmungen hat, zittert und verlegen ist. Und da man sich in dieser hocherotischen Situation nicht absprechen kann wie in einem Diskurs mit dem Steuerberater, heißt die Devise (für sie wie für ihn): Get busy! Werden Sie aktiv! Fangen Sie bloß nicht an darüber zu grübeln, ob es politisch, ökologisch, frauenfreundlich, männerfeindlich oder was auch immer korrekt ist, jetzt, in diesem Moment, mit all Ihrem Tatendrang und Küssenszwang und Sexbedürfnis anzugreifen. Fangen Sie an mit küssen und dann wieder küssen und wieder küssen – ungefähr 10 Sekunden, das müßte reichen, um zu spüren, daß er (oder sie) begeistert erwidert. Dann wieder küssen und küssen und alles Weitere ergibt sich von selbst ...

Ich bin scharf – aber auch schön genug?

Selten trifft eine Aphrodite auf einen Adonis. Makellose Schönheit gibt es so häufig wie griechische Götter und deren Gespielinnen. Und welche Bedeutung hat sie eigentlich für den Sex? Leider eine sehr folgenreiche. Es ist erwiesen, daß es gerade Frauen wichtig ist, sich schön zu finden. Erst mit diesem zufriedenen Gefühl fällt es ihnen leichter, sich beim Sex zu zeigen, sich zu lockern und zu bewegen, und das macht sie lustfähiger. Aber, wann ist eine Frau schon zufrieden mit sich? Und, was versteht sie unter »schön«? Mager wie Claudia Schiffer? Knallbusig wie Sonja Kirchberger? Gestählt wie Madonna? Schön ist, so sehen das die Männer, wenn sich die Frau mit all ihren (großen oder kleinen) weiblichen Rundungen, dem Hintern, den Hüften, den Busen und Schenkeln nicht versteckt, sich zeigt, genießt, im Bett aktiv ist: »*Eine Frau muß sich und ihren Körper mögen. Es gibt nichts Deprimierenderes, als einer Frau im Bett zu sagen, sie habe eine wunderschöne Figur, und als Antwort zu hören ›Das glaube ich dir nicht‹. Wenn sie mir in dieser Situation nicht glaubt, wann dann?*«

Selbstsichere Frauen genießen den Sex mehr als schüchterne, das leuchtet ein. Und diese Power können erwiesenermaßen auch schüchterne Frauen nützen, wenn sie sich nämlich selbstbewußt geben und sehr schnell sagen, was sie im Bett mögen und was nicht. Das könnte doch mal eine Einstiegsmotivation sein …

Im übrigen haben Männer ja auch nicht von Haus aus einen Adoniskörper – und mittlerweile weht ihnen auch von Frauenseite ein starker Wind an Ansprüchen entgegen. Männer, die sich gehenlassen, sind nicht angesagt, und so müssen auch sie sich die Frage stellen, wie sie wohl ganz nackt ankommen. Im Unterschied aber zum weiblichen Geschlecht – und da können Frauen nur lernen – lassen sie sich, ein Liebesröllchen mehr oder weniger, vom Wesentlichen nicht ablenken: konzentrieren sich auf den Sex und sind aufgeheizt und verrückt und genießen.

Nackt bis auf die Haut. Licht aus?

Selten stehen sich zwei Verliebte, wenn sie das erste Mal Sex haben, plötzlich nackt gegenüber. Das dauert. Wie herrlich. Bei genug Zügellosigkeit zieht sowieso einer dem anderen Kleidungsstück für Kleidungsstück aus. Und Stück für Stück fallen auch die Hemmungen. Sie müssen ja nicht di-

rekt einen grellen Spot auf sich zielen, ein bißchen schumm-
rig darf's schon sein, aber Abdunkeln bringt nur halbes Vergnügen. Sie sollten nicht nur hören, sondern auch sehen
können, wie schön und gierig Ihr Partner ist. Das ist zusätz-
licher Lustgewinn! Wahr ist auch: Selbst wenn Sie glauben,
einen heißblütigen, souveränen Draufgänger aufgegabelt
zu haben, wird er – ist er einigermaßen sensibel – allein
beim Gedanken, sich entblößen zu müssen, so unsicher
und aufgeregt sein wie jede Frau ...

Bei ihr oder bei mir?

Sie spüren doch, ob es die Nacht der Nächte wird – also
klaren Sie, bevor Sie zum Date losgehen, Ihre Wohnung
auf – kann durchaus sein, daß Sie beide bei Ihnen landen,
vor allem, wenn es Ihnen sicherer und sympathischer ist,
daß es in den eigenen vier Wänden stattfindet. Richten Sie
die Wohnung aber nicht wie ein Etablissement auf dem Kiez
her: Bleiben Sie normal, verunsichern Sie sich doch nicht
selbst! Beachten Sie:
* Stofftiere auf dem Bett zeigen, daß Sie lieber am Daumen
  lutschen als Sex haben.
* Nicht zu viele Kerzen (auch wenn das überall als *der* Ro-
  mantiktip angesehen wird), er/sie könnte meinen, auf einem Altar geopfert zu werden.
* Sicherheit, ja bitte, und zwar in greifbarer Nähe. Aber ein
  Aquarium voller Kondome neben dem Bett wirkt abge-
  schmackt.
* Bereiten Sie die passende Musik vor, damit Sie für die Su-

145

che nicht so lange brauchen, bis das Objekt Ihrer Begierde eingeschlafen ist.

• Selbstverständlich haben Sie Getränke in Auswahl (inklusive die berühmte Tasse Kaffee) vorbereitet.

Und noch eins: flexibel sein – wenn es sich beim Abendessen auf dem Küchentisch oder unterm Küchentisch, oder in den Schüsseln ergibt, im Wintergarten, im öffentlichen Schwimmbad, im Bad der Party-Gastgeber, im Auto, am Strand oder wo auch immer – schieben Sie nicht Ihr pikiertes »Hier doch nicht!« dazwischen – fangen Sie eine neue Beziehung gleich mit guten Vorsätzen an. Es gibt für alles ein erstes Mal!

Wolf oder Schaf. Was ist gut im Bett?

»Man muß eine besondere Technik beherrschen«, sagen die einen oder: *»Küssen. Wer mich bis zum Orgasmus küssen kann, ist ein Meister im Bett«* oder: *»Sie muß wild sein« »Er muß sanft und zärtlich sein und dabei liebe ich dieses männliche Raunen« »Ich laß mich gerne verführen. Wie er das macht, bleibt seiner Fantasie überlassen. Überraschung!« »Sie muß sich einlassen können auf Inszenierungen«.*

Sie verstehen, was gemeint ist? Sex ist so individuell und so vielschichtig wie ein Tagebuch. Worüber sich aber alle einig sind: Ein guter Liebhaber, eine gute Liebhaberin beweist vor allem vollen Einsatz in Sachen Lust, Genuß und Leidenschaft. Ein guter Liebhaber, eine gute Liebhaberin ist sensitiv und sensibel.

Die erste Nacktheit macht sehr verwundbar und bedarf

gegenseitigen Kümmerns und Verehrens und vieler Komplimente. Nett gemeinte, aber entblößende Kommentare über
die Figur, exquisite Körperteillängen und -größen, über
Brumm- oder Kieksgeräusche und andere Angewohnheiten
wirken wie ein Eimer eiskaltes Wasser. Es sei denn, die
beiden nehmen alles mit dem Quentchen Humor, das jeder
Lebenssituation guttäte. Dabei lachen können überspielt
kleine Pannen, Pausen und wahrhaftig komische Situationen, die nun mal zum ersten Sex gehören wie der Duft zur
Rose. Miteinander lachen können bringt zudem Sicherheit
und Intimität.

So gerne Männer es mögen, daß Frauen aktiv und einfallsreich sind und sich dabei bewegen(!). Aber gleich beim
ersten Mal die Hardcoreschlampe mimen und so tun, als ob
sie alle Sexbücher inhaliert und x Seminare absolviert hat,
zeugt nicht von viel Einfühlsamkeit in dieser Situation, eher
davon, daß die Dame unsicher ist und immer mit dieser
08/15-Nummer beginnt. Männer finden es besser, wenn sie
ihre geschätzten Tricks gezielt auf die kommenden Male
verteilt. Bei so viel Sexpower fühlt er sich (wie jede Frau
im umgekehrten Fall) einfach unterlegen, klein, fast verge-
waltigt. Und es ist zu wenig Spielen, Erforschen, Begreifen
dabei. Bevor Sie also die Kronleuchternummer angehen,
sollten Sie ein paar softe Sachen anbieten.

Jeder kann gut sein im Bett. Ein guter Liebhaber, eine gute
Liebhaberin zu werden, dafür muß man sich nur viel Zeit
und Muße genehmigen.

- Ein Tip für Frauen: Bevor Sie zu lange darüber nachdenken »Tu ich zu viel, tu ich zu wenig« – stellen Sie sich
  vor, daß er noch Jungfrau ist, daß er weniger weiß als
  Sie. So müssen Sie ihn langsam in die erotischen Spiele
  einweihen und alles sorgfältig beibringen, ihm genau zeigen, wo und wie er Sie berühren, streicheln oder härter

anfassen muß. Umgekehrt funktioniert das Rollenspiel natürlich auch.

- Seien Sie lustvoll geräuschvoll (ohne gleich die Feuerwehr zu alarmieren). Männer hören das gerne, es törnt sie an. Viele Frauen erzählen, daß es ihnen selbst auch hilft, sich auf die Sache zu konzentrieren und nicht vor lauter Nervosität zu vergessen, was sie da eigentlich tun.

Nicht ohne Gummi. Klar?

»Ich hab' immer ein Kondom dabei – im Auto. Das hol' ich auch – wenn ich daran denke. Manchmal, im Eifer des Gefechts – vergesse ich es auch schon mal. Danach hab' ich schon Zweifel – aber ich denke immer, mich erwischt's schon nicht ...«

Trotz jahrelanger Aufklärung hält sich hartnäckig das »Alle anderen, nur ich nicht«-Prinzip und das Vorurteil, Aids sei eine Krankheit der sogenannten Risikogruppen. Doch die Realität sieht anders aus: Immer häufiger verbreitet sich das HI-Virus über heterosexuellen Geschlechtsverkehr, und seit Jahren steigt auch die Zahl der infizierten Frauen. Frauen, das zeigen die alarmierenden Studien, stecken sich leichter an als Männer.

Theoretisch alles klar. Zum Scheitern verurteilt ist die Kondomfrage erst in der praktischen Umsetzung:

Wann rede ich darüber, wer eins dabei hat? Antwort: Lange bevor man in die heiße Phase eintritt, denn dann kann nichts und niemand mehr die beiden vom Sex abhalten.

Wann setze ich das Kondom ein? Antwort: Weil man sich noch nicht vertraut ist, gleich zu Beginn des Hin und Hers.

Wer übernimmt das Überstreifen? Antwort: Beim ersten Mal der Mann. Daß sie diesen Job angeht, ist eine Spielart für die Fortgeschrittenen. Ein oft gehörter Vorwurf von weiblicher Seite: Männer überlassen die Kondomfrage noch immer, wie oft auch das Thema Verhütung, den Frauen. Die wenigsten haben einen Gummi dabei, und dann maulen sie noch, ob er denn überhaupt nötig sei, und glänzen obendrein mit Ungeschicklichkeit beim Überziehen. Den lässigen Umgang damit sollten Frauen von Männern mittlerweile erwarten können ...

Erster Orgasmus. Gespielt?

Apropos zittern. Natürlich sind Sie beide nicht mehr zu halten, aber auch zunehmend nervös – das bringt ihm eventuell einen Hänger und ihr keinen Orgasmus. Nichts dagegen, den Höhepunkt hin und wieder zu faken, aber nicht bei den ersten Einsätzen. *»Ich bin einfach viel zu aufgeregt«*, das ist eine klare, zu begreifende, keine persönlich kränkende Erklärung, derer Sie sich unbedingt bedienen sollten, falls es soweit ist. Es wäre schon ein wunderbarer Zufall, wenn gleich beim ersten Mal Ihre persönliche Lieblingsstellung dabei war, oder wenn er Sie so geküßt hätte, wie Sie es brauchen. Wahrscheinlicher ist, daß nicht alles so glattgeht. Aber lassen Sie den Liebsten doch nicht nutzlos ackern. Geben Sie ihm die Chance, Ihr bester Lover zu werden, indem Sie sagen, wie's bei Ihnen geht und zwar schon während

Sie dabei sind, etwa *»Ja, so mag ich es!«*, *»Noch ein bißchen langsamer«*, *»Küß mich«*. Oder Sie fragen: *»Magst du das?«*, *»Ist das schön?«*, *»Hat das weh getan?«* o.ä. Sie werden sehen, Ihrem Vorbild wird er gerne folgen. Das gilt umgekehrt auch für Männer. So kriegt jeder, was er braucht . . .

Auch im Bett gilt: Was Sie zu Beginn einer Beziehung in die richtige Bahn lenken, das bleibt!

Ich hab's getan. Wie konnte das passieren?

Katzenjammer. Sie wußten gleich, daß das erste Mal auch das letzte Mal sein wird . . . Sie haben es laufen lassen. Aus Bequemlichkeit, weil Sex inklusive und so günstig im Angebot war? Jetzt geht's um einen sauberen Abgang. Nur ein Grund ist erlaubt, sich nach der »gestohlenen« Befriedigung ohne große Erklärung aus dem Staub zu machen: wenn irgend jemand (der Vater, Ehemann/-frau oder rasende Bruder) Ihnen ans Leben will. Anstatt lange zu überlegen, wie Sie dieser One-night-Affäre aus dem Weg gehen, überlegen Sie sich lieber, was Sie ihr am Telefon sagen werden. Denn diese Person hat das Recht darauf, Klartext zu hören, vor allem dann, wenn sie diese Nacht ganz anders erlebt hat als Sie und schon die Namen Ihrer gemeinsamen Kinder aussucht. Sprechen Sie wenigstens etwas Charmantes auf die Mailbox und dazu ein paar Worte, warum es mit Ihnen beiden nicht weitergehen kann. Vorschlag: *»Es war schön mit dir, ich habe mich mitreißen lassen – aber, es tut mir leid, ich bin im Moment überhaupt nicht auf eine Beziehung eingestellt.«*

Diese Erklärung soll weniger Ihnen selbst ein gutes Gewissen verschaffen, als vielmehr das Ego Ihres nächtlichen Spielzeugs streicheln ... Nach all dem können Sie sich zumindest wieder auf der Straße blicken lassen.

Guten Morgen. Und wie geht's jetzt weiter?

Der Morgen danach ist die Zeit des Erwachens: Es ist also tatsächlich passiert, denkt man als allererstes. Sieht sich sein nächtliches Vergnügen prüfend an, bei schonungslosem Tageslicht. Noch ist das Gefühl vage. Euphorie oder Unbehagen? Wieder vertraut oder wieder fremd? Langsam queren Sequenzen, gesprochene Sätze, diverse Situationen vor dem inneren Auge. Ein Blick auf die Lippen und sofort weiß man, wo die gestern überall waren. Ein Blick auf den Körper und man weiß wieder, wie salzig er geschmeckt, wie fest man sich daran geklammert hat. Fast beschämend intim. Volle Aschenbecher, halbgeleerte Gläser, verstreute Kleider. Es ging wohl heiß her. Verwischte Wimperntusche, Augenringe, Mundgeruch. Auch da muß man jetzt gemeinsam durch. Aufstehen, liegenbleiben oder rankuscheln? Bleiben oder gehen? Schweigen oder reden, aber was, bitte?

Bis zu diesem Moment gab es bei den beiden ein gemeinsames, höheres Ziel: miteinander schlafen. Alles war darauf konzentriert, Herz, Unterleib und Seele. Als einem nichts mehr einfiel, küßte man sich. Und damit ging es los. Aber jetzt? Sind die Karten neu gemischt? Da ansetzen, wo man aufgehört hat? Wo hatte man denn eigentlich aufgehört?

Nach der ersten Nacht hat sich das Universum verändert. Man ist über die Milchstraße hinaus in neue Galaxien vorgestoßen, aber deren Eigenart und inneren Systeme kennt man noch nicht ganz. Man ist schon sehr intim geworden und dennoch hält einen beim Aufwachen oder nächsten Wiedersehen ein unsichtbarer Faden zurück. Man traut sich, seinen Gefühlen und dem anderen nicht. Wieder beschleichen einen diese Ungewißheit, diese Ängste, die Fragen: Hat er oder sie es ernst gemeint? Ist er oder sie enttäuscht? Hab' ich etwas falsch gemacht? Wie reden wir jetzt bloß miteinander? Ist sie mit mir nur ins Bett, weil sie zu faul war, nach Hause zu fahren? Mag er mich oder war er nur neugierig, wie ich im Bett bin? Ist das jetzt der Anfang einer Beziehung oder war es nur ein One-night-stand?

Machen Sie aus Ihrem Herzen keine Löwengrube. Alles Zwanghafte tötet die romantischen Gefühle. Gehen Sie, wenn Ihnen danach zumute ist, wenn Sie Freiraum zum Nachdenken brauchen, Frischluft, um zu sich zu kommen. Manche holen sich auf diese Weise, ganz auf sich selbst konzentriert, den kompletten Post-erste-Nacht-Genuß – aber gehen Sie niemals (!) ohne eine Nachricht zu hinterlassen. Eine nette, eine verbindliche, eine voller Komplimente, inklusive dem Versprechen, zum Beispiel: mit einem Frühstück zurückzukommen; oder mit dem Auto, um gemeinsam ins Grüne zu fahren; oder um 15 Uhr vor der Tür zu stehen mit Kinokarten für die erste Nachmittagsvorstellung; oder . . .

Sie wollen nicht weg? Ein durchaus normales Anliegen. Jetzt müssen Sie aber agieren (Frühstück machen, singen, wieder Sex haben), zumindest reden. Irgendwelche Fragen? Alles, was im Raum schwebt, sollte ausgesprochen und beantwortet werden. Szenenwechsel macht locker. Nehmen Sie sich was vor. Und lassen Sie so (typisch weibliche)

Selbstzweifler, wie »*Was denkst du jetzt über mich?*« und (typisch männliche), wie »*War ich gut genug?*«. Was soll das Grübeln? War es denn nicht schön, verrückt und atemberaubend? Genießen Sie das Leben …

Mißverständnisse – Die können Sie sich sparen

Wie die Liebe funktioniert, werden wir wohl nie ganz herausbekommen. Vielleicht gerade, weil wir so wenig Genaues über sie wissen, zieht jeder seine eigenen Schlüsse aus dem, was er und andere im Laufe ihrer Liebesbiographie an Glück und Katastrophen erleben. Mit der Zeit haben sich auf diesem Wege einige fatale Überzeugungen in unseren Köpfen festgesetzt. Zum Beispiel, daß Männer unromantisch und am liebsten Single sind, daß Verliebte alles teilen müssen oder daß Frauen nie ohne eindeutige Absichten flirten. Viel Wahres ist an diesen Weisheiten nicht dran. Um so ärgerlicher, daß sie in unserem Liebesleben oft für Kummer, Streit, merkwürdige Verhaltensweisen und Enttäuschung sorgen. Höchste Zeit, mit ein paar typischen Mißverständnissen aufzuräumen.

Das Märchen vom einsamen Wolf

Männer haben Angst vor Nähe und ergreifen augenblicklich die Flucht, wenn ihnen eine Frau mit festen Beziehungsabsichten auf den Pelz rückt. Mit diesem Urteil trösten sich weibliche Singles während stundenlanger Analysen in verständnisvoller Freundinnenrunde, nachdem sie bei einem Typen mal wieder die Hoffnung aufgeben mußten. Sie irren.

Vielleicht haben sie es einfach nur mit der falschen Eroberungsstrategie versucht oder der anvisierte Mann ist an
einer anderen Frau interessiert. Vielleicht ist er auch wegen
seiner letzten Horrorbeziehung zur Zeit Abstinenzler. Um
es ein für allemal klarzustellen: Männer sind nicht gerne
Singles. Sie sind es genausowenig gern wie Frauen. Eine
Zeit lang solo sein, okay, das hat seinen Reiz. Aber dann
ist es auch wieder gut mit großer Freiheit, mit im Nacht-
leben Frauen aufreißen gehen und nur an Sex, Sex, Sex
mit vielen blonden, großbusigen, brünetten, kleinbusigen,
rothaarigen, apfelbusigen Schönheiten denken. Selbst den
wildesten Herumtreiber packt irgendwann der Kummer,
wenn die einzige Frau, die ihm ehrlich gemeinte Aufmerksamkeit und Interesse entgegenbringt, die eigene Mutter ist.
Wenn sie diejenige ist, bei der er sich wegen des angeblich
unfairen Rüffels vom Chef Luft macht, und nicht eine lie-
bevolle Partnerin, die ihm zärtlich den Nacken krault und
ihm versichert, er sei trotz der Schelte von oben der bril-
lanteste, fähigste Kopf der Firma. Und was den Sex angeht:
Spaß machen aufregende One-night-stands mit den unterschiedlichsten Frauen schon. Aber auf lange Sicht ist Sex
gepaart mit Liebe die vollkommenere, befriedigendere Variante. Auch für Männer. Vertrauen, Geborgenheit im Bett wie
im Leben, diese Bedürfnisse sind nicht exklusiv Frauen vor-
behalten. Nur eingesperrt wollen Männer sich nicht fühlen.
Genau deshalb sollten Frauen am Anfang einer Beziehung
nicht mit rasselnden Ketten hinter ihrer neuen Liebe herja-
gen, sondern ihn ein Stück weit laufen lassen (siehe Kapitel
»Unabhängigkeit«, S. 247). Ist er verliebt, will er sich nicht
wirklich davonmachen. Da draußen, in der viel beschwore-
nen Freiheit, ist es ihm viel zu einsam. Ein Mann ist eben
kein Wolf.

Bei Flirt Sex

»*Wenn sie mit mir flirtet, will sie natürlich was von mir.*« Vorsicht Männer! Frauen flirten manchmal ohne jeden Hintergedanken oder eindeutige Absichten. An einem grauen, öden Tag gibt es nämlich nichts Schöneres als einen kleinen, unverbindlichen Flirt mit einem x-beliebigen Mann. Es kann jeden treffen, den Obstverkäufer, einen Unbekannten in der Straßenbahn oder den Vordermann an der Kinokasse. Ein kleines Zwinkern, ein Lächeln, ein charmanter Satz, das baut auf, die Frau fühlt sich schön, lebendig und begehrt. Wenn der Angeflirtete meint, er habe damit automatisch ein Ticket für ihr Schlafzimmer gezogen, dann, ja dann hat er sich leider getäuscht. Sie möchte auch nicht unbedingt die nächsten Jahre mit ihm Bett und Brot teilen, nur weil sie ihm einen schönen Augenblick geschenkt hat. Daß sie ihn zumindest näher kennenlernen will, davon gehen Männer allerdings aus, wenn eine Frau mit positiven Signalen einen Flirt eröffnet. Und zwar selbst dann, wenn sie sich danach sofort abwendet oder seine allzu entgegenkommende Reaktion mit einem finsteren Blick quittiert. Man(n) sollte seinen Augen also lieber erst beim zweiten Hinschauen trauen, bevor er sich zu voreiligen Schlüssen hinreißen läßt ...

Hellseher

»*Wenn er der Richtige für mich ist, dann weiß er, was ich brauche und was ich mir wünsche.*« Und zwar von ganz allein. Woher ein Mann das wissen soll, das kann keine Frau, die diese unsinnige Erwartung an ihren neuen Partner richtet, beantworten. Trotzdem verlangt sie, daß er erahnt, wann sie mit ihm Essen gehen oder Schlittschuh laufen will, welche Blumensorte sie liebt und welche Koseworte verabscheut. Oder daß er spürt, wann seine ausführlichen Berichte aus dem Alltag eines Patentanwalts zu langweilen beginnen, obwohl sie augenscheinlich interessiert zuhört. Erweisen sich die hellseherischen Fähigkeiten des neuen Partners als mittelmäßig bis mangelhaft, setzen Frauen gerne eine beleidigte Miene auf oder sind sogar ernsthaft enttäuscht. Männer mögen tatsächlich manchmal wenig einfühl- und aufmerksam sein. Trotzdem sollten Frauen ihnen eine Chance geben und deutlich machen, was sie wollen, wie und wann. Wenn er ernsthaft verliebt ist, wird der Neue sein Bestes geben, Sie glücklich zu machen. Er wird mit Ihnen in die richtigen Clubs gehen, Sie im rechten Moment in die Oper entführen, und er wird Ihnen sogar aufmerksam zuhören.

Maßarbeit

Man muß den anderen akzeptieren, wie er ist. So lautet die Regel. Was du siehst, das kriegst du auch. Vergessen Sie es! Sie muß nicht seine olle Cordhose lieben oder seine schlechten Tischmanieren. Er darf ihren rosafarbenen Lippenstift hassen und ihre Unpünktlichkeit. Okay, er ist katholisch, sie liebt Weihnachten, seine Mutter ist neugierig, sie redet immer zu viel. Ein paar Sachen wie Religion, Werte, Charaktereigenschaften oder die Eltern lassen sich nicht ändern. Aber eine ganze Menge anderer Dinge dafür schon: Er kann lernen die Waschmaschine zu betätigen, den Beischlaf auch mal auf dem Wohnzimmerteppich zu praktizieren und nett zu ihrer besten Freundin zu sein. Sie braucht nicht immer gleich zu zicken, wenn er mal keine Lust zum Sex hat, und sie muß ihre Beine nicht grundsätzlich mit seinem Rasierer enthaaren. Zwei Partner können sich gegenseitig respektieren und trotzdem das eine oder andere nach eigenem Gusto oder eigenen Bedürfnissen modifizieren. So etwas nennt man »sich gemeinsam weiterentwickeln«. Schließlich hat er zum Beispiel auch etwas davon, wenn der Sex aufregender wird. Nicht vergessen: Der Partner will einem nichts Schlechtes zufügen, er will einfach das Beste aus einem herausholen. Das heißt ja nicht, den anderen komplett umzukrempeln. Eine Rundumüberholung sollte man besser gar nicht erst versuchen. Dieses »Sich-den-anderen-zurechtbiegen« geht immer schief, und am Ende bleiben Frust und Enttäuschung. Wenn zwei merken, daß sie grundverschieden sind, dann sollten sie sich sinnlose Kämpfe und Verrenkungen sparen und lieber gleich den Schlußstrich ziehen.

Falsches (Rollen-)Spiel

»*Ich dachte, wenn ich so bin wie die Typen, von denen sie immer schwärmt, dann verliebt sie sich in mich.*« Als Eroberungsstrategie mag diese Masche ihre Wirkung erzielen, aber langfristig bringt sie einen vermutlich nicht weit. Halten Sie Ihre/n Traumfrau/-mann für so unbedarft, daß sie/er nicht merken würde, wenn Sie nur Komödie spielen? Wer seine wirkliche Persönlichkeit hinter einer Rolle versteckt, dessen Spiel wird über kurz oder lang auffliegen. Der Naturbursche geht genausowenig als feinsinniger Schöngeist durch wie die selbstbewußte Kumpelfrau als unselbständiges Zierpüppchen. Je nachdem, wie aufmerksam der/die Getäuschte ist und über wieviel Menschenkenntnis oder Erfahrung er/sie verfügt, kommt man Ihnen früher oder später auf die Schliche – falls Sie die Rolle überhaupt so lange durchhalten (siehe Kapitel »Chamäleon«, S. 37).

Teil-Weise

Wer sich liebt, teilt alles miteinander. Das heißt Freunde, Bett, Fitneßstudio, Geld, Shampoo, Interessen, Meinungen und, die Arbeitszeit ausgeklammert, jede Stunde des Tages. Das finden Sie auch? Tun Sie das lieber nicht! Sie und Ihr Partner sind doch keine eineiigen Zwillinge. Und selbst da soll es den einen oder anderen Unterschied bezüglich der Vorlieben geben. Man kann es gar nicht oft genug wiederholen: Wenn zwei sich zusammentun, dann müssen sie nicht zu einer Person verschmelzen. Jeder sollte ein Stück Autonomie und eigenes Leben behalten. Einen Freund für sich allein, etwas Zeit, ein eigenes Zimmer, vielleicht sogar ein eigenes Bett. Nur wenn beide Partner ihre Individualität bewahren, dann hat eine Beziehung Bestand. Wer alles teilt, der verliert das Gefühl für die Grenze zwischen ich und du. Dieses Einswerden ist die Idealvorstellung vieler Verliebter. Doch irgendwann weiß keiner mehr, was will *ich* eigentlich, was brauche *ich*? Spätestens dann beginnen die Ausbruchsversuche aus dem selbst gezimmerten Käfig. Ist die Beziehung am Ende, rächt sich das Prinzip des totalen Teilens bitter an dem, der mehr von seinem Leben für so viel Zweisamkeit geopfert hat (siehe Kapitel »Unabhängigkeit«, S. 247). Natürlich sollen Partner nicht ständig getrennte Wege gehen. Natürlich dürfen sie zusammen Tennis spielen, wenn es beiden Spaß macht. Sie sind ja nicht nur zusammen, um den Alltag und Probleme gemeinsam zu meistern. Es muß auch niemand in getrennten Zimmern schlafen, wenn ihm das widerstrebt. Jeder sollte selbst ausloten, auf welchem Terrain er sich einen Claim abstecken will, der ihm allein gehört.

Romantik-Saboteure

Einige Männer entführen ihre Liebste in eine einsame Berghütte, wo sie ein wunderschönes Liebeswochenende inszenieren. Andere kriechen 600 Kilometer mit einem altersschwachen Polo über die Autobahn, um einen Abend mit ihr zu verbringen. Die nächsten kleben Fotos und kleine

Reliquien vom ersten gemeinsamen Wochenendtrip in ein Ringbuch und schreiben zum Weinen schöne Texte dazu. Will da immer noch jemand behaupten, Männer seien unromantisch? Zugegeben, es gibt tatsächlich Romantikmuffel, aber die sind nicht unverbesserlich. Je nachdem, aus welchem Grund ein Mann beim Wort »Romantik« abwinkt, ist er mehr oder weniger leicht zu bekehren. Machos vom alten Schlag halten Romantik zum Beispiel für Mädchenkram. Das hat ihnen der Papa mit auf den Weg gegeben, sie haben die falschen Freunde oder sie gucken sich im Kino die falschen Filme an. Ihnen müßte mal jemand erklären, daß sie nichts von ihrer Männlichkeit einbüßen, wenn sie bei Vollmond mit der Liebsten in einem Waldsee schwimmen oder ihr eine Rose aus dem Stadtpark klauen. Lassen Sie einfach einen Film die Überzeugungsarbeit erledigen. Besorgen Sie für einen Videoabend ›Six days, seven nights‹ mit Harrison Ford, ›True lies‹ mit Arnold Schwarzenegger oder ›The Bridges of Madison County‹ mit Clint Eastwood. Lauter harte Jungs in romantischen Posen. Das sollte Vorbild genug sein…

Die pragmatische Sorte Mann benutzt Romantik wie Honig zum Bärenfangen: Hat er eine Frau erobert, dann muß die sich von nun an bescheiden. Er wird sich kein lästiges Kopfzerbrechen mehr bereiten, was bei ihr ziehen könnte. Klar ist er noch verliebt, aber er hat ja, was er erreichen wollte: Sie. Machen Sie ihm klar, daß eine Beziehung funktioniert wie Fußball: Wer den Sprung in die Nationalelf geschafft hat, muß weitertrainieren, um im Team zu bleiben. Geben Sie ihm das Gefühl, daß Ihre Beziehung eine Herausforderung ist, daß er Sie immer wieder neu für sich gewinnen muß.

Und dann sind da noch die Befehlsverweigerer, Männer, die durchaus romantisch sind, nur nicht dann, wenn sie es sein sollen: am Geburtstag, an Weihnachten, an »Als wir uns das erste Mal ...-Tagen«. Eben all diese klassischen Termine, an denen von ihnen Liebesbeweise erwartet werden. Wenn er Sie sonst immer wieder mit schönen Ideen überrascht, dann bestehen Sie nicht auf die Pflichtübungen. Kommt hingegen auch sonst nie etwas von ihm, dann sagen Sie ihm, wie wichtig Gesten für Sie sind. Erklären Sie ihm, daß er Ihnen nicht ständig teure Geschenke zu Füßen legen muß, daß schon eine kleine Aufmerksamkeit ab und zu Sie glücklich macht. Und jeder Mann erkennt irgendwann, daß es ihm selbst am besten geht, wenn die Liebste glücklich ist ...

Fehlstart im Bett

Ihre erste Nacht war ein Trauerspiel, kein bißchen Rausch und Ekstase? Macht nichts. Trotz brennender Leidenschaft klappt der Sex nicht automatisch. Das erste Mal mit dem neuen Partner ist nur selten die Erfüllung aller erotischen Wunschträume, da hilft alle Verliebtheit nichts (siehe Kapitel »Lust und Leidenschaft«, S. 140). Auf die Nächte danach kommt es an. Darauf, daß die Verliebten einander erzählen, was sie wollen und wie sie es mögen, daß sie Interesse daran haben, es auch dem anderen schön zu machen. Die gemeinsame Lust ist etwas, das sich entwickelt, je mehr man übereinander weiß.

Die Schöne und das Biest

Daß Männer bei der Wahl ihrer Partnerin gesteigerten Wert auf einen schönen Anblick legen, ist hinlänglich bekannt (siehe Kapitel »Objekt der Begierde«, S. 186). Frauen dagegen behaupten gerne: *»Wie er aussieht, ist unwichtig. Für mich zählt der Charakter.«* Sicher, der Charakter ist Frauen tatsächlich wichtig, aber blind sind sie deswegen noch lange nicht. Finden sie ihren Neuen nicht attraktiv und erotisch, dann stehen die Chancen auf ein lange währendes Beziehungsglück schlecht. *»Das kommt schon mit der Zeit.«* Mit dieser Illusion läßt es sich eine Weile gut leben. Doch wenn der Geliebte nicht anmacht, wird sie unzufrieden. Hin und her gerissen zwischen Mitleid (*»Er kann ja nichts dafür«*) und Aggressionen (*»Was will ich überhaupt mit dieser Qualle?«*) hat sie immer seltener Lust auf ihn. Endstation der Beziehung. Ein Mann muß kein Tom Cruise oder David Beckham sein, um von seiner Geliebten als attraktiv empfunden zu werden. Der erotische Reiz liegt oft im Detail. Jede Frau hat da ihre eigenen Vorlieben. Vielleicht steht sie auf seinen Knackpo, vielleicht ist es sein schönes Haar oder seine breite Brust, vielleicht der feine Mund oder die sensiblen Künstlerhände, vielleicht ist es seine Art sich zu bewegen. Egal, was der Auslöser ihrer Begierde ist, einen gewissen Sexappeal muß er in ihren Augen vorweisen können.

Um den Erotikfaktor eines Mannes zu entdecken, genügt nicht immer ein kurzer, prüfender Blick. Machen Sie keine Flüchtigkeitsfehler! Geben Sie den Jungs eine Chance und nehmen Sie sich Zeit für Feinheiten. Sonst übersehen Sie am Ende die verlockendsten Grübchen oder Oberarme unter der Sonne.

Personal statt Partner

»Ich will dich, also tue ich alles für dich.« Das ist eine ziemlich kräfte- und ressourcenzehrende Methode, jemanden an sich zu binden. Natürlich ist es für den anderen höchst angenehm, einen Menschen an seiner Seite zu wissen, der ihm alles abnimmt und obendrein keine Forderungen stellt, außer bei ihm zu bleiben. Vor allem Männer lassen sich gerne, wie einst von Mama, von ihrer Partnerin verwöhnen. Nur zu gerne spielen sie in der ersten Zeit einer Beziehung den Hilflosen oder Überforderten, damit die Frau die unangenehmen Dinge des Lebens für sie in die Hand nimmt. Das heißt für Frauen, wachsam sein und rechtzeitig gegensteuern. Natürlich kann sie ihm gelegentlich einen Knopf annähen oder Rasierschaum mitbringen, aber er muß sich revanchieren. Teamwork, Sie wissen schon, was gemeint ist. Leider muß man Männer alle paar Wochen daran erinnern, daß sie durchaus in der Lage sind, Kinokarten zu bestellen, nach einem gemeinsamen Essen abzuwaschen oder ein Wochenende zu organisieren. Aber es lohnt sich – die Jungs gewöhnen sich daran, daß auch sie ranmüssen, und der Zweisamkeit tut es gut, wenn beide etwas dafür tun. Denn wenn einer sich zum Diener degradiert, verliert der andere schnell das Interesse an ihm. Wer sich aufopfert, bietet nichts Spannendes, hat kein Geheimnis, keinen Reiz. Außerdem fühlen der oder die Neue sich unter Druck gesetzt, wenn man gleich zu Beginn der Beziehung alles gibt. Das erweckt den Eindruck, man erwarte den gleichen Einsatz vom anderen. Dabei ist der vielleicht noch gar nicht soweit, will erst abwarten, ob man wirklich zueinander paßt. Und nun hat er ständig ein schlechtes Gewissen, weil der andere sich so ins Zeug legt. Er fühlt sich bedrängt, überfordert und geht.

Das Schweigen der Männer

Frauen sind nicht gerade verwöhnt, was Zuneigungsbekundungen seitens ihres Liebsten angeht. Sie müssen schon zehnmal nachbohren, um ein paar Liebesworte aus ihrem Partner herauszukitzeln. In der ersten Phase einer Beziehung sorgt das häufig für Unsicherheit und Zweifel. *»Er spricht nicht über seine Gefühle, also liebt er mich nicht wirklich.«* So einfach ist das nicht. Wissenschaftler versuchen seit Jahren, die Gründe dafür zu finden, warum Männern Liebeserklärungen und andere Gefühlsäußerungen so schwer fallen. Die amerikanischen Hirnforscher Sally und Bennett Shaywitz etwa legten bei einem Test Männer und Frauen in einen Kernspintomographen und ließen sie künstliche Wörter ohne Sinngehalt aussprechen. Das Ergebnis: Wenn Männer sprechen, ist nur die linke Hirnhälfte aktiv, also diejenige, die unter anderem für Sprachen und analytische Begabungen zuständig ist. Die rechte, für emotionale Fähigkeiten verantwortliche, Hirnhälfte bleibt unbeteiligt. Bei den meisten Frauen dagegen sind beim Sprechen beide Gehirnhälften involviert. Möglicherweise sind Frauen deshalb nicht nur sprachbegabter, sondern können auch Gefühle besser ausdrücken als Männer. Außerdem ist bei Frauen der Nervenstrang, der beide Großhirnhälften miteinander verbindet, um 23 Prozent dicker als bei Männern. Sprache und Emotionen sind dadurch, so vermuten Experten, stärker miteinander verbunden – ein weiterer möglicher Grund für die größere Eloquenz von Frauen in Sachen Gefühlsleben.

Keine Angst, diese Forschungsergebnisse bedeuten nicht, daß Sie sich eine Beziehung lang mit den Liebeserklärungen zufriedengeben müssen, die Sie selbst ab und zu Ihrem Spiegelbild machen. Und Sie müssen seine Gefühle für Sie auch nicht aus dem Kaffeesatz lesen. Männer sind lernfähiger, als ihnen manchmal lieb ist. Sie brauchen etwas Anlaufzeit, aber dann stellen sie sich als keineswegs so arm an gefühlvollen Worten heraus, wie sie anfangs wirkten. Helfen Sie Ihrem Liebsten verbal ein bißchen auf die Sprünge, verführen Sie ihn zu Gesprächen. Beim Spazierengehen, bei einem Cocktail, während einer längeren Autofahrt. Und haben Sie vor allem Geduld. Sie werden sich wundern, was Sie alles zu hören bekommen.

Wie geht's?

Meist genügt ein Blick in sein Gesicht, und eine Frau weiß relativ sicher, in welcher Gemütsverfassung sich ihr Liebster befindet. Dafür braucht sie nicht einmal jahrelang mit ihm unter einem Dach gelebt zu haben. Viele Männer tun sich umgekehrt relativ schwer mit einer Stimmungsdiagnose per Gesichtsausdruck. Ihre Partnerin muß schon in Tränen ausbrechen oder laut werden, damit sie mitkriegen, daß etwas nicht stimmt. Wenn Frauen deswegen glauben, daß alle Männer unsensible Ignoranten sind, dann ist dies ein Trugschluß. Einem Mann fällt es rein physisch schwerer als einer Frau, Emotionen zu erkennen. Das amerikanische Neurologenpaar Ruben und Raquel Gur stellte durch Messungen des Energieverbrauchs des Hirnstoffwechsels fest, daß ein Frauenhirn weniger hart arbeiten muß, um Gefühle anderer Menschen zu erkennen als ein Männerhirn. Weitere Forschungen zeigten, daß Männer und Frauen glückliche Gesichter gleichermaßen ohne Probleme erkennen. Anders fällt das Ergebnis bei Trauerminen aus. Frauen interpretierten in einem Test 90 Prozent aller unglücklichen Gesichter richtig, Männer dagegen hatten zwar eine 90prozentige Trefferquote bei Männern, lagen aber nur bei 70 Prozent der Frauen richtig. Evolutionstheoretisch ist das nur logisch: Unsere männlichen Urahnen mußten Rivalen auf Grund ihrer Mimik richtig einschätzen, um deren Angriffslust rechtzeitig zu erkennen. Eine Fehlinterpretation bei der Frau brachte ihnen höchstens eine Nacht vor der Höhle ein. Frauen dagegen verfeinerten ihre Fähigkeit, den Gesichtsausdruck anderer zu entschlüsseln bei der Aufzucht ihrer Kinder.

So scharf wie der weibliche Blick wird der von Männern wohl nie werden. Haben sie ihre Partnerin allerdings richtig kennengelernt, entwickeln sie durchaus ein Gespür für deren Befindlichkeiten. Und können einiges an ihrer Körpersprache und Mimik ablesen. Warten Sie's nur ab, bald können Sie Ihrem Liebsten nichts mehr vormachen.

Glücksbringer

Endlich in den Richtigen verliebt – jetzt wird alles gut, jetzt geht das Leben erst los. Es ist schon erstaunlich, wie viele Menschen die Verantwortung für ihr Glück in die Hände des Partners delegieren. Bloß keine Selbstverantwortung übernehmen. Erst sind die Eltern für das Wohlergehen zuständig, und ab einem bestimmten Alter dürfen ein Mann oder eine Frau diese Aufgabe übernehmen. Wer glaubt, auf diese Weise glücklich zu werden, der irrt. Eine Beziehung, die von Beginn an mit solchen Erwartungen überfrachtet ist, hat keine Chance. Jeder Mensch ist selbst verantwortlich dafür, daß er bekommt, was er braucht. Der Partner kann einen Teil dazu beitragen, aber sich einfach zurücklehnen und sagen »Nu mach mal«, funktioniert nicht. Wenn einer zuviel verlangt, macht der andere nur eines: Er macht sich aus dem Staub.

Navigation – Hat der Richtige angebissen?

Verliebt, verliebt, verliebt! Aber wie geht es weiter: Will er oder sie auch eine Beziehung oder ist dieses Umgarnen und Aneinanderherantasten für den anderen nur eine Spielerei? Und dann: Ist er der oder sie die Richtige für mich? Diese Fragen ernähren ganze Hundertschaften von Wahrsagerinnen und Astrologen. Sie kosten Verliebte unzählige Nächte, und sie treiben beste Freundinnen, Freunde und Mütter zur Verzweiflung. Kein Wunder, denn es ist alles andere als einfach, die richtigen Antworten zu finden.

Woran erkenne ich, ob er oder sie angebissen hat?

»Das hört sich vielleicht albern an, aber ich wußte, daß wir wirklich zusammen sind, als ich ihn eines Tages zum Spazierengehen abholte und er zu seinem Hund sagte, ›Jetzt gehen wir mit Frauchen raus‹.«

»Sie ist zwei Nächte hintereinander geblieben. Bis zum Frühstück. Das war der Anfang unserer Beziehung.«

Sie haben die ersten Dates mit jemand Neuem absolviert und für Sie ist die Sache klar: Sie wollen mit ihm zusammensein. Wie aber steht es mit ihm oder ihr? Hat Ihr Wunschpartner auch etwas Festes im Sinn? Jeder Blick des anderen wird ab jetzt interpretiert, jeder Satz und jede Geste nach positiven Zeichen abgeklopft. Abnehmen kann Ihnen das große Hoffen und Bangen niemand, da müssen Sie leider durch. Aber die Zitterpartie hat auch ihren Reiz: So schön aufregend ist das Leben nur für frisch Verliebte. Ob Sie Ihr Happy-End bekommen werden? Garantien kann niemand übernehmen, aber an ein paar Punkten können Sie relativ sicher erkennen, ob dem anderen an einer Beziehung mit Ihnen liegt.

Klare Ansage

»Eines Nachmittags lag ich auf dem Bett und las. Mein Freund legte eine U2-CD ein, dieses Lied ›All I Want Is You‹. Er legte seinen Kopf auf meinen Bauch und fing an mitzusingen. Ich bin echt dahingeschmolzen. Ich wußte, daß er mich wirklich will.«

Natürlich kann man es auf die direkte Art machen und den Beginn einer Beziehung durch ein offenes Bekenntnis markieren (»Ab jetzt sind wir richtig zusammen« – oder so ähnlich). Andere erklären sich lieber beiläufig. Durch ein Lied, durch die Überreichung des Wohnungsschlüssels, oder indem sie ab einem bestimmten Zeitpunkt vom »ich« und »du« zum »wir« übergehen.

Familienanschluß

»Vor ein paar Monaten wurde meine Nichte getauft. Andreas sagte, er würde gerne dabeisein, es wäre klasse, mal meine Familie kennenzulernen. Jetzt sind wir wirklich zusammen, dachte ich in diesem Moment.«

»Wir waren fürs Kino verabredet, und zufällig tauchten

an der Kasse drei Freundinnen von Lisa auf. Sie stellte mich ihnen als ihren Freund vor. Da fiel mir echt ein Stein vom Herzen.«

Sie haben so gut wie gewonnen, wenn Ihre neue Eroberung mit Ihrem kleinen Bruder Fußball spielt, Ihrer Schwester beim Umzug hilft oder sich mächtig ins Zeug legt, um bei Ihren Eltern einen guten Eindruck zu hinterlassen. Das gleiche gilt, wenn der/die Neue Sie seiner/ihrer Familie und den Freunden vorstellt – natürlich nicht als Bekannte/n, sondern als Freund/in. Wer nach außen, und vor allem im Beisein nahestehender Personen, Zusammengehörigkeit demonstriert, hat sich für seinen Partner entschieden.

Mamas Liebling

»Monatelang hat sie sich immer ohne ihre Tochter mit mir getroffen. Ich war richtig nervös, als wir endlich mal zu dritt in den Zoo gingen. Ich wollte möglichst nett rüberkommen, ich wußte, jetzt geht's um die Wurst. Kinder sind ja gnadenlos in ihrem Urteil, da fällt man ganz schnell durch.«

Sie sind zum Ortstermin mit ihren oder seinen Kindern eingeladen? Gratuliere. Das ist ein sicheres Zeichen dafür, daß Sie das Herz Ihrer neuen Liebe erobert haben. Eine Mutter oder ein Vater werden sich hüten, ihren Sprößlingen jede unbedeutende Affäre zu präsentieren. Zu viele nette Onkels und Tanten wollen die meisten Eltern ihren Kindern nicht zumuten. Um der Kinder willen, aber auch um ihrer selbst willen. Denn sie wissen nur zu gut, daß dicke Luft und Sabotage durch den Nachwuchs fast unumgänglich sind, wenn ein neuer Partner die Bildfläche betritt. Die Kinder träumen nämlich nur von einem: der Wiedervereinigung der Eltern. Und würden alles dafür tun. Den unliebsamen Familienzuwachs wegzuekeln, ist da noch die leichteste Übung. Nehmen Väter und Mütter diesen Streß auf sich, meinen sie es also ernst mit der Beziehung.

Bei Anruf Liebe

»Er war mit seinen Freunden im Urlaub und hat täglich angerufen. Über die Telefonrechnung, und die muß gigantisch hoch gewesen sein, hat er danach nie ein Wort verloren.«

Er hat es versprochen, also ruft er auch an. Die meisten Männer haben inzwischen gelernt, daß sich das so gehört. Diese Pflichtanrufe sind jedoch Teil des ganz normalen »Ich-bin-kein-Mistkerl«-Programms und sagen nichts weiter aus über die Intensität ihrer Gefühle. Ruft ein Mann allerdings freiwillig an, einfach so, ganz ohne Grund, dann hat es bei ihm gefunkt. Volltreffer! Er will nicht mehr ohne seine Liebste sein und kann nicht aufhören, an sie zu denken. Er will ihre Stimme hören, sich erzählen lassen, was sie gerade tut, wie sie heute aussieht, wie es ihr geht. Only youuu ...

Liebesopfer

»Ich hatte eine wichtige Prüfung und stand mächtig unter Druck. Da hat sie eine Party sausen lassen, auf die sie sich seit zwei Wochen gefreut hatte, um mich abzufragen und mit mir einen ruhigen Abend zu verbringen.«

Er verzichtet auf das Halbfinale der Fußball-WM, weil ihre Mutter Geburtstag hat. Sie schaut sich mit ihm zwei James-Bond-Filme hintereinander an, anstatt wie geplant die Kassette mit ›Antonias Welt‹ in den Rekorder zu schieben. Er hört auf zu rauchen, weil sie sagt, sie küßt keinen Aschenbecher. Sie verzichtet auf ihr Lieblingsparfum, weil ihm von dem Duft leider flau im Magen wird. Würde jemand solche kleinen und größeren Opfer bringen, wenn er nicht ernsthaftes Interesse an Ihnen hätte?

Nestwärme

»Ich war geschäftlich mit dem Wagen unterwegs. Auf der Autobahn erwischte mich ein starkes Gewitter. Sie hat wohl den Stau in den Nachrichten gesehen, jedenfalls rief sie abends ganz aufgeregt an, ob ich heil nach Hause gekommen sei. Sie hatte richtig Angst um mich.«

»Rainer ist in den Supermarkt gegangen und hat mir Tampons gckauft. Das macht ein Mann ja wohl nicht für jede ... «

Er nimmt einen Tag Urlaub, kocht, wäscht ab, bringt die ausgelesenen Magazine zum Altpapiercontainer und erledigt alle Einkäufe, als sie mit einer starken Erkältung im Bett liegt. Sie macht auf der Ablage in ihrem Bad einen Platz für seinen Zweitrasierer frei und kauft einen schönen Glasbecher für seine Zahnbürste. Er zündet Kerzen im Schlafzimmer an, nachdem sie das als hochromantisch bezeichnet hat. In ihrem Kühlschrank steht plötzlich sein Lieblingsjoghurt. Wer sich Sorgen um den anderen macht, über ihn und darüber nachdenkt, was er ihm Schönes anbieten kann, wer dafür sorgt, daß der andere sich wohl fühlt bei und mit ihm, der will mehr als eine Kurzliaison.

Geschenkt!

»Eine Woche vor meinem Geburtstag stand er plötzlich mit dem Geschenk vor mir. Er würde es nicht mehr aushalten. Das war so süß. Am Geburtstag habe ich dann noch etwas bekommen – damit ich was zum Auspacken habe.«

Ein teures Parfum, eine schwarze Designer-Krawatte – ein unpersönliches Geschenk ist schnell und ohne großes Kopfzerbrechen gemacht. Nicht, daß jedes Verlegenheitsgeschenk zwingend Desinteresse am anderen bedeutet, aber umgekehrt spricht eine liebevoll ausgewählte Überraschung Bände. Wenn sie zum Beispiel wochenlang über alle Flohmärkte der Stadt streift, um einen Schirm für die alte Lampe seiner Oma aufzutreiben, oder er zwei Karten für die seit langem ausverkauften Opernfestspiele organisiert.

Mr. und Mrs. Perfect

»Er hat angefangen, jeden Abend heimlich Situps und Liegestütze zu machen – das hat mir sein Mitbewohner erzählt. Und das nur, weil ich gesagt hatte, daß ein fester, muskulöser Oberkörper obergeil ist.«

Verliebte haben den Ehrgeiz, sich dem anderen ausschließlich von der Schokoladenseite zu präsentieren. Bloß keine Schwäche zeigen, nur jetzt keinen Fehler begehen, sonst springt der/die Neue ab. Also läßt er sie wissen, daß er eigentlich viel besser aussieht: »Normalerweise trainiere ich regelmäßig.« Und sie entschuldigt sich nach einer verpatzten gemeinsamen Konferenz: »So unkonzentriert war ich noch nie. Das USA-Projekt geht mir nicht aus dem Kopf.« Beziehungswillige sind gelegentlich auch an ihrem auffälligen Äußeren zu erkennen: Vor jedem Date verbringen sie unverhältnismäßig viel Zeit vor Kleiderschrank und Spiegel, um ein perfektes Bild abzugeben. Da kann es schon mal passieren, daß sie mit großem Abend-Make-up zum Sonntagsbrunch erscheint oder auf seiner Haut ein Duftchaos aus Deo, Aftershave und Eau de toilette herrscht.

Kontaktsuche

»Andauernd hat Manuel mich umarmt und geküßt. Und jedesmal hat er sich beinahe entschuldigt dafür.«

Haben Sie manchmal das Gefühl, an Ihrem Körper seien kleine Magnete angebracht, die Ihre/n Neue/n unwiderstehlich anziehen? Erfindet er/sie ständig neue Gründe, Sie zu berühren? Und zwar nicht nur, um Sie ins Bett zu kriegen? Da ist jemand wirklich verliebt in Sie. Das ständige Suchen von Körperkontakt hat natürlich etwas mit Erotik zu tun, klar. Es ist aber auch Ausdruck von Zärtlichkeit und dem Wunsch, dem anderen möglichst nah zu sein. Vorsicht: Sex ist nicht gleich Liebe. Nur weil jemand andauernd ins Bett mit Ihnen will, muß er Sie noch lange nicht lieben.

Hundertprozentig

»Unsere Schlüsselszene passierte im Badezimmer: Carolin sagte, es mache ihr absolut nichts aus, meine Zahnbürste zu benutzen. Dabei sei sie mit so was normalerweise pingelig.«

Äußerlichkeiten, kleine Fehler und Macken sind plötzlich bedeutungslos. Er küßt sie morgens vor dem Zähneputzen mitten auf den Mund, sie steht voll auf seiner Seite, als er sich bei einem Fest danebenbenimmt. Wer dem anderen zeigt, daß er ihn in jeder Lebenssituation will und nicht nur in Bestverfassung, stellt klar: Wir sind zusammen.

Es war einmal …

»Sie hat nicht lockergelassen, bis ich ihr ein Foto meiner Ex gezeigt habe. Sie war richtig eifersüchtig auf sie.«

Alles wollen Verliebte über das Vorleben des anderen wissen (siehe Kapitel »Yesterday«, S. 288). Bohrende Fragen nach dem/der Ex oder nach möglicher Konkurrenz sind ein gutes Zeichen für eine Zukunft zu zweit.

Alles nur Theater?

Ihr/e Neue/r spricht ständig von großen Gefühlen, schreibt Liebesbriefe und inszeniert wunderschöne romantische Stunden. Trotzdem haben Sie ein merkwürdiges Gefühl im Bauch. Was, wenn der andere nur ein perfekter Schauspieler ist? Wenn er keine Beziehung will, sondern lediglich auf eine angenehme, stilvolle Affäre aus ist? Sie könnten richtigliegen mit Ihrem Verdacht. Die meisten Menschen sind so sensibel und emotional geschult, daß sie vorgetäuschte Gefühle erahnen, auch wenn sie die Realität nicht immer wahrhaben wollen. Das bezahlen sie im nachhinein dann meist mit einer großen Enttäuschung.

Ein kleiner Trost für Betrogene könnte sein, daß Heuchler, die jemandem die große Liebe vorspielen, oft selbst auf ihr Theater hereinfallen. Das kann man aus einer Studie des Psychologen Paul Ekman vom Human Interaction Laboratory der Universität von San Francisco schließen. Ekman stellte fest: Bittet uns jemand zu lachen und einen glücklichen Gesichtsausdruck zu machen, dann empfinden wir, nach einiger Zeit und bei einem einigermaßen ausgeprägten Einfühlungsvermögen, tatsächlich Glück. Die Schauspielerei hat diese Technik, Gefühle künstlich zu erzeugen, perfektioniert – und prompt verlieben Schauspieler sich am Set ständig in ihre Filmpartner. Doch in jedem von uns steckt diese Fähigkeit. Man sitzt mit jemandem beim Essen und beginnt einfach so einen kleinen Flirt. Ehe man sich versieht, findet man sein Gegenüber plötzlich tatsächlich anziehend. Es ist demnach äußerst schwierig, Liebe zu spielen oder jemanden in sich verliebt zu machen, ohne selbst irgend etwas zu empfinden.

Das wird nichts

Wahrscheinlich erkennen Sie ganz genau, wenn ein Kandidat signalisiert, daß er kein Interesse an einer Beziehung mit Ihnen hat. Sie wollen die Botschaft nur nicht verstehen. Nützt aber leider nichts. Wenn der andere nicht will, dann kriegen Sie ihn nicht. Und er/sie wird so lange mit dem Zaunpfahl winken, bis Sie ihn endlich wahrnehmen. Zur Erinnerung hier ein paar typische Manöver, die dazu dienen, ungeliebte Verehrer/innen abzuwimmeln. Sie haben keine Chance, wenn er/sie

... sich vor jedem Zusammentreffen mit Ihren Freunden oder Ihrer Familie drückt und nicht einmal bei Ihrer Geburtstagsparty erscheint.

... Ihnen immer wieder erklärt: »Unsere Freundschaft ist mir wahnsinnig wichtig und ich werde sie durch nichts gefährden.«

... beim gemeinsamen Ausgehen ständig in die Runde späht und interessiert andere Frauen bzw. Männer taxiert.

... mit der Entschuldigung, es sei beim Job so viel zu tun, wiederholt Ihre Einladung zum Essen absagt, statt dessen aber eine/n Freund/in vorschlägt, die bestimmt Zeit hätte.

... ständig Frauen bzw. Männer aufzählt, die gut zu Ihnen passen würden.

... Ihnen von jemandem vorschwärmt, mit dem der Sex überirdisch gut gewesen sei – und der Jemand sind leider nicht Sie.

... Ihnen unter Kollegen sagt, man müsse Job und Privatleben strikt trennen.

... mittags gerne mit Ihnen essen geht, aber nach Einbruch der Dunkelheit für kein Treffen zu haben ist, bei dem nicht mindestens eine weitere Person anwesend ist.

... sagt, er/sie werde seine Familie sicher verlassen, wenn die Kinder nur erst etwas älter sind.

... ständig sagt, Sie seien zu gut für ihn/sie, Sie hätten jemand Besseren verdient.

Woran erkenne ich, ob er der oder sie die Richtige ist?

Sie sind verliebt, und offenbar beruht dieses Gefühl auf Gegenseitigkeit. Immerhin sind Sie bereits zusammen mit dem derzeitigen Partner Ihrer Träume. Für viele ist dies der Gipfel des Glücks. Doch für andere ist die Eroberung damit längst nicht abgeschlossen. Sie wollen es ganz genau wissen: »*Ist er nun der Richtige oder nicht?*« »*Ist sie die Frau fürs Leben oder nur eine Lebensabschnittspartnerin?«* Warum wollen Sie das eigentlich so genau wissen? Lassen Sie der Sache doch erst einmal freien Lauf. Genießen Sie Ihre romantischen, leidenschaftlichen oder verrückten Gefühle. Auf dem Weg zu ihr oder zu ihm spüren Sie Ameisenschwärme durch Ihren Körper marschieren, und wenn Sie einen Abend zusammen verbringen, dann bedeutet jede Stunde Glück pur. Was für ein schöner Zustand! Verderben Sie sich diese wunderbare Phase Ihrer Beziehung nicht mit überflüssigen Grübeleien oder Ehetauglichkeitstests. Oder wollen Sie bereits nach zwei Wochen Liebesglück einen gemeinsamen Bausparvertrag abschließen?

Verliebte können testen, fragen und absichern soviel sie wollen: Hundertprozentig sicher ist nie, ob man das große Liebeslos gezogen hat. Sie können ein Partnerhoroskop erstellen lassen, Sie können die Numerologie befragen oder sich aus den Händen lesen lassen. Unser Tip: Hören Sie auf Ihre Intuition. Unser Bauch hat meistens recht, wenn es um die Liebe geht. Morst er an unser Hirn ein »Ja, ja, ja!«, dann lehnen Sie sich entspannt zurück und freuen Sie sich an Ihrem Liebesglück. Reagiert er auf einen Kandidaten oder eine Kandidatin allerdings mit leichtem Unbehagen, dann sollten Sie sich Ihr »Was soll's, ich probier' es einfach aus« noch mal gut überlegen. Am Ende gibt's Zorn und Tränen – und zu allem Ärger ahnten sie das Dilemma von vornherein.

Fragt man Menschen, die den Partner fürs Leben gefunden haben, woran sie erkannten, daß er der oder sie die Richtige ist, dann ist die Antwort meist *»Ich wußte es eben«*. Die wenigsten können dieses Erkennen an einzelnen Punkten festmachen. Und jeder, der in einer glücklichen Beziehung lebt, hat eine andere Geschichte zu erzählen, wann ihm klar wurde, daß er seine Liebe gefunden hat.

»Wir lebten in Berlin und mein Freund hat ein super Angebot nach München bekommen. Ich liebte meinen Job und hänge sehr an meinen Freunden. Ich hätte wetten können, daß ich beides niemals für einen Mann aufgeben würde. Naja, und dann habe ich's doch getan. Ich habe mir eine Stelle in München gesucht und bin mitgegangen. Da wußte ich, daß Stefan wirklich der Mann meines Lebens ist. Ich habe den Umzug bei aller Sehnsucht nach Berlin und meinen Freunden auch nicht einen Moment bereut.«

»Bei mir fiel der Groschen, als sie das erste Mal vor meinen Augen weinte. Sie ist nicht der Typ, der auf die Tränendrüse drückt. Sie ist die stärkste Frau, die ich kenne. Als ich sie weinen sah, dachte ich, diese Frau ist es, ich werde sie nie im Stich lassen.«

»Eines Abends haben wir uns total gefetzt. Ich dachte wirklich, das war's. Ich war so sauer auf ihn. Am nächsten Tag kam ein Rosenstrauß im Büro für mich an, dazu ein Brief mit ›101 Sachen, die ich an Julia liebe‹. Da wußte ich, daß er mich wirklich liebt.«

»Eines Nachts im Bett, als ich Tanja ansah, wurde mir plötzlich klar, was dieser dämliche Ausdruck ›Liebe machen‹ bedeutet.«

»Tina arbeitete in der gleichen Firma wie ich. Ich fand sie toll, leider zu toll für mich, wie ich dachte. Bei einem Wochenendseminar hat es dann doch gefunkt. Wir waren abends in einem Club, redeten viel und tanzten dann. Und guckten uns an und alles war klar. Verrückt, aber so war es.«

»Eines Samstag nachmittags rief Thomas mich per Handy an und sagte, ihm wäre was Bescheuertes passiert. Er stünde mit leerem Tank in der Pampa, ob ich ihn nicht aufsammeln und zu einer Tankstelle fahren könne. Ich war echt genervt, ich mußte eine halbe Stunde über die Felder fahren, bis ich bei ihm war. Er stieg mit seinem Benzinkanister in der Hand ein *und dirigierte mich über die Landstraße. Wir kamen an einen kleinen See, und da hatte er ein total romantisches Picknick arrangiert. Das war's endgültig für mich. Den geb' ich nicht mehr her, dachte ich mir.«*

»Ich lernte ihn über einen Freund bei einer Party kennen. Ich hatte gerade eine lange Beziehung hinter mir und war auf nichts weniger scharf als auf einen neuen Mann in meinem Leben. Er hat dann so lange auf mich eingeredet, bis ich mich mit ihm verabredet habe. Eine Woche später gingen wir zur Happy Hour in eine Bar. Wir haben ein paar Caipirinhas getrunken und waren ganz schön angedröhnt. Ich fand ihn plötzlich süß und habe ihn total angemacht. Er sagte ganz ruhig und lieb, er wolle nicht, daß ich jetzt etwas tue, was mir morgen früh vielleicht leid täte. Das war so, ja so reif, so souverän. Und es war klar, daß er es ernst meint mit mir. Er ist meine Liebe auf den zweiten Blick, und das schon seit sechs Jahren.«

»Mein Freund und ich lagen nachts im Bett, und ich fing an, über meine Gefühle für ihn zu reden. Daß er mir wirklich viel bedeute und so. Da erzählte er mir, daß er mich in unserer letzten gemeinsamen Nacht stundenlang beim Schlafen beobachtet und gedacht hätte, wie schön ich sei, innerlich und äußerlich. In diesem Augenblick platzte es aus uns beiden gleichzeitig heraus ›Ich liebe dich‹.«

Test: Ist die neue Liebe ein Volltreffer?

Ob zwei zusammenpassen und damit Aussichten auf eine glückliche gemeinsame Zukunft haben, läßt sich mit einem Test bestimmen, behauptet der kalifornische Psychiater Dr. William Glasser. Er fand heraus, daß jeder Mensch genetisch von fünf dominanten Bedürfnissen geprägt ist, die seinen Charakter und seinen Lebensstil entscheidend beeinflussen:

Selbsterhalt, Liebe und Zugehörigkeit, Macht, Freiheit, Spaß. Bei jedem haben diese Basisbedürfnisse jedoch eine unterschiedlich große Wertigkeit. Mit Hilfe einer Skala von eins bis fünf läßt sich laut Glasser bestimmen, wie stark jedes der Bedürfnisse bei einem selbst ausgeprägt ist. Eins bedeutet, daß das Grundbedürfnis sehr schwach entwickelt ist, fünf bezeichnet die höchste Stufe. Und so funktioniert der Glasser-Test: Schreiben Sie die fünf Bedürfnisse untereinander auf ein Blatt Papier und daneben jeweils ihre »Noten«. Allein sich zu überlegen, wie wichtig einem diese fünf Faktoren überhaupt sind, ist interessant und gibt jede Menge Stoff zum Nachdenken und Diskutieren. Richtig spannend wird es, wenn man seine Zahlencodes mit denen von Freunden, vor allem aber mit denen des Partners vergleicht (natürlich bewerten nicht Sie die anderen, sondern jeder sich selbst!). Laut Glasser liegt hier ein Schlüssel dafür, welcher Partner wirklich paßt und ob ein Paar Extremsituationen überstehen und Zukunftsentscheidungen gemeinsam treffen kann. Es gibt Codes, die bestens zusammenpassen und andere, die durch ihre Gegensätzlichkeit als hochexplosiver Zündstoff gehandelt werden müssen. Warum fliegen bei bestimmten Themen ständig die Fetzen? Mit der Glasser-Methode können Paare es herausfinden. Haben sie erst mal erkannt, daß es sich bei bestimmten Streitthemen nicht um mangelndes Gefühl oder Egoismus beim anderen handeln muß, sondern schlicht um verschieden ausgeprägte Grundbedürfnisse, läßt sich entspannter auf einen Kompromiß hinarbeiten. Bei dauerhafter Unvereinbarkeit der Interessen allerdings wird sich eine Trennung wahrscheinlich nicht vermeiden lassen. Singles auf der Suche können mit dem Code von vornherein abchecken, was sie brauchen und was der andere bieten muß. Das ist vor allem für diejenigen eine Hilfe, die ständig an den falschen Partner geraten. Was hat es nun mit den fünf Grundbedürfnissen auf sich?

Selbsterhalt: Unser Selbsterhaltungstrieb drückt sich heute darin aus, daß wir uns finanziell und gesundheitlich so gut es geht absichern. Ein Mensch mit ausgeprägtem Selbsterhaltungstrieb ist vorsichtig, unnötige Risiken scheut er. Extremsport kommt für ihn nicht in Frage, das Konto ist immer ausgeglichen, er wechselt nicht leichtfertig den Job, und eine Beziehung wird niemals einfach hingeschmissen. Wer einen wenig ausgeprägten Selbsterhaltungstrieb hat, geht gern Risiken ein, liebt spontane Ideen und unvorhergesehene Situationen. Vorsorge ist für ihn ein Fremdwort, die Zukunft schert ihn einen Teufel.

Liebe und Zugehörigkeit: Wer diese Faktoren hoch einstuft, der braucht die Nähe der Familie, Freunde oder Kollegen wie die Luft zum Atmen. Sie sind wichtiger als die Karriere, ein Lob vom Chef zählt fast soviel wie eine Gehaltserhöhung. Ein niedriger Wert in diesem Bereich kennzeichnet den emotionalen Solisten. Ihm genügt schon eine Minidosis Bindung: ab und zu mal ein Anruf, selten ein Besuch. Solche Einzelgänger sind gerne allein, ihnen reicht das Gefühl, daß es andere Menschen gibt.

Macht: Menschen mit großem Machtbedürfnis steigen im Job dann zur Höchstform auf, wenn die Konkurrenz sie beiseitedrängeln will. Kompromisse zu schließen fällt ihnen richtig schwer. Sie wollen bestimmen, wohin die Urlaubsreise geht und wie die Wohnung eingerichtet wird, bei Konferenzen und Partys stehen sie gern im Mittelpunkt. Ein geringer Machtpegel zeichnet Menschen aus, die sehr kompromißbereit sind und denen Harmonie das Wichtigste im Leben ist. Ihnen macht es wenig aus, sich anzupassen.

Freiheit: Wer sich hier ein hohe Punktzahl einträgt, der legt sich nicht gern fest. In der Liebe und im Job hält er sich am liebsten alle Türchen offen. Leicht gerät er in Panik, wenn ein Vertrag ihn festzunageln droht. Oft ist er Freiberufler und Ehemuffel. Nichts haßt dieser Mensch mehr, als wenn jemand versucht, ihm vorzuschreiben, wie er zu leben hat. Menschen mit einem wenig ausgeprägten Freiheitsbedürfnis haben kein Problem damit, sich festzulegen oder langfristig zu binden. Sie fühlen sich sogar ausgesprochen wohl, wenn zumindest die nähere Zukunft für sie überschaubar ist.

Spaß: Wer den Spaß als treibenden Motor im Leben erkennt, schlägt gerne mal über die Stränge und pfeift darauf, was andere über ihn reden. Schlechte Bezahlung, dafür Spaß beim Job, das geht für ihn in Ordnung und ist besser als ein langweilig verdientes Spitzengehalt. Diese Menschen sind nicht übermäßig zuverlässig und auch nicht tiefgründelnd. Bei niedrigem Punktwert ist man ein von Pflichtgefühl bestimmter Mensch. Verantwortung, gesellschaftliche Regeln und seine Aufgaben nehmen einen entschieden höheren Stellenwert ein als der Spaß.

Zur Bewertung: Allgemein gilt, daß alle Mittellagen unkompliziert sind. Das Paar lebt harmonisch, die beiden können sich aufeinander einstellen. Doch: Wo gar kein Konfliktstoff ist, dort ist auch wenig Spannung. Wer sich also gerne liebevoll fetzt und den gelegentlichen Konfrontationskurs sucht, wird mit einem Partner aus der Mittellage mangels Feuerwerk nicht richtig glücklich werden.

Ein niedriger Wert beim Punkt Selbsterhalt wird von einem hohen aufgefangen. Einer spielt den Schutzengel, steht dabei allerdings immer kurz vor dem Herzinfarkt. Den anderen nervt die ständige Vorsicht und Fürsorge des Partners. Wie lange das wohl gutgeht?

Ein niedriger und ein hoher Code in Sachen Liebe und Zugehörigkeit harmonieren gar nicht. Am Anfang ziehen sich die Gegensätze zwar an, wobei Sex oft die Stimulanz ist, doch auf Dauer leidet der mit dem höheren Code Höllenqualen. Er fühlt sich abgelehnt und vernachlässigt, während dem anderen die Beziehung zu eng und damit lästig wird. Ebenso problematisch ist ein hoher Code in Sachen Liebe beim einen und ein hoher Code in Sachen Freiheit beim anderen.

Macht wird leicht zum Machtkampf, wenn beide eine hohe Ziffer eintragen. Streit und Konkurrenz können zum Burnout in der Beziehung führen. Die beste Ergänzung zu einem hohen Machtwert ist der niedrige Freiheitswert: Einer sagt, wo's langgeht, der andere fügt sich gern.

Sind die Zahlen für die Freiheit gleich, versteht sich das Paar prächtig. Sind sie beide hoch, könnte das Paar sich allerdings auseinanderleben, weil jeder mit tausend Dingen beschäftigt ist, nur nicht mit dem Partner.

Driften die Werte für Spaß zu sehr auseinander, sinkt die Lebensfreude auf den Nullpunkt. Kein Sonnygirl hält es auf Dauer mit einem miesepetrigen Workaholic aus. Und umgekehrt: Ein ernster Mensch fühlt sich von einem Abenteurer auf Dauer nur genervt.

Objekt der Begierde – Bei wem Sie schwach werden

Warum verliebt Tina sich in Klaus und nicht in Jörg? Warum Rainer in Anna und nicht in Monika? Warum geht beim Anblick von Rick ein hormonelles Feuerwerk los, und wenn Sie Michael sehen, rührt sich nichts? Seit Jahrzehnten versuchen Psychologen, Soziobiologen, Verhaltensforscher und Anthropologen herauszufinden, was zwei Menschen füreinander unwiderstehlich macht. Die romantische Vorstellung, daß irgendwo auf diesem Planeten der Mensch herumläuft, für den wir geschaffen wurden, der unsere perfekte Ergänzung, unsere zweite Hälfte ist, haben sie mit ihren Forschungen widerlegt. Statt dessen haben die Wissenschaftler eher nüchterne Erklärungen anzubieten, warum wir jemanden als Partner auswählen.

Warum gerade du?

Der Mensch des 21. Jahrhunderts fliegt im Weltraum herum und knackt einen Gencode nach dem anderen. Doch wenn es um die Liebe geht, dann haben wir uns seit Anbeginn der Menschheitsgeschichte nur unwesentlich weiterentwickelt. Wie unsere Urahnen sind wir nämlich in erster Linie auf den biologischen Zweck der Liebe programmiert: die Erhaltung unserer Art. Nach Ansicht der Vertreter des sogenannten evolutionstheoretischen Modells gelten auch heute noch die Partnerwahlkriterien aus der Steinzeit – je besser die Fortpflanzungschancen, desto begehrenswerter der andere. Ungeachtet einer vollkommen veränderten Lebenswelt und der Errungenschaften der Emanzipation, was sind schließlich ein paar Jahrzehnte gegen drei Millionen Jahre Menschheitsgeschichte, orientieren wir uns – unbewußt – an der gleichen Verteilung der Aufgaben wie die ersten Menschen: Die Frau ist die Gebärerin und Nesthüterin, der Mann ist Erzeuger, Ernährer und Beschützer. Diese Rollen versuchen wir bei der Partnerwahl optimal zu besetzen. Das belegte unter anderem der amerikanische Evolutionspsychologe David Buss mit einer groß angelegten Studie. 1989 packte Buss die Koffer und reiste mit einem Forscherteam um den gesamten Globus. Er befragte Europäer, Afrikaner, Asiaten, Australier und Amerikaner zum Thema Liebe. Mehr als 10 000 Menschen aus 37 verschiedenen Kulturkreisen. Das Ergebnis war eindeutig: Männer suchen Frauen, die jung, attraktiv und treu sind. Diese Eigenschaften signalisieren Fruchtbarkeit, Gesundheit und Sicherheit – eine Frau, die nicht fremdgeht, garantiert dem Mann, daß er tatsächlich seine eigenen Kinder großzieht. Ganz oben auf der Wunschliste der Frauen stehen Herzensgüte, Zuverlässigkeit, ein hoher Status und ein entsprechendes Einkommen. Diese Eckdaten adeln den potentiellen Partner zum guten Familienvater und Ernährer. Anhand dieser Kriterien werden laut Buss die Kandidatinnen und Kandidaten wie nach einem Stichwortkatalog abgeprüft, und danach auserwählt oder abserviert.

Die Frau ist bei der Partnerwahl naturgemäß weit kritischer als der Mann. Sie muß es sein, hat sie doch bei einem Fehlgriff mehr zu verlieren. Frauen können sich nicht so oft fortpflanzen wie Männer, sie müssen aufpassen, daß sie den Partner mit dem besten Erbgut auswählen. Und: Sie müssen überzeugt sein, daß der künftige Vater ihrer Kinder sich nicht vor seinen familiären Pflichten drückt. Zwar können es sich immer mehr Frauen finanziell leisten, ein Kind ohne Partner großzuziehen, diese Familienform ist jedoch noch nicht im genetischen Programm gespeichert.

Steckbrief: der Traummann

Wie ist er denn nun, der perfekte zukünftige Papa? In allen Kulturen, durch die David Buss und seine Kollegen sich forschten und fragten, bekamen sie ähnliche Wunschvorstellungen bezüglich des Idealpartners zu hören. Überall auf der Welt träumen Frauen von einem Mann, der im Schnitt drei Jahre älter ist als sie selbst. Ein besonders kritischer Blick gilt, wie bereits erwähnt, seinem Kontostand, seiner beruflichen Stellung und seinem Status. Selbst wenn eine Frau sich und ihre Familie ohne Probleme selbst finanzieren könnte oder nicht einmal bewußt plant, Kinder zu bekommen, soufflieren ihr die Gene, sich für einen Mann mit den Ressourcen zu entscheiden, die es erlauben, Nachwuchs großzuziehen. Aber nicht nur wohlsituiert und versorgungswillig soll der Traummann sein. Gefragt ist laut einer aktuellen repräsentativen Umfrage der Zeitschrift ›P.M.‹ zumindest unter deutschen Frauen zwischen 18 und 45 Jahren ebenso ein durchtrainierter Körper. Ein Waschbrettbauch und muskulöse Arme sind nett fürs Auge, wichtiger aber ist, sie weisen auf Kraft und Ausdauer hin – schließlich muß der Mann laut Bio-Programm Nahrung heranschaffen und Feinde abwehren. Männliche Ausstrahlung und Durchsetzungskraft lesen Frauen, vermutet der Duisburger Sozialpsychologe Manfred Hassebrauck, am Kinn des Beziehungskandidaten ab. Kinngröße und Kieferbreite des Mannes sind abhängig vom Geschlechtshormon Testosteron: je mehr ein Mann während seiner Entwicklung davon abbekommen hat, desto markanter fällt sein Kinn aus. Noch etwas Positives zeigt ein kräftiges Kinn laut Expertenmeinung an: Testosteron schwächt das Immunsystem gegenüber Krankheitserregern, folglich können sich nur sehr gesunde Männer die starke Ausprägung des Kinns leisten. Wie Wissenschaftler behaupten, stehen für Gesundheit und Lebenskraft außerdem symmetrische Gesichtszüge. Auch die werden laut einer Studie Hassebraucks genauestens von Frauen auf Partnersuche abgeprüft. Ein ganzer Mann soll der Liebste sein. Entsprechend anziehend wirken, so die ›P.M.‹-Umfrage, eine tiefe Stimme, ein kleiner Po und – size matters – ein großer Penis.

Frauen achten bei Männern also durchaus auf das Aussehen. Ein hübsches Gesicht scheint für sie allerdings kein Grund zu sein, sich ernsthaft in einen Mann zu verlieben. Im Gegenteil. Eine amerikanische Studie liefert den Grund: Schöne Männer, behaupten die Wissenschaftler, investieren weniger Geld und Liebe in ihre Sprößlinge. Das mache einen Adonis für Frauen als Partner uninteressant. Diese Einstellung setzt sich laut einer Studie der Dresdener Psychologin Dagmar Luszyk sogar bis in ein Alter fort, in dem das Thema gemeinsame Kinder längst abgeschlossen ist.

Steckbrief: die Traumfrau

Jung soll sie wie beschrieben sein, die ideale Partnerin, treu und hinreißend aussehen. Nicht, weil dem Mann das ganz einfach so gefällt, sondern weil er mit dieser Frau den gemeinsamen biologischen Auftrag der Fortpflanzung optimal erfüllen kann. In den Vereinigten Staaten halten Männer zum Beispiel nach Frauen Ausschau, die im Schnitt drei Jahre jünger als sie selbst sind. Je älter der Mann, desto größer der Altersunterschied: Die zweite Frau ist durchschnittlich etwa fünf Jahre jünger und die dritte rund acht Jahre. Warum die Traumfrau gut aussehen muß? Ganz einfach: weil ihre Schönheit als Indikator für Gesundheit gilt. Und die braucht sie, um dem Mann wiederum gesunde Kinder zu schenken. Was aber ist schön? Auch hier besteht ein internationaler Konsens: Schön ist der Durchschnitt. Die Traumfrau ist nicht zu groß und nicht zu klein, sie hat mehr Rundungen zu bieten als Kate Moss und weniger als Roseanne Barr, ihre Haut ist weder zu hell noch zu dunkel. Auch für ihr Gesicht gilt: Der Durchschnitt ist das Ideal. Männer bevorzugen harmonische, ebenmäßige Züge, wie ein Test beweist: Um herauszufinden, was Männer als attraktiv empfinden und was nicht, kopierten zwei amerikanische Wissenschaftler Porträtaufnahmen von 32 Frauen übereinander und mischten die Kopie unter die Einzelporträts. Das Ergebnis ist beeindruckend: Ausnahmslos alle männlichen Testpersonen fanden das kopierte Mischbild attraktiver als die individuellen Frauenbilder, aus denen dieses Durchschnittsgesicht komponiert worden war. Biologen und Evolutionspsychologen erklären sich die Vorliebe für symmetrische Durchschnittsgesichter mit der Theorie, daß Frauen mit harmonischen Gesichtern erwiesenermaßen ein anpassungsfähigeres Immunsystem haben und vermutlich frei von störenden Krankheiten sind – was in der Urzeit nicht unbedeutend war. Zu diesen Zeiten ließ sich ein körperliches Leiden schließlich nicht mal eben mit ein paar Pillen wegkurieren, sondern bedeutete unter Umständen das Todesurteil. Die Gesundheit einer potentiellen Partnerin glauben Männer auch an einer glatten, reinen Haut, weißen

Zähnen und glänzendem Haar ablesen zu können. In der ›P.M.‹-Umfrage schnitten große Augen und ein sinnlicher Mund mit vollen Lippen besonders gut ab. In Verbindung mit leicht hohlen Wangen zeigen diese Attribute, diese Frau ist jung, aber reif genug für Sex. Natürlich ebenfalls ein Spitzenreiter in der ›P.M.‹-Umfrage sind volle, feste Brüste. Wenn Männer einem Dekolleté im Laetitia-Casta-Format hinterherträumen, dann können sie laut Evolutionstheorie förmlich nicht anders: Alles eine Sache der Gene, und die melden: perfekte Muttermaße – bitte erobern!

Chancenlos?

Wenn nur die Männer und Frauen zu Partnern erwählt würden, die irgendwelchen Idealtypen entsprechen, dann wäre der Globus voll von deprimierten Singles. Zum Glück aber finden auch Frauen mit Übergröße oder Bonsai-Busen und Männer mit schmalem Geldbeutel oder Hühnerbrust jemanden, der sie liebt und der mit ihnen einen bedeutenden Teil seines Lebens verbringen will. Die Partnerwahl läuft wahrscheinlich viel weniger an Idealtypen orientiert ab, als wir vermuten, behauptet der Wiener Verhaltensforscher Karl Grammer. Die weltweit übereinstimmenden und damit wohl archaischen Wunschvorstellungen, die wir vom Traumpartner haben, geben uns lediglich Suchbilder vor. Niemand jettet um die halbe Welt, um Bruce Willis, Leonardo DiCaprio, Liv Tyler oder Gwyneth Paltrow aufzureißen. Statt dessen überlegt sich jeder genau, wer bin ich, was kann ich, was habe ich zu bieten, erklärt der Saarbrückener Attraktivitätsforscher Ronald Henss. Und schaut sich dann mit diesem Wissen im Hinterkopf in seiner Umgebung nach dem passenden Partner um. Spätestens nach der dritten Abfuhr überlegen die meisten Menschen (bei Männern dauert's manchmal länger), ob ihre Erwartungen und Ansprüche vielleicht etwas zu hoch gesteckt sind. Und machen dann mit sich aus, wo sie bereit wären, Abstriche hinzunehmen: Okay, sie sieht nicht aus wie Uma Thurman, aber ihre Wärme und Intelligenz sind einfach unwiderstehlich – und schließlich genügt es für eine Beziehung nicht, sich von morgens bis abends entzückt anzuschauen. Er ist zwar ein bißchen alt für mich, aber dafür hat er ein interessantes Leben zu bieten – und das wollte ich schon immer …

Überhaupt werden die Liebes-Spielregeln der Evolutionspsychologen, obwohl sie nachweislich tief in uns verankert sind, heute in einigen Punkten durchbrochen. Immer mehr Männer ziehen zum Beispiel die vom Ex gezeugten Kinder ihrer Partnerin liebevoll auf. Und auch clevere Karrierefrauen bleiben trotz niederschmetternder Prognosen nicht ganz ohne Chancen auf ein bißchen Liebesglück: der eine oder andere erfolgreiche und selbstbewußte Mann erträgt und sucht durchaus eine kluge, starke Frau als adäquate Partnerin.

Duftköder

Das riecht nach Lust

Der eine wird bei »Chanel No. 5« schwach, der andere bei »Angel« von Mugler, sie findet »Bulgari pour Homme« hocherotisch oder »Envy« von Gucci. Und dann gibt es die Puristen, die sich am liebsten vom Originalduft des anderen betören lassen. Das kommt nicht von ungefähr. Der menschliche Körper produziert einige der wirksamsten Duft-Aphrodisiaka überhaupt. Man denke nur an Napoleons berühmte Botschaft an seine Geliebte Josephine: »Treffe morgen abend in Paris ein. Wasch Dich nicht.« Die amerikanische Anthropologin Helen Fisher berichtet, daß noch heute in verschiedenen Gegenden Griechenlands und des Balkans Männer bei Festen ihr Taschentuch unter die Achselhöhle klemmen und dieses duftende Liebeszeichen ihrer Angebeteten bei der Aufforderung zum Tanz offerieren. Außerdem wird Schweiß in aller Welt in Liebestränke gemischt.

Der weibliche Bio-Duft hat eine wirklich erotische Quelle: der olfaktorische Lockstoff der Frauen sind die sogenannten Copuline, die in der Vagina freigesetzt werden. Weit weniger appetitlich oder gar verführerisch hört es sich an, wenn es um das männliche Naturparfum geht. Im Fettgewebe, Urin und Schweiß des Mannes findet sich das sogenannte Androstenol, das zunächst moschus- bis sandelholzartig riecht. Leider wird daraus in Verbindung mit Bakterien und Sauerstoff das sogenannte Androstenon. Und das muffelt nach Pissoir. Ob dieses männliche Parfüm Auswirkungen auf die Partnerwahl hat, ist wissenschaftlich umstritten. Um seine Wirkung herauszufinden, wurden unzählige Studien gemacht. Forscher ließen zum Beispiel Frauen und Männer erotische Fotografien ansehen. Derweil mußten sie eine Arztmaske tragen, von denen die Hälfte mit Androstenon besprüht waren. Frauen mit manipulierten Masken stuften die Fotos erotischer ein als die anderen. Und Männer mit präparierten Masken reagierten leicht aggressiv – vermutlich aus Konkurrenzgründen, wie die Wissenschaftler vermuten. Ein anderes Forscherteam besprühte einige Stühle im Wartezimmer eines Frauenarztes mit dem männlichen Lockstoff. Die markierten Stühle wurden tatsächlich häufiger von Frauen besetzt. Vor allem zum Zeitpunkt des Eisprungs kann Androstenon nachweislich eine stimulierende Wirkung haben. Karl Grammer ließ in einem Versuch knapp 300 Frauen an Löschpapier riechen, das mit Männerschweiß benetzt war, und fragte nach der Wirkung. Ergebnis: Fast alle Frauen rümpften die Nase. Bei einem anderen Versuch ließ er wieder Frauen Androstenon schnuppern, diesmal allerdings mehrmals über einen Monat verteilt. In den Tagen vor dem Eisprung empfanden die Frauen den Duft plötzlich nicht mehr eklig, sondern neutral bis anziehend. Männer produzieren also einen Lockstoff, der nur dann verführerisch wirkt, wenn der Sex Folgen haben, also zur Weitergabe der eigenen Gene führen kann.

Warum Gerüche starke erotische Reaktionen auslösen können, haben Wissenschaftler inzwischen herausgefunden. Im oberen Bereich jeder Nasenhöhle des Menschen hängen rund fünf Millionen Geruchsneuronen und pendeln im Strom der Atemluft. Diese Nervenzellen leiten Botschaften an den für den Geruchssinn zuständigen Teil des Gehirns weiter. Sie sind gleichzeitig mit dem sogenannten limbischen System verbunden, das Emotionen wie Angst, Wut, Haß, Begeisterung und Lust steuert. Der Geruch einer Frau oder eines Mannes kann auf Grund dieser Vernetzung auch eine ganze Flut von Erinnerungen freisetzen. Das limbische System ist der Sitz des Langzeitgedächtnisses, und während viele optische und akustische Eindrücke schon nach Tagen oder Wochen verblassen, können wir uns an Gerüche noch Jahre später erinnern.

Das Thema, ob und wie Sexuallockstoffe (Pheromone) von Menschen produziert und wahrgenommen werden, ist noch nicht ganz erforscht. Kürzlich kamen Wissenschaftler jedoch einen wichtigen Schritt weiter: Tiere nehmen die sogenannten Pheromone mit einem besonderen Organ wahr, dem Vomeronasalorgan (VNO). Jetzt wurde dieses Organ auch bei Menschen entdeckt: eine kleine Einbuchtung auf beiden Seiten der Nasenscheidewand, etwa ein bis zwei Zentimeter vom Nasenlochrand entfernt. Auch andere Fakten sprechen für Humanpheromone: Wie etwa sollten sonst Babys ihre Mütter bzw. 61 Prozent aller Mütter ihr Baby bereits kurz nach der Geburt am Geruch erkennen?

Wer kann wen gut riechen?

Jeder Mensch besitzt seine eigene, genetisch bedingte Duftnote. Die ist für uns so charakteristisch wie die Stimme, die Haarfarbe oder die Hände. Unbewußt erkennen wir einen Menschen an seinem Odeur, oft bevor wir ihn überhaupt optisch wahrgenommen haben. Zum Lebenspartner wählen wir einen Menschen, den wir gut riechen können. Der Grund: Das Gen, das für das Immunsystem zuständig ist, bestimmt gleichzeitig auch den Eigen-Geruch eines Menschen. Instinktiv erschnüffeln wir uns einen Partner, dessen Immunsystem eine andere Struktur hat als unser eigenes. Gegensätze ziehen sich in diesem Fall an – und zwar aus einem lebenswichtigen biologischen Grund: Die Kreuzung verschiedener Immunsysteme verstärkt die Widerstandskraft beim Nachwuchs.

Berner Forscher fanden außerdem heraus: Anhand dieser Gene und damit auch am Geruch läßt sich erkennen, ob zwei Menschen genetisch ähnlich sind. Die Forscher entdeckten, daß sich ausgerechnet solche Leute gut riechen können, die sich genetisch deutlich voneinander unterscheiden. Sie vermuten dahinter eine evolutionäre Inzuchtblockade und gleichzeitig einen Mechanismus, der in der nächsten Generation neue Erbgutkombinationen fördern hilft. Das ist ein enormer Vorteil bei der Abwehr von Krankheitserregern. Denn diese können sich nur schlecht ausbreiten, wenn sie immer wieder mit genetisch neu gemischten Individuen und deren entsprechend neu formierten Abwehrmechanismen konfrontiert werden.

Das Berner Forschungsteam um den Evolutionsbiologen Claus Wedekind veröffentlichte 1995 ein verblüffendes Forschungsergebnis. Man ließ 44 Studenten zwei Tage lang ein Baumwoll-T-Shirt tragen. Hinzu kamen strenge Auflagen: kein Sex, kein Knoblauch, keine Seife. An den T-Shirts, in Kartons mit Duftlöchern verpackt, durften dann 49 Studentinnen riechen. Vorher mußten alle Versuchspersonen ein wenig Blut lassen, um den MHC (Moleküle unseres Immunsystems; der MHC besteht aus Proteinen, die im Stoffwechsel abgebaut und über Körperflüssigkeiten wie Urin und Schweiß riechbar werden) bestimmen zu können. Erwartungsgemäß beurteilten die Frauen, die keine Antibabypille einnahmen, die T-Shirts von Männern mit den unähnlichsten MHCs am anregendsten. Wer allerdings die Pille schluckte, bevorzugte Männer mit ähnlichem molekularen Marker. Claus Wedekind vermutet, daß die hormonelle Empfängnisverhütung, wie bei einer Schwangerschaft, die Geruchsvorlieben umkehrt. Man sucht jetzt den Schutz der Familie und nicht unbedingt den erregendsten Liebhaber. Stimmt diese These, was noch zu überprüfen ist, dann beeinflußt die Pille die Partnerwahl.

196

Theorien, Theorien

Liebeslandkarten

Eine persönliche innere Liebeslandkarte führt uns zum richtigen Partner, behauptet der amerikanische Sexualwissenschaftler John Money. Diese Karte legt jeder Mensch in seiner Kindheit, etwa zwischen fünf und acht Jahren, an. Alle Erfahrungen werden in der Karte eingezeichnet: der Trubel oder die Ruhe im Elternhaus, die Art und Weise, wie die Mutter zuhört, zankt, spricht und streichelt, der Vater scherzt, schimpft, geht oder riecht. Bestimmte Wesenszüge und Merkmale von Freunden und Verwandten werden als anziehend notiert, andere als unangenehm oder widerlich. Im Laufe der Zeit fügen sich diese Erinnerungen zur unbewußten Schablone dafür, was wir als anziehend und was als abstoßend empfinden. Die Liebeskarte zeigt schließlich im Teenageralter ziemlich genaue Gesichtszüge, Wuchs, Haarfarbe oder Temperament des oder der idealen Geliebten. Und nicht nur das: Es entsteht außerdem ein inneres Bild des Ambientes, das man verführerisch findet, der Gespräche und erotischen Aktivitäten, die einen erregen. Auf jeden Fall sind die Grundzüge des oder der vollkommenen Geliebten lange festgelegt, bevor man ihm/ihr wirklich begegnet. Plötzlich taucht irgendwann ein Mensch auf, der ziemlich genau mit den Vorgaben der inneren Liebeslandkarte übereinstimmt. Und schon ist man verliebt. Je größer die Übereinstimmung von Schablone und realem Menschen, desto größer ist die Wahrscheinlichkeit, daß wir uns verlieben. So abwegig klingt diese Theorie gar nicht. Vielleicht sollten Sie sich aber lieber nicht zu intensiv mit Ihrer Liebeslandkarte befassen und Ihre Liebeskoordinaten im

Unterbewußtsein begraben lassen. Sonst halten Sie künftig ständig nach einem von der Haarfarbe über die Stimme bis zum Autofahrstil perfekt durchkonstruierten Menschen Ausschau und übersehen dabei Ihre große Liebe.

Das Love-Story-Modell

Die Liebe funktioniert wie ein Liebesfilm – nach einem Drehbuch. Das behauptet der Sozialpsychologe und Liebesforscher Robert Sternberg von der Yale University. Jeder Mensch entwickelt, so Sternberg, in seiner Kindheit eine »Love-Story«, die ihm später sein Liebesleben diktiert. Wir fühlen uns zu demjenigen hingezogen, der in unsere Liebesgeschichte paßt, egal, ob er sonst unseren Vorstellungen entspricht oder nicht. Es gibt die unterschiedlichsten Geschichten, nach denen wir unsere Beziehungen inszenieren: Zum Beispiel die »Märchen-Story«, bei der die Partner insgeheim gerne Märchenprinz und -prinzessin wären, die »Business-Story«, deren Kandidaten die Partnerschaft eher nüchternsachlich angehen, die »Süchtigen-Story«, bei der der eine Partner zum Beispiel drogensüchtig ist und der andere den Betreuer spielt. Insgesamt 25 solcher Geschichten hat Sternberg bislang registriert. Auf den ersten Blick sind diese Liebesgeschichten oft nicht zu durchschauen. Da streiten sich zwei ständig, ja scheinen sich regelrecht zu hassen, und dennoch erleben sie eine stabile Partnerschaft. Sie verfolgen ganz einfach die »Kriegs-Story«. Andere, die nach außen eine harmonische Beziehung leben, trennen sich plötzlich – der eine ist seiner wahren Liebe begegnet. Das Paar hatte nicht bemerkt, daß sie in zwei unterschiedlichen Geschichten lebten und im Grunde nicht zusammenpaßten. Zwar funktionieren manche Kombinationen aus unter-

schiedlichen Storys, andere jedoch schließen sich wie die
»Märchen-« und die »Business-Story« aus. Wissenschaftskollegen halten diese Deutungsversuche teilweise für zu
simpel. Eine Art nettes, abendfüllendes Gesellschaftsspiel
unter Freunden ist die Suche nach der eigenen Love-Story
aber auf jeden Fall.

Zur richtigen Zeit am richtigen Ort

Mit dir kann ich die Welt erobern! Der zündende Funke der
Liebe, so der Paar- und Familientherapeut Jürg Willi, kann
nur überspringen, wenn zwei Partner fest glauben, vieles
miteinander und durcheinander verwirklichen zu können,
was sie sich schon lange erträumen. Ein Leben im Aus-
land oder in einem kleinen Bergdorf, eine eigene Galerie
oder eine große Familie. Mit diesem Menschen an seiner
Seite kann man sich in die gewünschte Richtung weiterentwickeln. Koevolutives Modell der Partnerschaft nennt Willi
diesen Ansatz.

Zum richtigen Zeitpunkt muß man den richtigen Menschen treffen. Lust auf Veränderung, neu in einer Stadt oder
einem Land, an der Schwelle eines neuen Lebensabschnitts
angelangt – in solchen Situationen wächst die Neigung, sich
zu verlieben. Ein Drang zu neuen Erfahrungen ist wichtig,
sagt der italienische Sozialpsychologe Francesco Alberoni.
Wir verlieben uns zum Beispiel eher, wenn wir mit unserem
Leben unzufrieden sind und die Energie aufbringen können,
eine neue Etappe unseres Daseins zu beginnen. Im Gegensatz zur Liebeslandkarten- oder der Love-Story-Theorie
geht Alberoni davon aus, daß man sich nicht in jemanden
verliebt, der einem in der Vergangenheit entwickelten Ra-
ster entspricht. Man verliebt sich in den Menschen, erklärt

er, von dem man annimmt, daß man mit ihm eine positive Zukunft hat. Wobei das erste das zweite ja nicht unbedingt ausschließt …

Feuer und Eis

Eine wortkarge Frau mag es erfrischend finden, wenn ihr Partner ständig ganze Runden unterhält. Und ein Mann, der unter Kultur sein Computermagazin und die Tageszeitung versteht, entdeckt vielleicht eine neue Welt, wenn seine Liebste ihn ständig ins Theater und in Ausstellungen schleppt. Auf den ersten Blick scheint das Fremde, das andere uns sehr attraktiv. Da ist jemand, der ist und lebt das, was uns so vollkommen fehlt. Ein Schüchterner bewundert die Extrovertierte, die ewig Kopflose den Sicherheit vermittelnden Wohlorganisierten. Ein Grund sich zu verlieben ist das allemal. Doch im Laufe der Zeit prallen die unterschiedlichen Lebensstile und Charaktere immer öfter aufeinander. Klar kann der eine die Leidenschaften und Eigenarten des anderen tolerieren. Aber was teilt man? Worüber redet die Weltumseglerin mit dem Hobbybastler, wenn sie sich beim Essen gegenübersitzen? Wie lange erträgt der Schweigsame die Quasselstrippe, wenn sie fünf von sieben Abenden die Woche gemeinsam verbringen? Was sich einst magnetisch anzog, stößt sich irgendwann ab. Wissenschaftler wie die Verhaltensforscherin Christiane Tramitz oder der Psychologe David Buss lassen keinen Zweifel offen: Eine Liebe hat nur dann Zukunft, wenn sich Mann und Frau in möglichst vielen Bereichen ähnlich sind und ergänzen. In einer legendären Studie mußten Testpersonen Fotos von Partnern zuordnen. Die meisten lagen mit ihrer Entscheidung, wer zu wem gehört, richtig. Tatsächlich tun sich in der Mehrzahl Partner zusammen, die einander in mehrerlei Hinsicht ähnlich sind. Das beginnt mit dem Aussehen. Glückliche Paare gleichen sich nicht nur in Körpergröße, Körpergewicht und Statur, sie sind auch meistens ähnlich attraktiv. Geld oder Macht gleichen optische Defizite bekanntlich aus. Die Schöne und das reiche Biest begegnen uns ständig in den Klatschspalten und Promimagazinen. Auch genetisch sind uns die Menschen, in die wir uns glücklich verlieben, oft ähnlich (siehe S. 204).

Eine Beziehung ist stabiler, wenn beide Partner einen vergleichbaren sozialen Hintergrund haben. Wir fühlen uns zu Menschen hingezogen, deren Familienumwelt der unseren in wichtigen Aspekten ähnelt, das geht hin bis zu ähnlichen Geschwister- und Elternrollen oder Traumata. Und natürlich bleibt man vorzugsweise unter seinesgleichen. Die Unternehmerstochter hat einiges an sozialem Druck auszustehen, wenn sie sich in den kleinen Buchhalter aus Papas Firma verliebt. Soll eine Beziehung dauern, sollten die Partner sich in ihrer Intelligenz ähneln und eine vergleichbare Ausbildung genossen haben. Verschiedene Studien belegen, daß sich Ehepaare gerade in ihren sprachlichen Fähigkeiten und ihrem Erinnerungs- und Vorstellungsvermögen gleichen. Frauen legen allerdings aus bekannten Gründen mehr Wert auf eine gute Ausbildung des Partners als umgekehrt (siehe S. 187). Zwei Menschen mit grundsätzlich verschiedenen Charaktereigenschaften werden nur selten ein glückliches Paar. Sie sollten ähnlich aktiv oder inaktiv sein, ordnungsliebend oder schlampig, gesellig oder zurückgezogen. Das spricht übrigens dafür, sich beim ersten Flirt und bei Dates nicht zu verstellen. Die wahre Persönlichkeit tritt immer irgendwann zum Vorschein. Wer großen Wert auf das Feedback seiner Umwelt legt, also eine außengeleitete Persönlichkeit ist, sucht einen attraktiven Partner und gerät meist an Kandidaten, die ebenfalls stark auf Einflüsse von außen reagieren. Wen die Meinung anderer herzlich wenig interessiert und wer sich an eigenen Gefühlen und Überzeugungen orientiert, fühlt sich mehr von den inneren Werten, der Persönlichkeit eines Menschen angezogen und sucht sich ebenfalls einen entsprechend gearteten Partner. Überzeugungen und Glaube können ebenfalls eine wichtige Rolle spielen. Sie ist praktizierende Katholikin, er nutzt jede Gelegenheit, den Papst in die Pfanne zu hauen. Keine gute Kombination. Der Psychologe sagt: Die gleiche Meinung ist eine wesentliche Voraussetzung für das Entstehen von Sympathie. Folglich ist auch die Übereinstimmung der Grundeinstellungen ein bedeutsamer Faktor bei der Partnerwahl. Menschen erleben gerne eine Bestätigung ihres Weltbildes. Unterschiedliche Meinungen und Überzeugungen liefern zwar Stoff für lebendige, leidenschaftliche Diskussionen, auf Dauer sprengen sie aber eine Beziehung. Wir fühlen uns letztendlich nur dann mit einem Menschen wohl, wenn wir das Gefühl haben, daß er uns versteht. Und unsere Interessen teilt: Er redet nur von Börsennachrichten und Globalisierung. Sie ist schon genervt, wenn sie einen Überweisungsschein ausfüllen muß, und überhaupt hängt sie der festen Meinung an, Geldgeschäfte seien charakterschädigend. Dafür hält er Rosemarie Trockel für die Besitzerin des Gemüseladens gegenüber. Wie in diesem Fall die Zukunftsprognosen stehen, das kann sich vermutlich jeder ausmalen. Es sei denn, die beiden begeistern sich gleichermaßen für die Aufzucht von Balkontomaten oder haben ihr Herz an den Motorsport verloren. Vorteilhaft für Glück und Dauer einer Beziehung ist auch, wenn beide Partner sich in der Kinderfrage einig sind. Das ist sicher kein Thema für die ersten Dates, aber nach einiger Zeit sollte es auf jeden Fall auf den Tisch. Zum Beispiel wünschen sich viele Männer über 40, die aus einer früheren Beziehung schon Kinder haben, eine Partnerin, mit der sie reisen und möglichst viel Freizeit verbringen können. An weiteren Kindern sind sie nicht interessiert. Auch im Bett sollten beide Partner in etwa die gleichen Vorlieben haben. Er ist ein Liebhaber von Kuschelsex, sie mag's wild und gerne an öffentlichen Plätzen – da bleibt die Lust des einen immer auf der Strecke, es sei denn, man trifft sich irgendwo in der Mitte. Also verführt er sie sporadisch im Stadtpark oder am Baggersee, und sie zügelt im heimischen Schlafzimmer ab und an ihre ausgefallenen Phantasien. Für beide ist das in jedem Fall eine Bereicherung ihres Repertoires. Auch unter dem Wörtchen Spaß sollten Partner halbwegs das gleiche verstehen. Wenn der eine sechs Abende die Woche seine Ruhe haben will, es den anderen aber jeden Tag auf die Piste treibt, dann kann das auf Dauer nicht gutgehen. Der Ausgehmuffel und die Szenegängerin werden nie einen gemeinsamen Nenner für eine allseits befriedigende Abendgestaltung finden. Das gilt auch für den Urlaub. Wenn es den einen an jedem freien Tag irgendwelche Gipfel hinaufzieht und der andere nur verreist, um in Kirchen oder Museen abzutauchen, dann ist damit ziemlich sicher für massive Freizeitkämpfe gesorgt. Entweder, das Paar verzichtet ganz auf gemeinsame Aktivitäten, oder man handelt immer wieder Kompromisse aus – ein mühsames Geschäft.

Liebe auf den ersten Blick

Ob zwei miteinander können oder nicht, das ist nach 30 Sekunden klar. Zu diesem Ergebnis kam die Ethologin Christiane Tramitz wie bereits beschrieben bei ihrer Forschungsarbeit. 30 Sekunden entscheiden, ob wir auf einen Flirt einsteigen oder unser Gegenüber abblitzen lassen. In diesen 30 Sekunden checken wir anhand der Optik, Stimme und der Bewegungen blitzschnell ab, wen wir vor uns haben (siehe Kapitel »Augenblick mal«, S. 16). Das Ergebnis sind spontane Sympathie oder Antipathie, und manchmal sogar Liebe auf den ersten Blick.

Der Blitztreffer ins Herz ist allerdings eine Ausnahmeerscheinung. Die meisten Menschen finden ihren Partner im Freundeskreis, am Arbeitsplatz oder im Sportverein und sind sich dort schon öfter über den Weg gelaufen. Wenn es denn spontan funkt, dann trifft es meistens Männer, stellte David Buss fest. Männer, so Buss, könnten sich in eine Frau verlieben, ohne je ein Wort mit ihr gewechselt zu haben. Bei Frauen komme das fast nie vor. Die Erklärung ist einfach: Wie bereits erläutert, sind Männer stark auf das Äußere einer potentiellen Partnerin fixiert (siehe S. 189). Ihnen genügt ein schöner Anblick, um sich zu verlieben. Frauen dagegen verlieben sich vor allem in den Charakter und den Status eines Mannes, und gerade ersteres bedarf einer eingehenderen Prüfung. Doch auch Frauen können einem Mann auf den ersten Blick verfallen. Vielleicht steht er in genau dem richtigen Augenblick vor ihr, duftet unwiderstehlich und scheint genau der zu sein, den ihre Liebeslandkarte in ihr Herz gezeichnet hat. Er macht diese kleine Bewegung mit dem Kopf, lächelt dieses bestimmte Lächeln, und schon nimmt die Sache ihren Lauf.

Die Anthropologin Helen Fisher vermutet, daß die Liebe auf den ersten Blick ein Trick der Natur sein könnte. Nach dem Motto »nur keine Zeit verlieren« funktioniert die Zweisamkeit im Idealfall wie bei den Tieren: Man sieht sich, verliebt sich und legt sofort mit der Produktion von Nachwuchs los, so lange die fruchtbare Phase anhält. Biologischer Auftrag zur Erhaltung der Art erledigt.

Und nun?

Keine der oben beschriebenen Theorien allein kann erklären, warum wir uns in wen verlieben. Vielmehr scheint es so, daß viele verschiedene Faktoren zusammenwirken, wenn ein Mensch sein Herz an einen anderen verliert. Ein bißchen Chemie, ein bißchen Vergangenheit, ein bißchen Hoffnung, ein bißchen Ideal, ein bißchen Illusion. Und das ist auch gut so. Wie arm wäre unser Leben ohne die Verwicklungen der Liebe. Und ohne die Filme, Romane, Lieder und Gedichte, die von diesen Verwicklungen erzählen.

Pannendienst – Erste Hilfe für Liebesnotfälle

Verliebtheit kann die schönste Sache der Welt sein. Solange man sich den Richtigen oder die Richtige als Ziel seiner leidenschaftlichen Gefühle ausgesucht hat. Und sich seiner Sache auch wirklich sicher ist. Was aber, wenn einen Zweifel am eigenen Empfinden plagen oder gleich zwei Männer beziehungsweise Frauen auf einmal unser Begehren auf sich gezogen haben? Oder wenn der frisch geschaßte Ex aus der Ferne betrachtet plötzlich doch wieder zum Herzbuben avanciert? Wenn keine/r gefällt oder aber jede/r? Mit ein paar Orientierungshilfen können Sie sich selbst aus solchen Ausnahmesituationen lotsen.

»Hilfe, ich weiß nicht, ob ich wirklich verliebt bin!«

Entweder, Sie sind zur Zeit intensiv mit Ihrer Karriere, einer alles entscheidenden Prüfung oder sonst einer hochwichtigen Sache beschäftigt. Oder Sie stellen sich für Ihre Gefühle blind und taub, weil Sie diese (noch) nicht wahrhaben wollen. Sonst gibt es nur einen Grund, der Ihre Zweifel erklärt: Sie sind gar nicht verliebt. Kopf und Körper senden nämlich unmißverständliche Signale, wenn es uns erwischt hat. Von dem Augenblick an, in dem der Funke gezündet hat, ist plötzlich alles anders. Die Welt hat einen neuen Mittelpunkt: diese eine gewisse Person. Egal, ob wir unser Lustobjekt schon lange kennen oder nie zuvor gesehen haben, ob wir sofort mit ihm zusammenkommen oder nicht, alles dreht sich nur noch um ihn oder sie. Sehnsüchte, Grübeleien, Träume. Was denkt er von mir, was hat sie mit diesem Wort gemeint? Fährt er mit seiner oder mit einer Freundin in den Urlaub? Hat sie mir einen vielsagenden Blick zugeworfen, oder war das nur Einbildung? Jeder noch so banale Satz wird interpretiert, jedes kleine Lächeln, jede Geste brennen sich ins Gedächtnis ein, die Erinnerung an jede Begegnung wird lustvoll ausgekostet. Wie Videoclips spulen wir im Kopf Bilder ab: ihre niedlichen Ohren, ihre weichen Bewegungen, seine charmanten Grübchen, dieser süße Po. Tag und Nacht kreisen die Gedanken ständig um das Objekt der Begierde. Der andere scheint unendlich vertraut. Verliebte fühlen sich dem begehrten Menschen nah, als bestünde zwischen ihnen eine Art Seelenverwandtschaft. Solange sie nur aus der Ferne schmachten dürfen, werden sie ständig zwischen Hoffnung und Ungewißheit hin und her gerissen. Hat der oder die Angebetete auch nur die geringste positive Reaktion gezeigt, lassen die Werbenden diese kostbaren Momente in ihren Tagträumen immer wieder ablaufen. Zeigt er oder sie ihnen die kalte Schulter, schlägt die Ungewißheit oft in Verzweiflung um (siehe Kapitel »Korb«, S. 123). Während der Kopf auf Hochtouren arbeitet, treibt der Körper frisch Verliebter die verrücktesten Kapriolen. Völlig unkontrolliert überfallen uns Zittern, Erröten, Erblassen, Übelkeit, wacklige oder elefantenschwere Beine, Bauchkribbeln, totales Schwächegefühl, Konzentrationsunfähigkeit, dämliches Grinsen, Unbeholfenheit, Stottern und andere Aussetzer. Den einen trifft es heftig, andere bleiben vom Schlimmsten verschont. Auf der anderen Seite sorgen chemische

Reaktionen im Gehirn für ein allgemeines Hochgefühl, man ist selbst nach schlaflosen Nächten topfit, nimmt die Welt intensiver wahr als sonst (siehe Kapitel »Biodrogen und Herzflimmern«, S. 30). Manchmal steckt man wirklich so im Streß, daß einem all diese Turbulenzen gar nicht als Verliebtheit bewußt werden. Man schiebt das Chaos in Kopf und Körper auf die Arbeit an dem aufreibenden Projekt, den Krach mit den Kollegen oder auf den neuen Chef. Aber wenn Sie ernsthaft nachdenken, dann müßten Sie anhand des oben Beschriebenen jetzt die richtige Diagnose stellen können. Sie sind richtig verliebt, nicht richtig verliebt, oder Sie sind gar nicht verliebt. Und das ist auch eine Antwort.

»Hilfe, ich bin in zwei Menschen gleichzeitig verliebt!«

Wie kompliziert Ihre Situation ist, hängt davon ab, ob Sie Ihre Gefühle aus sicherer Entfernung auf zwei verteilen, in der Datingphase stecken, oder ob Sie zwei frische Beziehungen parallel laufen lassen. Im ersten Fall gilt: Wo ist das Problem? Genießen Sie den Doppel-Kick. Andere wären froh, sie hätten wenigstens einen. Sie haben gerade mal die ersten Dates mit beiden hinter sich und können sich noch nicht entscheiden? Nur keine Panik. Probieren Sie einfach weiter aus, an welchem oder welcher der beiden Kandidat(inn)en Ihr Herz wirklich hängt. Daran ist nichts verwerflich. Noch stehen Sie bei niemandem in der Pflicht. Für die Anlaufphase einer Beziehung kann es sogar von Vorteil sein, wenn man nicht zu sehr auf einen Wunschpartner fixiert ist. Man geht das Ganze gelassener an, kommt erst gar nicht auf die Idee, auf täglichen Treffen zu bestehen. Immerhin haben Sie zwei Terminkalender zu koordinieren und den Interessen zweier Parteien gerecht zu werden. Ein bißchen Strategie und Vorsicht sind natürlich gefragt, damit das Doppel-Dating kein unerfreuliches Ende nimmt. Das gleiche gilt erst recht für alle, die zwischen zwei Partnern hin und her pendeln. Folgende Punkte sollten Sie sich gut merken:

- Die potentiellen Partner/innen brauchen nicht voneinander zu wissen. Ein Duell zwischen ihnen zu inszenieren, zeugt von einem Mangel an Stil und Selbstbewußtsein.
- Benutzen Sie nie aus Versehen den falschen Namen, wählen Sie nie versehentlich die falsche Telefonnummer. Ihr Repertoire an Ausreden ist schon ohne solche Mißgeschicke ausreichend strapaziert.
- Suchen Sie die Orte für Ihre Dates sorgfältig aus. Mit Nummer eins besuchen Sie Ihren Lieblingsitaliener, mit Nummer zwei die nette kleine Sushi-Bar am anderen Ende der Stadt.
- Ignorieren Sie das Klingeln an der Haustür, wenn Sie einen Abend zu zweit bei Ihnen zu Hause verbringen. Vielleicht steht Kandidat/in Nummer zwei als Überraschungsgast vor der Tür.
- Stellen Sie den Anrufbeantworter leise – wäre doch peinlich, wenn der oder die eine die süßen Botschaften des oder der anderen mithört.
- Wenn Sie mit beiden potentiellen Partnern im Bett landen, gilt: Nie ohne Kondom.

Je länger Ihr amouröser Dreier läuft, desto strapaziöser wird die Lage für Sie. Die Angst, sich in dem immer komplizierteren Netz aus strategischen Manövern zu verstricken, das drückende schlechte Gewissen, die ewigen Ausflüchte.

Auch wenn es schwerfällt, entscheiden sollten Sie sich irgendwann. Zwar gibt es Frauen und Männer, die den Hochseilakt bewältigen – in zwei Partner gleichzeitig verliebt sein und mit beiden eine Beziehung eingehen, gleichzeitig, gleichberechtigt. Aber das ist wohl eher die Ausnahme. Wer hat schon Lust auf präzises Zeit-Management im Privatleben und die Nerven für ständige Lügen, falsche Versprechungen und Eifersuchtsszenen ...

»Hilfe, ich bin in meine/n Ex verliebt!«

Haben Sie sich gerade erst voneinander getrennt, ist das Wörtchen »Hilfe« durchaus angebracht. Denken Sie in Ruhe nach: Sie wurden verlassen? Dann haben Sie die Trennung vielleicht nicht überwunden, können nicht akzeptieren, daß jemand es gewagt hat, Sie abzuschieben. Und nun wollen sie den Frevler zurückerobern, um ihn je nach Laune endgültig von Ihrer sprichwörtlichen Liebenswürdigkeit zu überzeugen oder – ätsch – selbst zu verlassen. Sie waren die/derjenige, die/der den Schlußstrich gezogen hat und bemerken nun, daß es ein Irrtum war? Denken Sie daran, er oder sie ist noch die gleiche Person. Was den anderen aus der Distanz so liebenswert erscheinen läßt – seine krankhafte Eifersucht oder ihre Unzuverlässigkeit –, hat Sie vor zwei Monaten noch zur Weißglut getrieben. Sie fühlen sich vielleicht nicht wohl als Single – die Wohnung ist plötzlich so leer, alles müssen Sie allein hinkriegen –, aber ein Wiederaufkochen der alten Kamelle ist nichts als ein fauler Kompromiß, der Sie nicht glücklich machen wird. Der einzige wirklich gute Grund, es noch einmal mit dem oder der Ex zu versuchen ist, wenn die wiederentdeckten Gefühle echt sind und nichts mit Rachegelüsten, Bequemlichkeit oder guter alter Gewohnheit zu tun haben.

Waren zwei Partner jahrelang getrennt, bevor sie sich wieder zusammengetan haben, darf man zum Revival der alten Liebe gratulieren. Beim zweiten Liebesanlauf nach langer Auszeit klappt das Zusammenleben weit besser als beim ersten Mal. Zu diesem Ergebnis kam eine Studie der Psychologin Nancy Kalish von der California State University. Über 60 Prozent der befragten Wiederentflammten berichteten, daß die Beziehung mit demselben Partner nach einer langjährigen Trennung viel glücklicher sei als vorher. Es gebe wesentlich weniger Konflikte als früher, beide Partner seien eher zu Kompromissen bereit. Am meisten überrascht das einstimmige Urteil der Wiedervereinten, daß vor allem der Sex jetzt aufregender und befriedigender sei als beim ersten Intermezzo. Die Gründe für das neue Glück liegen auf der Hand: Die Ex-Partner haben anderen frisch Verliebten einiges voraus. Der Prickel ist zwar nicht mehr so überwältigend, aber dafür wissen sie, wen sie vor sich haben. Das erspart beiden eine ganze Menge Fehler – die hat man ja beim ersten Mal abgefeiert. Auch Anfänger-Faux-pas unterlaufen den beiden keine mehr, sie haben in den Jahren schließlich so ihre Erfahrungen mit dem anderen Geschlecht gesammelt.

»Hilfe, ich verliebe mich nie!«

Einige verlieben sich ständig neu, andere nur wenige Male im Leben. Und ein paar Menschen verlieben sich nie. Ein kleiner Prozentsatz dieser dauerhaft Liebeslosen leidet an einer schier unaussprechbaren Krankheit namens Hypopituitarismus. Diese seltene Unterfunktion der Hirnanhangdrüse tritt im frühen Kindesalter auf und ruft neben Hormonstörungen die sogenannte »Liebesblindheit« hervor. Menschen, die von diesem Phänomen betroffen sind, kennen weder Verliebtheit noch leidenschaftliche Liebe noch Liebeskummer. Sie suchen sich zwar Partner, aber Gefühle sind dabei nicht im Spiel. Bei den meisten Menschen, die sich nicht verlieben, liegen die Ursachen allerdings woanders. Vielleicht wollen Sie sich ganz einfach nicht verlieben. Sie trauern einer alten Beziehung nach oder haben Angst vor den Konsequenzen großer Gefühle. Nie wieder verletzt werden, sich nicht von der Karriere ablenken lassen, es gibt die unterschiedlichsten Motive dafür, einer Beziehung aus dem Weg zu gehen. Vielleicht sind Sie aber auch schlicht zu anspruchsvoll, um einen Partner zu akzeptieren. Schauen gar nicht genau hin, wer vor Ihnen sitzt oder steht, nur weil sein Sakko oder ihre Haare die falsche Farbe haben, weil der Job nicht stimmt oder das Lachen zu laut ist. Man muß sich nicht mit jeder Kröte auf ein Gespäch einlassen oder gar auf ein Date. Aber einen zweiten Blick sollten Sie schon riskieren. Sonst bringen Sie sich um die schönsten Überraschungen. Die Farbe von Sakko oder Haaren ist außerdem nichts, worüber sich nicht reden ließe. Und eine Traumfigur oder ein schicker Wagen machen noch lange keine gute Partnerschaft aus. Manchmal ist es dem Liebesglück überaus zuträglich, wenn man ein paar Vorstellungen auf ein realistisches Niveau herunterschraubt und an der einen oder anderen Stelle ein paar Abstriche in Kauf nimmt. Denken Sie daran: Der andere ist schließlich auch bereit, über Ihre Makel und Macken hinwegzusehen oder diese sich gar als liebenswert schönzureden.

»Hilfe, ich bin verliebt ins Verliebtsein!«

Verliebt ins Verliebtsein, das hört sich so wunderbar charmant und unbeschwert an. Was dahinter steckt, gibt allerdings wenig Anlaß zum Schwärmen. Wer seine Partnerschaften nach diesem Motto lebt, der beschert sich und seinen Partnern viel Kummer. Die Protagonisten dieser Liebensweise durchlaufen einen Beziehungsquickie nach dem anderen. Und immer ist das Schema das gleiche: Am Anfang sind sie überzeugt, es sei die ganz große Liebe – das bedeutet Euphorie, Dahinschweben, Glück pur. Dann der langsame Sinkflug, eine unsanfte Landung in der Realität, tschüs, mach's gut. Wer so liebt, dem geht es nicht um den Partner, dem geht es um den Gefühlsrausch. Ist die Hochstimmung dahin, heißt es ganz unsentimental: der nächste, bitte! Schuld an dem schnellen Ende sind natürlich die anderen. Viele, die sich ständig neu verlieben, sind regelrecht liebessüchtig. Verliebtsein ist ihre Droge. Der Stoff, den Liebessüchtige brauchen, heißt Phenylethylamin. Das sogenannte PEA wird ausgeschüttet, wenn man verliebt ist, und erzeugt die damit verbundene typische Euphorie (siehe Kapitel »Biodrogen und Herzflimmern«, S. 31). Um den Kick auszulösen, können manche Süchtige sich sogar verliebt machen. Das funktioniert mit einer Überdosis

Phantasie, einer Portion Realitätsflucht, einer Prise Sehnsucht und der Fähigkeit, in den anderen eine Reihe begehrenswerter Eigenschaften hineinzuprojizieren.

Die Zahl der Liebessüchtigen nimmt zu, behauptet der Frankfurter Psychologe und Suchtexperte Werner Gross. Wir leben in einer Suchtgesellschaft, in der wir Wünsche nicht mehr aufschieben, sondern ständig auf der Jagd sind nach dem schnellen Glück und großen Gefühlen. Immer mehr und immer anderes muß her. In unserem reizüberfluteten Alltag brauchen wir ständig stärkere Anreize, um uns selbst zu spüren. Und die holen wir uns. Die Devise heißt: Alles für sich beanspruchen, aber bitte nichts dafür leisten. Wir konsumieren Unterhaltung, Spannung, Befriedigung und eben auch Gefühle. Liebe als emotionales Fast Food, das schnelle, aber nie wirklich befriedigende Sättigung verschafft.

Warum jemand der Liebessucht verfällt, kann viele Gründe haben. Die aufzudecken, bedarf es therapeutischer Hilfe. Das gleiche gilt für den Ausstieg. Es ist schwer, von einer sogenannten stoffungebundenen Sucht loszukommen, denn wie bei der Eß-, Arbeits- oder Spielsucht ist auch hier das Krankheitsbild nicht eindeutig auszumachen. Die Grenze zwischen dem menschlichen Grundbedürfnis nach Liebe und Zuwendung auf der einen Seite und zwanghafter Liebessucht auf der anderen verläuft fließend. Manchmal gelingt es dem Partner, den ewigen Kreislauf zu durchbrechen und den Süchtigen in intensiven Gesprächen in eine wirkliche Beziehung zu argumentieren. Doch meist hilft gegen die Liebessucht nur eins: eine therapeutisch begleitete Entziehungskur. (Wer Hilfe braucht, findet im Branchenverzeichnis unter der Rubrik »Beratung, Auskünfte« mögliche Ansprechpartner. In einigen Städten gibt es einen »Telefon-Notruf für Suchtgefährdete«. Informationen auch über die Deutsche Hauptstelle gegen die Suchtgefahren, Tel. 02381/58 55.)

Quereinsteiger – Exotische Wege, sich zu verlieben

Es gibt viele gute Gründe, sich zu verlieben. Der wunderbarste ist wohl, den Traumpartner seines Lebens gefunden zu haben. Aber nicht immer verläuft alles so günstig. Muß ja auch nicht. Es reicht doch fürs ganz spezielle Wohlergehen, hin und wieder ein bißchen verliebt zu sein. Weil das Wetter jahrhundertmäßig und der Sonnenuntergang so hinreißend war. Weil er so charmante Sachen sagt und dann auch noch toll schmusen kann. Weil man mal wieder so richtig begehren und verehren darf. Oder weil sie auch so gern ins Kino geht.

Alles nicht so ernst wie die Sache mit dem One-and-only, aber nicht minder spannend, und es wirkt prompt wie eine Verjüngungskur. Verliebtsein frei nach Lustprinzip – den einen oder anderen hat es aber selbst bei solch kleinen Strohfeuern schon ganz schön erwischt, spätere Heirat nicht ausgeschlossen ...

Sich verlieben, weil es die richtige Saison ist

Der Sommerflirt: alles hell, alles warm, alles leicht und luftig. Genau die richtige Jahreszeit für Spontanverlieber und Aufreißer. Die Sonne zieht die Menschen aus und aneinander. You buy what you see, und sehen kann man jetzt an den Seen, in den Cafés, Parks und Straßen normalerweise recht viel. Viel Figur, viel Muskeln, viel Haut. Das macht hungrig auf Knutschen, Fummeln, Sex. Total verliebt – vielleicht sogar bis die Sonne untergeht. Mal sehen, was der nächste Tag bereithält.

Ganz anders verhält es sich da mit der Winterliebe: die beste Zeit für diejenigen, die was Festes suchen. Die Chancen stehen gut, weil: es nichts Romantischeres gibt, als sich unter schwebenden Schneeflocken zu küssen; alle so herrlich sentimental werden; Wärme (seine großen Socken) und Geborgenheit suchen (endlich weg von Mami); Entscheidungen, wie z.B. »zu mir oder zu dir« wegen sibirischer Außentemperaturen rasend schnell gefällt werden. Außerdem hält der Winter einiges an Härtetests bereit: Erträgt er es zum Beispiel, daß sie nicht wegen Sex, sondern Grippe in seinem Bett liegt, kann er Erkältungstee kochen und aufopfernder Vorleser sein? Verwandelt er sich wiederum beim kleinsten Hüstelanfall zum Hypochonder? Ist sie dann Pflegerin, Mutterersatz oder Kratzbürste?

Weil sie/er so reich, so schön, so gut im Bett ist

Wahrlich bestechende Gründe, für die man sich nicht zu schämen braucht. Nur böse, böse Zungen unterstellen in diesen Fällen Charakterlosigkeit. Mitgiftjäger, Trittbrettfahrer und Emporkömmlinge sind natürlich nicht gemeint. Wer sich aus oben genannten Gründen verliebt, muß noch lang nicht geldgierig und vom Charme der Tresore geblendet sein. Ihm kommt es vielleicht auch nicht auf Äußerlichkeiten an. Sondern er erkennt vielmehr bei den Claudias, Tatjanas und Lindas dieser Welt den wahren Kern, der ebenso knackig ist wie ihr Hintern, und im übrigen: Guter Sex ist nun mal eines der wichtigsten Basics einer wunderbaren Beziehung.

Don Juan & Co

Begehren, was ein anderer hat. Konkurrenz, Kampf, Macht. Das kennt jeder aus der Sandkastenzeit: Schäufelchen haben wollen, Schäufelchen wegreißen, ums Schäufelchen streiten. Endlich besitzen, sich kurz damit vergnügen, liegenlassen. Don Juan, Casanova, Mata Hari ... es gibt eindrucksvolle Beispiele, nicht nur aus der Literatur oder Spionageszene. So manch eine/einer legt diese Marotte nie ab. Sich verlieben aus Spaß am Wettstreit. Schön nur dann, wenn man selbst nicht das zerbrechliche Spielzeug ist.

Star-Allüre

Die ganze Welt ist schlecht, die einzig verläßlichen Menschen sind Stars. Die Helden von heute. Leinwandelnde Erotikbomben. Jede Menge Stoff für schöne Träume zum Verlieben. Gibt es etwas Schöneres als: einmal von Leonardo DiCaprio gerettet zu werden; Robert Redford beim Pferdeflüstern zu lauschen; von Celine Dion besungen, von Madonna verführt oder von Iris Berben gejagt zu werden. Die Schwärmerei für unerreichbare Stars entstammt nicht einer pubertären Seinskrise, sie ereilt auch Frauen (weniger die Männer) in gesetzterem Alter. Motto: Wenn alle ihn oder sie begehren, muß ja was dran sein. Verehrung aus der Ferne, die unerwidert bleibt und demnach nicht enttäuscht wird, hilft bei Weltuntergangsstimmung, Misanthropie, bei Akne und anderen Kontaktschwierigkeiten.

217

Sich verlieben, weil man Trost sucht

Sie hat ihn verlassen. Er ist fassungslos. Was soll er tun?
Er könnte versuchen, sie zurückzuerobern, sie umzubrin-
gen, sie einfach zu hassen oder besser zu vergessen. Nur,
so einfach ist das nicht. Also sucht er sich schleunigst jemanden (ein bißchen Rache ist auch mit im Spiel!), der ihn
und sein angekratztes Ego wieder hegt und pflegt, indem
er ihn verehrt und liebt. Eine Person, die voller Leben ist,
die Sicherheit vermittelt, die ihn aus der Tristesse reißt.
Funktioniert selbstverständlich auch in umgekehrter Rollenverteilung. Und warum soll aus der Trösterin nicht die
große Liebe werden?

Wahlverwandtschaft

Jeder Verliebte glaubt, im anderen seinen Seelenverwand-
ten gefunden zu haben. Es kommt ihm vor, von jeher auf
der Suche nach ihm/ihr gewesen zu sein und ihn/sie nun
inmitten einer großen Menge wiedererkannt zu haben. Daß
beide (eventuell) grundverschieden sind, erfahren viele etwas später, wenn die rosarote Brille versagt. Bei anderen
aber halten die Dinge und Werte, die sie zusammenführ-
ten (beinahe) ewig. Harold und Maude zum Beispiel hatten
eine etwas kuriose Vorliebe für Beerdigungen. Auf einem
Friedhof lernten sie sich kennen, und bald entwickelte sich
eine tiefe Freundschaft, von seiner Seite war es sogar tiefe
Liebe. Auch die Liebesgeschichte zwischen Ada und ihrem
Nachbarn aus dem Film ›Das Piano‹ beginnt eher ruppig,
mit Mißverständnissen und Grobheiten, aber als sie spüren,
daß die Musik ihrer beider Leidenschaft ist, entdecken sie
auch ihre lang verdrängte Liebe. Die Wahlverwandten sind

wohl die erfolgversprechendsten Quereinsteiger in Sachen Verliebtheit ...

Ich Sally, du Harry

Die beiden hat wahrlich nicht der Amorblitz getroffen. Als sie sich kennenlernten, fanden sie sich unmöglich: er sie zickig, sie ihn arrogant. Durch viele dumme Zufälle kreuzen sich ihre Wege dauernd. Irgendwann kennen die beiden sich mit allen Tugenden und Macken, Tränen, Trauer und Lachen besser als sich selbst. Haben sich gegenseitig enthüllt und geprüft, gefragt und gestanden. Sie werden beste Freunde und lieben sich – platonisch, bis zu dem magischen Augenblick, als sie ihm und er ihr in einer völlig unerwarteten, neuen Perspektive erscheint.

Die Liebe, die aus einer langen, unbeschwerten Freundschaft wächst, steht der Liebe, die wie ein Urknall zwischen zwei Unbekannten donnert, in nichts nach. Sie haben nur schon eine ganz hübsch schwere Etappe hinter sich.

Kleine Warnung am Rande: der Zauber manch einer wunderbaren Freundschaft zwischen Mann und Frau erlosch, als die beiden, schwach geworden vor lauter Vertrauen, im Bett landeten.

Das Harry&Sally-Phänomen gilt übrigens auch für Sandkastenbeziehungen.

Rosarote Brille – Bitte aufbehalten!

Wenn eine Lovestory beginnt, heißt das, die Welt steht kopf und der Kopf befindet sich im Ausnahmezustand. Und weil im Kopf die Gefühle entstehen, geht es denen natürlich auch nicht anders. Großes herrliches Chaos. Als unangenehm empfindet das keiner, ganz im Gegenteil, die Welt soll so bleiben, wie sie gerade ist, und zwar für immer und ewig. Dann gibt es für die frisch Verliebten nichts Erstrebenswerteres, als Hand in Hand die fünf Salatblättchen fürs Abendessen zu waschen, gemeinsam zur Post zu radeln, um eine einzige Briefmarke zu erstehen, gemeinsam aus einer Teetasse zu trinken und gemeinsam Gemeinsames zu denken. Es gibt nichts Schöneres, als Liebesbriefe zu schreiben, mit einer Konzertkarte überrascht zu werden oder heimlich einen blühenden Blumentopf vor die Türe zu stellen. Und was könnte wunderbarer sein, als tagaus und nachtüber verehrt, verführt und angehimmelt zu werden? Die beiden sitzen dann mit einer rosaroten Brille auf einer rosaroten Wolke und genießen sich, nur sich. Das ist Romantik, die stark macht, die glücklich macht. Und was ist so falsch daran? Jeder erinnert sich doch bis ins Detail genau an die herrlichen Verrücktheiten zu Beginn einer Beziehung, sehnt sich nach dem unaufhörlichen Kribbeln im Bauch …

Wer hat uns nur eingebleut, so schnell wie möglich von der Wolke hinunterzusteigen, akribisch genau auf die neue Beziehung zu sehen und Bilanz zu ziehen? Tut er was für mich? Kriege ich genug? Kümmert sie sich um mich? Küßt er mich noch so wie früher? Paßt er/sie überhaupt zu mir?

Kaum erkennt man, was fehlt (in diesem Fall sind Frauen – leider – wieder mal sehr viel schneller, realistischer und pragmatischer als Männer), fängt der Ärger schon an.

Wie wichtig aber die Romantik für eine Beziehung ist, und zwar nicht nur das erste himmlische halbe Jahr lang, sondern auch dann noch, wenn die Macht der Hormone nachläßt, das ist mittlerweile von wissenschaftlicher Seite bestätigt worden. Mit Schönfärberei oder dem Ausblenden von Fehlern des Partners hat das Kunststück nichts zu tun – sondern mit positivem Denken. Eine Studie zeigt, daß Menschen, die immer nur Gutes im Partner sehen wollen und vor seinen Fehlern (den kleinen!!!) die Augen verschließen, stabilere Beziehungen haben. Das macht sie zufriedener. Die berühmte rosarote Brille funktioniert nach dem Prinzip einer Selffulfilling prophecy.

Und wer ohne schlechtes Gewissen in Emotionen schwelgen kann, dem trauen die Fachleute langanhaltendes, großes Glück (und Lust!) zu.

Der Stoff, aus dem die rosarote Brille ist

Das, wofür Dichter die Bezeichnung Romantik, Schlagersänger die »Wolke Sieben« und Psychologen den Begriff »rosarote Brille« kreierten, heißt in der Biologie: Phenylethylamin, kurz PEA, ein dem Adrenalin ähnlicher Stoff, den zwei amerikanische Psychiater in konzentrierter Form bei frisch Verliebten (im übrigen auch bei Fallschirmspringern vor und nach dem Sprung) entdeckten und der seitdem auch das »Molekül der Liebe« genannt wird. PEA wirkt wie ein körpereigenes Aphrodisiakum, ein Amphetamin, das im limbischen System aktiv wird (siehe auch Kapitel »Biodrogen und Herzflimmern«, S. 31). Bei verliebter Verwirrung der Sinne wird es vom Gehirn ausgeschüttet und trübt – in vielen Fällen erstaunlich – die Wahrnehmung. Mindestens drei Monate lang. Bei den meisten Paaren läßt die schöne Wirkung nach zwei bis drei Jahren nach – deshalb auch die hohe Scheidungsrate nach dem (nicht verflixten siebten, sondern:) vierten Jahr. Der Kopf kann eben nicht ewig diesen aufgeputschten Zustand romantischer Glückseligkeit aufrechterhalten. Dann ist Schluß mit der Droge »frisch verliebt«, und wir haben echte Entzugserscheinungen. Wenn es uns dann gelingt bzw. unserem Körper, von PEA auf Endorphine, die ruhig und zufrieden machen, umzuschalten, dann wird in diesem Stadium entschieden, ob aus dem Rausch in der Achterbahn echte Liebe wird.

Wer braucht denn diese Brille?

Jeder Mensch, der verliebt ist. Ausnahmslos. Ein Trick der Natur, wie im Vorangegangenen erklärt wurde. Ein Trick, der uns zusammenhält; eine Maßnahme, angeordnet von höherer Ebene, damit wir überhaupt die Chance wahrnehmen, uns gegenseitig kennenzulernen (*natürlich* um uns fortzupflanzen!). Was machen wir in diesem euphorisierten Zustand? Wir zeigen uns toleranter als zuvor, wendiger, großzügiger, witziger als sonst. Geben uns mutig wie Indiana Jones, einfühlsam wie Juliette Binoche, schmusig wie Tom Hanks und sexversessen wie ... Vor allem aber sind wir blind vor Liebe, und neigen dazu, unseren Partner zu verklären. Ist er/sie nicht einfach wunderbar? Unantastbar, unfehlbar. (In dieser hochromantischen Phase finden aus diesem Grund auch gutgemeinte Ratschläge und Hinweise von Freunden kein Ohr.) Nicht ohne Grund: Die Verliebtheit hilft den beiden, ihre fremden Welten zu einer zu verschmelzen. Schließlich kommen sie aus unterschiedlichen Familien, eventuell sogar verschiedene Religionen und Kulturen. Doch selbst wenn sich zwei gleichgesinnte Bayern oder Hamburger fänden, diese beiden Menschen müssen sich eine Welt schaffen, um darin gemeinsam exisitieren zu können. Es gilt, eine Vertrautheit zu finden, um die »Maske« des Schönen, des Unfehlbaren schließlich irgendwann einmal fallenlassen zu können.

Lange Zeit haben auch Therapeuten davor gewarnt, sich zu lange in der rosa Phase zu tummeln, es könne ein böses Erwachen geben. Die Studien der amerikanischen Psychologin Dorothy Tennov haben aber ergeben, daß sich Liebende durchaus realistisch sehen. Sie konnten die Makel und Macken des Partners aufzählen, doch sie schoben das einfach zur Seite, stuften diese sogar als »bezaubernd« ein.

Weil wir allesamt Romantiker sind, halten wir eben gerne an der Idealvorstellung fest, die wir uns vom anderen von Anfang an gemacht haben.

Fazit: Ohne rosarote Brille kämen wahrscheinlich die meisten Beziehungen nicht zustande.

Zurück in die Zukunft

Je länger die rosa Brille ihre Wirkung tun kann, desto besser für die Beziehung. Neueste Studien haben festgestellt, daß die gegenseitige Idealisierung und die Beziehungsphantasien (*»wir werden gemeinsam alt …«*) in der Phase der Verliebtheit die Grundlage sind für eine erhöhte Anpassungsbereitschaft sowie für die Fähigkeit, ein gemeinsames Leben mit den vielen zu erwartenden Ups and Downs zu meistern. Je länger Verliebte Zeit miteinander und große Gefühle füreinander haben, desto intensiver sind die Verschmelzung und das Zusammengehörigkeitsgefühl. In dieser Zeit entsteht eine Vision, ein Plan, wie die Beziehung aussehen könnte – also geradezu ein wichtiger Wegweiser für den gemeinsamen Weg. Der wichtigste Aspekt der rosaroten Verliebtheit.

Ja, schön gesagt, aber wie erhält man diese starken Gefühle aus der Anfangszeit? Versetzen Sie sich zurück in diese Zeit. Wie war ich am Anfang der Beziehung? Wie lang ist es eigentlich her? Drei Monate oder drei Jahre? Wie oft habe ich ihn vom Büro abgeholt, kleine Überraschungen parat gehabt, wie oft hatten wir Sex oder uns beim Spazierengehen im Arm? Was war so erregend, so spannend, so einzigartig – mit ein bißchen Know-how kriegt man das Gefühl zurück – nicht ganz so stark, aber immerhin …

Stichwort Leidenschaft

Wenn Sie am Anfang verknallt waren nach allen Regeln der Kunst, völlig verrückte Sachen gedacht, gesagt, gemacht haben, dann werden Sie sich doch wohl daran erinnern können? (Leider, aber verständlicherweise gilt auch: was nie da war, kann man nicht zurückholen.)

Denken Sie scharf nach: Was hat den Beginn der Beziehung so faszinierend gemacht? Was war so reizend? Die kleinen Geschenke? Was war überraschend? Daß er für jedes Date einen neuen phantasievollen Ort gefunden hat? Was war das Tollste? Daß Sie mittags oft nur für einen Kuß quer durch die Stadt gefahren sind? Was war das Entscheidende? Daß er Ihnen immer wieder kleine Botschaften allein mit den drei wichtigsten Worten in diesem Sonnensystem hat zukommen lassen? War das nicht herrlich altmodisch, als er Sie bei Regen durch die verpfützten Straßen getragen hat? Was kostete Sie echte Überwindung? Ihm Steaks braten, obwohl Sie Vegetarierin sind? Und ihn? Tango tanzen gehen, obwohl er Techno-Freak ist?

Na, schwelgen Sie wieder in »alten« Gefühlen? Gut so!

Stichwort Sex & Erotik

Sie haben es doch nicht etwa vergessen: Jedes Gefühl entsteht im Kopf – auch das Bedürfnis nach Sex. Die meisten Menschen glauben, daß der Sex am Anfang ihrer Beziehung das Spontanste war, was sie je erlebt haben. Aber das ist eine völlig falsche Einschätzung der Lage. Selbstverständlich war der Sex am Anfang geplant und zwar bis in jeden Parfümspritzer und jede Jackettfalte: Sie haben einen romantischen Treffpunkt ausgemacht; Sie haben sich eventuell dafür etwas Schönes gekauft; Sie haben vorher geduscht (und Make-up gezaubert); Sie haben für alle Fälle Ihre Wohnung vorzeigbar aufgeräumt; Sie haben gemeinsam feine Sachen getrunken und sich charmante Sachen gesagt; Sie klärten kurz »zu dir oder zu mir« und hatten dort

Sex. Das alles war vollständig geplant und ist (wahrschein-lich) erwartungsgemäß abgelaufen. Von wegen spontan!

Trauern Sie also nicht einem Gefühl nach, das nie da war. Besinnen Sie sich lieber darauf, wie Sie den Sex ein-geschätzt haben: wichtiger als alles andere auf der Welt (oder zumindest: wichtiger als vieles andere ...). Machen Sie wieder Sex, bevor sie abends ausgehen – deshalb zu spät oder gar nicht zu einer Verabredung kommen, haben Sie früher wohl auch in Kauf genommen. Machen Sie Sex auch mal wieder den ganzen (Sonn-)Tag lang, so wie es am Anfang war. Jedes Paar hat in seinem Liebesrepertoire bestimmte Plätze, Filme, Essen, Bars oder Tageszeiten, die auf beide sehr erotisierend wirken. Suchen Sie diese Orte immer wieder auf, schaffen Sie ähnliche Situationen.

Stichwort Nehmen und Geben

Wer wirklich verliebt ist, rechnet nicht auf: was gebe ich, was bekomme ich zurück. Jeder nimmt und gibt nach sei-nen Möglichkeiten, nach seinen Bedürfnissen. Sie tun es ohne Rechnung, einfach nur aus dem Glücksgefühl her-aus, zusammenzusein. Wehe, dieses System gerät aus dem Gleichgewicht. Sie gibt und gibt, er nimmt und nimmt – sie wird sauer, er fühlt sich schuldig. Dann gibt man nicht mehr, sondern rechnet auf. Nimmt nicht mehr, sondern wendet sich ab. Es gelten dabei keine Regeln, außer denen, die sich ein Paar selber aufstellt. Darüber muß man sich unterhalten und sich aufeinander abstimmen.

Stichwort Akzeptieren

Die Kunst eines gemeinsamen Lebens liegt darin, dem Partner zu erlauben, anders zu sein, das Anderssein nicht nur zu toleriereren, sondern als Bereicherung für das eigene Leben anzusehen.

Stichwort Freiraum lassen

Keine Sekunde möchte man ohne den anderen sein – Alleinsein? Freiraum? Fremdwörter beim rosaroten Anfang einer Beziehung. Die meisten Krisen werden später ausgelöst, wenn der Ausgleich zwischen Autonomie und Bindung nicht mehr stattfindct. Daß die rosa Phase vorbei ist, erkennt man auch daran, daß einer der beiden das »Aneinanderkleben« als Käfig empfindet. Deshalb muß man sich ja nicht gleich trennen. Es gibt tausend Wege, Freiräume in einer Beziehung zu schaffen.

Was wäre ein Kapitel über die Romantik ohne ein romantisches Schlußwort:

Liebe macht blind – und das ist auch gut so. Think pink!

Streng vertraulich! Verliebt am Arbeitsplatz

Mit wem verbringen Sie die meiste Zeit des Tages? Mit Ihren Kollegen. Wundert es Sie da noch, daß am Arbeitsplatz die Chancen am besten stehen, einen Partner zu finden? Als Teenager verknallt man sich in der Schule oder bei einer Party im Lieblingsclub. Mit Anfang 20 sind für viele die Uni und der weitläufige Bekanntenkreis ein schier unerschöpflicher Pool an potentiellen Partnern. Steckt man erst mal im Beruf, findet man sein Liebesglück zwar auch durch gemeinsame Freunde oder im Verein, Liebesbörse Nummer eins ist allerdings der Arbeitsplatz. Clubs und Kneipen schneiden dagegen laut Statistik als Partner-Fundgrube schlecht ab. Für Singles auf Partnersuche heißt das: Lieber ausgeschlafen und strahlend ins Büro gehen, als sich die Nächte um die Ohren schlagen.

Die Funkzentrale

Daß der Arbeitsplatz die Liebesbörse schlechthin ist, hat seine guten Gründe. Die Startchancen für eine Liaison sind nirgendwo idealer. Man hat von Anfang an gemeinsame Interessen – den Job. Über ein Gesprächsthema muß man sich nicht lange den Kopf zerbrechen: Was würde sich besser eignen als – die Firma. Stundenlang kann man mit dem attraktiven Kollegen aus der Entwicklungsabteilung Interna austauschen, man versteht einander, muß weder verzwickte Abläufe erklären noch Personenbeschreibungen liefern. Beide sind sich einig, daß Herr Hinze ein Choleriker und Frau Adam eine Schlange ist, und daß sich die katastrophale Personalpolitik in der Firma sowieso ändern muß. Arbeiten beide auf einer Ebene, haben sie vermutlich einen ähnlichen Bildungsweg durchlaufen und meist auch ähnliche Ziele. Das verbindet. Außerdem verbringt man mit keinem Menschen so viele gemeinsame Stunden wie mit den Kollegen. Und die lassen sich wunderbar nutzen: Nirgendwo sonst hat man die Gelegenheit, das potentielle Objekt der Begierde so gründlich und entspannt zu studieren, bevor man sich auf einen Flirt einläßt. Niemand kann sich beim Job auf Dauer verstellen. Und anders als in einem Club oder bei einer Party kann der andere nicht plötzlich verschwinden, ohne eine Telefonnummer zu hinterlassen. Jede Menge Zeit für heimliche Recherchen: Wie geht er mit Kritik um, läßt sie ihre schlechte Laune an der Assistentin aus, bleibt er souverän, wenn die Lage kritisch wird, ist sie chaotisch? Wer war schon mit ihm oder ihr zusammen und hat es wie überstanden, was sagen die anderen über ihn oder sie, passen wir überhaupt zueinander? Das Büro ist die ideale Teststrecke für einen Kandidaten. Keine Chance für Lebenslügen, Erfolgsmärchen, Sonntagsgesicht und Schokoladenseiten. Und: So manchen stillen, zurückhaltenden Charakter würde man im Privatleben glatt übersehen. Doch hier, in seinem Element, wird er durch Kreativität, Kompetenz und Witz plötzlich interessant.

Verliebt – und jetzt?

Lassen Sie sich nicht den Spaß verderben – aber bei einer Büroliebe sollte die Vernunft ein Wörtchen mitreden. Es gilt einiges abzuwägen: Was will ich von dem anderen? Eine kleine, prickelnde Affäre oder könnte etwas Festes daraus werden? Sind Sie auf ein Abenteuer aus, machen Sie das dem anderen von Anfang an klar. Anderenfalls könnte der sich, wenn Sie die Geschichte für beendet erklären, betrogen und benutzt fühlen und sich schlimmstenfalls bitter rächen. Ihre Karriere könnte, zumindest in dieser Firma, auf diese Weise ganz schnell ein vorzeitiges Ende finden.

Auch wenn Sie an einer festen Beziehung interessiert sind, überlegen Sie sich, bevor Sie irgend etwas unternehmen, die Konsequenzen. Bei bestimmten Liebeskonstellationen sollte oder muß zum Beispiel einer von beiden den Arbeitsplatz wechseln. Und was passiert, wenn die Verliebtheit verpufft und Sie mit dem anderen nur noch ein ganz normales Kollegenverhältnis verbindet? Das spielt gerade dann eine Rolle, wenn Paare in der gleichen Abteilung oder sogar an den gleichen Projekten arbeiten. Dann müssen Sie nach dem Aus entweder Tag für Tag den waidwunden Blick des/der unglücklichen Ex ertragen. Oder Sie sind die/der Verlassene, und das könnte einen doppelten Verlust für Sie bedeuten. Die Erfahrung von Personalchefs ist: Derjenige, der nach einer Trennung den größeren Leidensdruck verspürt, wechselt über kurz oder lang fast immer den Arbeitsplatz, weil er die Gegenwart des Ex-Partners nicht erträgt. Zur Beruhigung: Die meisten Bürolieben sind laut Expertenauskunft stabil. Man hatte ja vorher reichlich Zeit, sich wirklich kennenzulernen und auf Kompatibilität zu überprüfen.

Fang-Schaltung

Sie haben sich all die Punkte gründlich überlegt und wollen es wagen? Dann müssen Sie die begehrte Person auf sich aufmerksam machen. Auch das wird einem beim Job leichter gemacht als irgendwo sonst. Schicken Sie dem anderen doch eine e-mail. Je nach Typ und Situation mit einem frechen Spruch, einem Kompliment, einer freundlichen Floskel oder gleich einer Einladung zum Kaffeetrinken. Achten Sie auf Details: Er liebt schöne Bleistifte? Bringen Sie ihm von Ihrem nächsten Geschäftstrip einen ausgefallenen Schreiber mit. An ihrem Kaffeebecher fehlt der Henkel? Schenken Sie ihr eine schöne neue Tasse. Aber belassen Sie es bei Kleinigkeiten – so ein Geschenk soll eine Aufmerksamkeit sein, nicht aufdringlich wirken. Bereiten Sie sich gut auf gemeinsame Konferenzen vor – Erfolg macht attraktiv. Ideal: ein gemeinsames Projekt. Geteilter Streß und geteilte Erfolgserlebnisse verbinden, und bei der engen Zusammenarbeit kommt man sich automatisch näher. Außerdem ist erwiesen, daß die Erregung und Spannung, die durch die Arbeit an einem Projekt entstehen, automatisch auf den oder die anderen Beteiligten übertragen werden. Es kann also leichter als sonst eine prickelnde Atmosphäre entstehen. Achten Sie darauf, daß Ihre Anbandelmanöver nur von der Person bemerkt werden, auf die sie abzielen. Entdecken andere Kollegen Ihre Verliebtheit oder Ihre Absichten, könnte das unangenehm für Sie werden. Die Palette der Ärgernisse reicht dabei von harmlosen Kommentaren bis hin zu handfesten Intrigen.

Strategien für die Büroliebe

Wer verliebt ist, hat das Gefühl, vor Glück zu explodieren. Da fällt es schwer, seine überbordenden Emotionen für sich zu behalten. Trotzdem: bei einer Affäre im Büro heißt es vorsichtig sein und erst mal Stillschweigen zu bewahren. Arbeiten er und sie in der gleichen Abteilung, gilt das allemal und erst recht, wenn einer von beiden der Chef ist. Bekommen die Kollegen von der Beziehung Wind, löst die Neuigkeit Unsicherheit im Team aus. Gleichzeitig startet das große Lästern und Klatschen. »Der erfährt alles über uns, weil er jetzt mit der Chefin zusammen ist – und garantiert trägt er ihr jedes Wort von uns zu, das er aufschnappt.« »Wetten, die kriegt ab jetzt die besten Projekte zugeschanzt, weil sie mit dem Chef schläft?« Und und und. Natürlich wird dem, der auf der Karriereleiter eine oder mehrere Sprossen weiter unten steht als der Partner, unappetitlicher Ehrgeiz unterstellt, der ihn Sex als Mittel zum Zweck einsetzen läßt, weil's so schneller nach oben geht. Die Kollegen fühlen sich außerdem, und das oft nicht zu Unrecht, ungleich behandelt, ausgeschlossen, benachteiligt. Und schließen ihrerseits die Verliebten aus intimen Gesprächen aus. Mißtrauen diktiert fortan den Ton. Die Konstellation Chef/Untergebener ist auch für die Verliebten selbst nicht unbedingt günstig. Die wenigsten können Job und private Gefühle vollständig voneinander trennen. Wenn sie seine Gehaltserhöhung ablehnt oder er ihr einen Kunden entzieht, dann gibt es nach Feierabend Zoff. Oder aber, der Partner wird tatsächlich begünstigt, was den anderen Kollegen gegenüber indiskutabel ist. Besonders unangenehm ist die Lage auf jeden Fall für denjenigen mit der höheren Position: Wie er's auch macht, einer ist immer sauer. Bei solchen Konstellationen sollte –

oder muß auf Anweisung von ganz oben – einer von beiden die Abteilung oder sogar die Firma wechseln, sobald feststeht, daß aus der Verliebtheit eine feste Liebesbeziehung geworden ist. Nur so läßt sich böses Blut im Büro vermeiden, und auch die Beziehung bleibt unbelastet von Job-Querelen.

Eine Affäre unter gleichberechtigten Kollegen birgt weniger Stolpersticke. Da gehen einem höchstens die lieben Kollegen, die ja alles hautnah miterleben, mit ihren Sprüchen auf die Nerven: »Und, habt ihr jetzt was miteinander?« oder »Na, Krach gehabt gestern abend?« In der Anfangsphase sollten die beiden ihre Verliebtheit deshalb ebenfalls für sich behalten. Das erspart für den Fall, daß aus dem Flirt nichts wird, lästige Erklärungen, gutgemeinte Ratschläge und das Gefühl einer Niederlage. Wird aus dem Verliebtsein etwas Ernstes, sollte sich einer von beiden, sofern sie in der gleichen Abteilung arbeiten, versetzen lassen, wenn es Probleme im Team gibt oder die Beziehung das ständige Zusammensein nicht verträgt. Für viele frisch Verliebte ist es übrigens ein Kick, die Beziehung eine Zeitlang (über einen langen Zeitraum hinweg funktioniert das in den seltensten Fällen – die Kollegen spüren recht bald, daß die Atmosphäre zwischen den Partnern eine besondere ist) geheimzuhalten. Sich ungefährliche Treffpunkte für die Mittagspause auszudenken, heimliche Liebesbotschaften zu schicken, sich versteckte Liebesblicke zuzuwerfen oder einen schnellen Kuß. Die Beziehung bekommt den Reiz des Verbotenen. Apropos versteckte Liebesblicke: daß Turteleien und Zärtlichkeiten sowie ständige Privatgespräche am Arbeitsplatz tabu sind, muß wohl nicht erst erklärt werden. Das gilt auch, wenn die Kollegen sehr tolerant und offen sind. Die Arbeitsatmosphäre wird von Liebesgeflüster auf jeden Fall gestört. Probleme mit der Chefetage gibt es sicher, wenn ein frisch verliebtes Paar nach durchredeten und -küßten Nächten mit den Gedanken nicht bei der Marktanalyse oder beim Kunden, sondern beim nächsten Tête-à-tête ist. Den wahren Grund für mögliche Patzer und Ausfälle macht man in diesem Fall besser nicht publik, sondern schiebt generelle Konzentrationsprobleme oder Kopfschmerzen vor. Denn liebesbedingte Ausfälle kommen bei vielen Kollegen und erst recht den Vorgesetzten gar nicht gut an. Hören Sie sich auf jeden Fall um, wie das Thema Büroliebe in Ihrer Firma gehandhabt wird. In vielen Unternehmen werden Beziehungen nämlich nicht gern gesehen, in einigen sind sie schlicht verboten.

Frust nach Feierabend

Testen Sie gleich zu Beginn einer Job-Beziehung, ob Ihre Gefühle nur dem erfolgreichen Broker oder der souveränen Ärztin gelten, oder ob auch der Privatmensch gemeint ist. Vielleicht verbringt der andere seine komplette Freizeit vor dem Schachcomputer oder im Fitneßstudio – und beides ist gar nicht nach Ihrem Geschmack. Es gibt auch Paare, die beim Job ein unschlagbares Traumteam sind, aber kaum, daß sie das Büro verlassen, geht ihnen der Gesprächsstoff aus. Sie ergänzen sich beim Arbeiten perfekt, doch privat haben sie einfach zu unterschiedliche Ansichten und Vorstellungen vom Leben. Hören Sie genau zu, wenn der andere etwas über sich selbst oder seine Freizeitaktivitäten erzählt. Klingt das Ganze zu sehr nach anderem Stern, legen Sie rechtzeitig den Rückwärtsgang ein. Sonst sind Sie demnächst beides los: einen Partner und Ihr ideales Arbeitsklima.

Einmal und nie wieder

Bis heute morgen fanden Sie die/den Neue/n aus der Marketingabteilung wahnsinnig attraktiv, waren total verknallt und haben die vergangenen Wochen hemmungslos geflirtet. Gestern nacht, nach einer Endloskonferenz, ist es passiert – Sie waren miteinander im Bett. Kurzum, die Nacht war ein Reinfall, die Faszination des anderen ist plötzlich verflogen. Und jetzt? In einer halben Stunde sitzen Sie sich im nächsten Meeting gegenüber. Um Peinlichkeiten vorab auszuschalten, gibt es nur eins: Drücken Sie sich nicht um eine kurze Aussprache, übernehmen Sie die Initiative und sagen Sie ihr/ihm offen, daß diese Nacht sich nicht wiederholen wird. Danach sollten Sie sofort auf die Konferenz zu sprechen kommen, damit gar nicht erst eine intime Atmosphäre entstehen kann. Im Idealfall nehmen Sie es beide locker, und das ist allemal besser, als jedesmal krampfhaft in die andere Richtung zu schauen, wenn sich Ihre Wege kreuzen. Auch, wenn sie/er mehr von Ihnen will, seien Sie ehrlich, dann ist sie/er zwar verletzt und wütend, aber das Thema ist zumindest für Sie ein für allemal vom Tisch. Auf keinen Fall sollten Sie Kollegen, und seien gute Freunde darunter, von der Nacht erzählen. Unangenehm wird die Geschichte möglicherweise, wenn Ihr One-night-stand nicht lockerläßt und Sie mit allen Mitteln zu gewinnen versucht. Stellen Sie in einem kurzen Gespräch nochmals klar, daß Sie an einer Beziehung kein Interesse haben, und ignorieren Sie konsequent alle Annäherungsversuche. Irgendwann gibt der Verfolger beziehungsweise die Verfolgerin die Hoffnung auf. Ähnlich ungerührt sollten Sie sich zeigen, wenn der andere die Nacht in der Firma gezielt zum Thema macht. Daß Sie den Kollegen für die nächsten Wochen Stoff zum

Sticheln bieten, das haben Sie sich selbst zuzuschreiben – das ist nunmal das Risiko bei firmeninternen Abenteuern. Beißen Sie die Zähne zusammen und lassen Sie die Lästereien mit einem Lächeln an sich abperlen. Wenn Sie Glück haben, stellen Ihre Vorgesetzten sich taub und Sie nicht zur Rede. Anderenfalls müssen Sie sich leider einen Rüffel abholen. Unerfreulich, dieses Nachspiel, aber nicht wirklich tragisch.

Verliebt – der Kick für den Job

»Ob sie heute zufällig in der Teeküche aufgetaucht ist oder ob das Treffen Absicht war?« »Ob er mir morgen wieder in der Tiefgarage begegnet? Was wird er sagen? Oh Gott, und was sage ich, wenn er mit mir im Fahrstuhl steht?« Für frisch Verliebte ist jeder Tag im Büro ein besonderer. Sie können es kaum erwarten, den Gegenstand ihrer Träume zu sehen, freuen sich auf die Arbeitsstunden und stecken Chefs und Kollegen mit ihrer guten Laune an. Die allgemeine Hochstimmung überträgt sich auch auf die Arbeit selbst. Verliebten macht der Job ausgesprochen viel Spaß. Sie machen ungefragt Überstunden und legen sich mehr ins Zeug als üblich – natürlich auch, um dem, der für ihr Gefühlshoch verantwortlich ist, zu imponieren. Entsprechend gut fallen ihre Leistungen aus. Das gilt allerdings nicht für den Fall, daß man über eine längere Zeit hoffnungslos an die/den verheiratete/n Chef/in hinliebt. Wer unter Liebesfrust leidet, der arbeitet für gewöhnlich lustlos und zerstreut. Das kann sich, bei entsprechender Dauer, negativ auf die Karriere auswirken. Wollen Sie, nur weil Sie sich in den Falschen oder die Falsche verguckt haben, Ihren Job aufs Spiel setzen? Werden Sie aktiv: Entweder Sie wechseln sofort in eine Abteilung, in der Sie nichts mehr mit dem anderen zu tun haben, oder Sie gucken sich ganz schnell einen geeigneteren Kandidaten zum Verlieben aus. Das bringt den richtigen Kick für Geschäft und Gefühle.

Taktik – Die Strategie, die Sie glücklich macht

»Taktik ... vom griech. ›Kunst der Anordnung und Aufstellung‹, allg. die planvollen Einzelschritte im Rahmen eines Gesamtkonzepts (Strategie), berechnendes, zweckbestimmtes Vorgehen, ›Taktieren‹. Wichtige taktische Grundsätze sind u.a. der Einsatz der angemessenen Mittel, Tarnung und Täuschung, die Fähigkeit der Anpassung an veränderte Situationen, Bildung von Schwerpunkten, Vermeidung einer Zersplitterung der Kräfte ...«

Die Definition aus dem Lexikon. Und Punkt für Punkt trifft diese Beschreibung aus antikgriechischer Militärkultur auch ganz wunderbar auf die Love-Story zweier Menschen zu – selbst wenn Sie es nicht wahrhaben wollen: Taktik ist besonders in der Phase der ungestümen Verliebtheit das Tüpfelchen auf dem »i«, die Pointe von einem Witz. Eine Kunst. Und wie der Pfeil vom Bogen, die eleganteste Art seine »Beute« zu erlegen.

Sie glauben das nicht? Sie wollen das nicht glauben? Sie wollen sich nämlich leidenschaftlich hingeben, in Liebesdingen endlich mal nicht zweckbestimmt vorgehen, wollen nicht täuschen und tarnen und schon gar nicht irgend etwas dabei berechnen. Jaja. Aber leider kommen wir hier mit Natürlichkeit und dem süßen Nichtstun und Laufenlassen nicht weiter. Denn eines ist schon mal sicher: an Ihrem jetzigen Zustand ist nichts normal und alltäglich-natürlich! Und denken Sie jetzt nicht: Das kann ich nicht! Selbst der unbegabteste Mann und das schüchternste Mädchen setzen alles aufs Spiel, um das Objekt ihrer Begierde zu erobern.

Und zwar instinktiv. Es werden dabei Mechanismen und genetische Engramme aus der Urzeit der Menschen aktiviert. Ein Beweis: Die Menschen werden schöner, wenn sie verliebt sind, ihre Augen strahlen, sie lächeln gewinnend, sind unternehmungslustig und setzen ungeahnte Energien frei. Das ist doch schon eine Strategie!?

Mal ehrlich, das Taktieren beginnt bereits beim Flirten und etwas später bei der Überlegung, wann man anrufen soll, wo man sich trifft und was dem Menschen, den man erobern will, wohl am besten gefällt. Kleine Lügen, große Lügen, Drohungen, Hypnose und selbst einen Liebestrank, wenn es den gäbe, würden wir in Erwägung ziehen, um das geliebte Objekt für uns zu gewinnen.

Liebe ist nicht nur ein Glück, ein Geschenk, ein Volltreffer – man muß auch, wie schon die Erklärung aus dem Lexikon zeigt, sein Glück in Angriff nehmen. Und zwar in folgender Reihenfolge: Kräfte sammeln und Schwerpunkte setzen, sich verändernden Situationen anpassen, tarnen, geschickt handeln. Und das sollten Sie zu allererst bei sich selbst in Kraft setzen:

Die ganz persönliche Liebestaktik

Sie wollen einen Freund von einer gemeinsamen Weltreise überzeugen. Sie wollen beim Chef ein paar ausgezeichnete Pluspunkte holen. Sie wollen Ihren Vater überreden, daß er die Autoreparaturrechnung übernimmt. Sie wollen in die Karibik und müssen dafür einige alte Bücher beim Antiquar zum Höchstpreis verhökern. Sie wollen Kontakt aufnehmen mit diesem tollen Typen am Nebentisch. Wir sind ständig dabei, andere Menschen von uns zu überzeugen. Oder ehrlich gesagt: Um gute Geschäfte zu machen und/oder Träume und Pläne zu verwirklichen, muß man die Leute verführen. Und da wir ständig andere Ziele verfolgen, muß die Art zu verführen auch variieren und gut ausgeklügelt sein. Um den Freund zur Weltreise zu überreden, werden Sie ihm von den Schönheiten Mexikos, von Indiens exotischen Tempeln, dem herrlichen Frühling in Sizilien und von gemeinsamen Abenteuern vorschwärmen – und nicht zwischen Tür und Angel eintönig verkünden *»Ich gehe auf Weltreise, kommste mit?«* Um den Vater zur Kostenübernahme zu bringen, fallen Sie nicht mit der Tür ins Haus, sondern werden in geschickt getarnter Vorarbeit beispielsweise von Ihrem Erfolg im Studium sprechen, dann die kleinen Finanzschwicrigkeiten einfließen lassen, sogleich wieder auf ganz positive Dinge schwenken usw., und erst wenn die Gelegenheit günstig (soweit kennt man seinen Vater doch . . .) mit allem Charme die Katze aus dem Sack lassen.

Auf allen Gebieten verführt wird auch im Liebesleben: Jeder Verliebte wünscht sich nichts anderes, als die geliebte Person zu erobern. Und dafür ist ihm jedes Mittel, jede Taktik recht. Ob mit Geschenken, Intelligenz, Charme, Erfahrung, Geld oder . . . Intrigen. Die reine, arglose Liebe reicht nämlich nicht aus, beim anderen Interesse zu wecken. Der Wunsch, begehrt zu werden, ohne manipulieren zu müssen, ist verständlich, aber er birgt auch eine andere Gefahr: Man überläßt das Objekt der Begierde der Konkurrenz, und die schläft nicht! Erst mal muß man sich doch bemerkbar machen, sich in Szene setzen, seine besten Eigenschaften ins Rampenlicht plazieren (und einige beherrschen es sogar eindrucksvolle, eventuell nicht vorhandene, vorzugaukeln). Wir täuschen Schüchternheit vor, wo Neugier ist.

Wir üben Scheinwiderstand, wo pure Lust lauert. Wir geben uns charming und unwiderstehlich, obwohl oft eher dunkle Wolken über uns kreisen. Wir geben uns großzügiger als üblich. Bemühen uns um Themen, die uns vielleicht früher überhaupt nicht interessiert haben, werden mutig und kreativ, sogar ordentlich, pünktlich und zuverlässig – auch die größten Schlamper unter uns – nur um zu gefallen. Wir sind zu Höchstleistungen motiviert. Es gibt also keine bessere Gelegenheit, ein besserer Mensch zu werden, als sich zu verlieben. Und ganz nebenbei einen Partner zu gewinnen. Oder war es umgekehrt?

Soviel zu Ihrem persönlichen Marshallplan, jetzt ein paar Strategievorschläge zur Auswahl:

Die Kitzel-Taktik

Mit welchem Prachtexemplar von Mensch haben Sie es da eigentlich zu tun? Ihre dringlichste Aufgabe: geschickt dem geliebten Gegenüber Geheimnisse entlocken. Seine Meinungen, Wünsche, Erwartungen herauskitzeln. Sie müssen schnell an die intimen Infos rankommen, dieses Material clever umgemünzt, kann Ihnen viele Punkte auf der Eindrucksskala verschaffen. Sie haben keine Zeit für lange Fragenkataloge, Sie müssen handeln. Können Sie über verschiedene Quellen (Freundeskreis, Arbeitsstelle, Sportverein) herausfinden, wie man ihm oder ihr Freude und Lust macht? Verführen mit Intelligenz. Dazu gehört auch abzuchecken, mit welchen unvorhersehbaren Schwierigkeiten Sie bei der Eroberung zu rechnen haben: eventuelle Rivalen übertrumpfen, penetrante Verflossene einkalkulieren, katholische Eltern besänftigen, unterschiedliche Liquidität ausgleichen und vieles mehr.

Die Hau-drauf-Taktik

Hingehen, ansprechen, einladen: *»Willst du mit mir schlafen?«*
Eine freche Frage, nur was für Kamikaze, die nicht allzu sensibel sind, denn mit 99 Prozent reagiert der/die Angesprochene stinksauer. Die Taktik wird nicht empfohlen, aber Sie sollten auf alles vorbereitet sein.

Die Königs-Taktik

Spielen Sie Schach? Dann dürfte dieses Spiel für Sie kein Problem sein: Erkennen der wahren Absichten des anderen, bei gleichzeitigem Verheimlichen der eigenen Strategie. Will der Gegenpart den Bauern, die Königin oder Land gewinnen. Sprich: Will er oder sie einen Flirt, einen Flirt mit Sex, eine Affäre, eine Beziehung? Und was wollen Sie?

Die Hollywood-Taktik

Lokale aufsuchen, in denen Sie mit Namen angesprochen werden. Sich wichtig, wichtig auf dem Handy anrufen lassen. Blumen am Tisch kaufen. Mit der goldenen Karte zahlen.

Die S-Taktik

Spaß, Spiel, Spannung – seien Sie kreativ, wer bei seiner Strategie die drei »S« beachtet, kriegt jeden!

Die geheimnisvollste Taktik

Unerreichbar zu sein. Gilt im übrigen für Männer wie für Frauen. Eine Person, die nicht so leicht zu haben ist, verspricht viele Geheimnisse. Unerforschtes zu erforschen, ist des Menschen stärkster Drang und gilt auch in Liebesdingen. Ein Extra: aus der anfänglichen Distanz hat man die Chance, den oder die Anwärter/in auf Herz und Nieren zu prüfen. Eine Warnung: Es gibt auch Unerreichbare, die unerreicht langweilig sind ...

Die Tölpel-Taktik

Jerry Lewis, Woody Allen und Steve Martin sind damit bei Frauen äußerst erfolgreich ... auch arme Poeten, verborgene Physikgenies, unentdeckte Künstler sahnen kräftig ab.

Die Taktik aus Verona

Bauen Sie dramatische Hindernisse in Ihre Liebesgeschichte ein. Sie müssen sich ja nicht gleich vergiften beziehungsweise erdolchen wie Romeo und Julia, aber schier unüberwindbarer Familienzwist, Liebe zur Schwester des besten Freundes, zur Freundin des besten Freundes, gibt es auch heutzutage. Übertrieben? Manche brauchen das!

Archaische Männertaktik

Typ 1: Bevor sie weiß, wie er heißt, prahlt er mit Villa, Yacht, Armani-Anzügen und dem Porsche.

Typ 2: Bevor die Frau ablehnen kann, sitzt er bereits an ihrem Tisch, lacht lauter als alle zusammen und macht sich das Streichholz am Cowboystiefel an.

Typ 3: Bevor sie »Pap« sagt, hat er ihr schon die Welt erklärt.

Archaische Frauentaktik

Typ 1: Sie kichert, quietscht und kann seinem Gesabbel stundenlang zuhören.

Typ 2: Sie spinnt ihm unsichtbare Fäden an Hände und Füße und gibt ihm das Gefühl, er sei der Bestimmer.

Typ 3: Sie kocht und putzt und wäscht und pflegt, bis er den Schnuller wieder braucht.

Typ 4: Sie setzt auf viel Dekolleté, viel Bein, viel Haut und seine Triebe.

Die Stapel-Taktik

Besser gesagt, die Tiefstapel-Taktik: Prahlen Sie nicht, gerade versteckte Andeutungen, die Sie großartig erscheinen lassen sollen, kommen gut an. Besser noch: Die angebetete Person kriegt (von Ihnen natürlich geschickt lanciert) die wichtigsten Infos über den Gerüchteservice Ihres Freundeskreises ...

Die Offenbarungstaktik

Tragen Sie Ihre größten Schwächen geschickt zu Markte, Sie glauben gar nicht, wie Sie damit Eindruck schinden. Z.B.: Keine Perücke tragen, wenn Sie eine Glatze haben. In Schmalzfilme gehen, trotzdem Sie eine Heulsuse sind. Mit einem Regattafreak segeln gehen, obwohl Sie wasserscheu sind. Die Tochter des Mercedes-Vorstands zum Essen einladen, und stolz mit Ihrem alten Käfer vorfahren. Mit einem Yves-Klein-Freak eine Ausstellung besuchen, obwohl Sie farbenblind sind.

Die Taktik für Nichttaktiker

Sie sind spontan, direkt und mutig und deshalb der Meinung: Verliebtsein geht nicht über Verstand und deshalb ohne strategische Checkliste. Gut! Ihre spezielle Taktik wäre dann: Wählen Sie sich einen starken Freund oder eine Freundin, der oder dem Sie in Extremsituationen vertrauen können, eine Person, von der Sie wissen, daß sie Sie bei Verzweiflung und Ratlosigkeit immer mit praktikablen Tips versorgt und aus Sackgassen heraus wieder auf die richtige Schiene setzt.

Die meistgefürchtete Taktik der Frauen

Gemeint ist die traditionelle, weibliche Hinhaltetechnik. Die Spröde spielen. Die Zicke. Die Schüchterne. Oder »Nein« signalisieren, wenn sie »Ja« meint. Nicht gerade die emanzipierteste Form, einen Mann zu erobern, aber ein Spiel, das wirkt, wenn frau es beherrscht. Das kann sie oder nicht, erlernen läßt sich das nämlich kaum. Eine Gratwanderung ist es, den Mann warten und im richtigen Moment ranzulassen. Kriegt er zu lange keine Chance, blickt er nicht mehr durch und schmeißt eventuell das Handtuch. Problem der Hinhaltetaktik: Wann soll das Spielchen enden? Wenn die Maske fällt, will er dann diese Frau noch? Wenn er das System durchblickt, könnte er später ernstgemeinte Wünsche und Erwartungen als Taktik sehen und folgerichtig nicht ernst reagieren.

Unabhängigkeit – Die Basis jeder großen Liebe

»Kaum habe ich mich verliebt, habe ich mich selbst vergessen: Meine Freunde nicht mehr getroffen, das Tanztraining vernachlässigt, meine ganze Freizeit nach dem jeweiligen Mann geplant. Ich habe alles seinem Leben angepaßt. Wenn dann Schluß war, mußte ich regelrecht wieder von vorne anfangen. Von mir war nach ein paar Jahren Beziehung ja nicht viel übriggeblieben.«

Wohl kaum ein Mann käme auf die Idee, sein Leben vollständig dem seiner Partnerin anzugleichen. Frauen tun das sehr wohl. Im Zustand verliebtheitsbedingter Unzurechnungsfähigkeit werfen sie scharenweise wider besseres Wissen ihr eigenes Leben über Bord und passen sich dem Neuen bis zur Selbstverleugnung an. Männer neigen zwar des öfteren zum entgegengesetzten Extrem – Rücksichtslosigkeit und totaler Ich-Bezogenheit –, ein gewisses Maß an Unabhängigkeit jedoch dürfen Frauen sich von ihnen ruhig abgucken.

Anfängerfehler

Gerade in der Anfangsphase einer Beziehung, wenn beide sich des anderen noch nicht ganz sicher sind, vergessen viele Frauen, daß sie bislang auch ohne den Neuen ganz gut zurechtkamen, und setzen den Klammergriff an. Vor allem, wenn er das berühmte »Ich brauche meine Freiheit«-Spiel spielt und sie hier und da von seinem Tun und Lassen ausschließt. Sie, anstatt die Nerven zu behalten und die Stunden ohne ihn mit eigenen Interessen zu verbringen, läuft und telefoniert ihm hinterher, verlangt ausführliche Berichte über seinen Verbleib und Rechtfertigungen für jeden Soloabend. Aus Angst, ihn zu verlieren, oder vielleicht auch, weil sie solche Spielchen schlicht albern findet. Ein Fehler sind solche Fesselversuche in jedem Fall. Denn je mehr Raum sie ihm und sich selbst läßt, desto schneller erkennt er, wie überflüssig seine »Einsamer-Cowboy«-Allüren sind. Und für beide kann die Beziehung entspannter starten.

Bis zu einem gewissen Grad ihre Unabhängigkeit zu bewahren – dieses Lernziel müssen Frauen sich in ihr Tagebuch schreiben oder an den Spiegel kleben. Obwohl ganz von ihrer Verliebtheit in Beschlag genommen, sollten sie auf keinen Fall ihren Job und ihre Freizeitaktivitäten vernachlässigen oder ihre Freunde und Bekannten auf Eis legen. Besser ist, einfach wie gehabt weiterzuleben. Einen wichtigen Kundentermin absagen, weil der Neue essen gehen will? Keine Chance. Morgen abend ist die Stimmung bestimmt genauso romantisch. Den Italienischkurs ausfallen lassen? Kommt nicht in Frage. Er würde auf sein Tennistraining auch nie verzichten. Den Abend mit der besten Freundin verschieben, weil ihm nach Kino mit ihr ist? Nein, schließlich hat sie sich auf die Frauengespräche gefreut. Bis auf seltene Ausnahmen immer hübsch standhaft bleiben. Das zeigt dem Neuen »es geht ihr auch ohne mich gut«. Er fühlt sich nicht unter Zugzwang, ihr ständig etwas bieten zu müssen. So was kommt – zu Recht – gut an bei Männern. Nichts finden sie enervierender als eine abhängige Frau, die ständig an ihnen klebt (umgekehrt lösen männliche Kletten bei Frauen genauso den Fluchtinstinkt aus). So viel Unabhängigkeit spornt ihn außerdem ganz nebenbei zu romantischen Höchstleistungen an, denn ein bißchen soll sie ihn schließlich schon brauchen. Wie gesagt, ein bißchen. »Ich kann ohne dich nicht leben« – dieser Satz hört sich herrlich romantisch an, ist aber eine klassische Liebesfalle. Das Gefühl nicht ohne den Geliebten sein zu können, schwächt das Selbstbewußtsein, macht verwundbar und lädt ihn ein zur Alleinherrschaft – warum bei der Terminplanung auf sie Rücksicht nehmen, wenn sie sich sowieso nach ihm richtet? Und schließlich: Wer nicht für ein volles Programm in seiner Freizeit sorgt, der sitzt – diese Situation hat wohl jede Frau mindestens einmal erlebt – jedesmal sauer oder heulend allein in der Wohnung, während der Neue sich mit irgendwelchen Thommis oder Lisas amüsiert. Ein besonders unglückliches Eigentor: Sie schmettert rein prophylaktisch im voraus alle Verabredungen fürs Wochenende ab. Er aber zieht, wie er sich's vorgenommen hatte, allein mit seiner Clique durch die Clubs. Meckern und Beschimpfungen sind selbstredend verboten, immerhin hat sie sich den faden Abend vor dem Fernseher selbst eingebrockt. Wäre sie eben nicht von trauter Zweisamkeit ausgegangen und hätte sich besser mit ihm abgesprochen. Noch einen Vorteil hat es, trotz Liebestaumel keine Auszeit vom eigenen Leben zu nehmen: Wer viel unternimmt, der wird sich schneller darüber klar, ob der andere wirklich eine Bereicherung ist und man ihn tatsächlich will.

Unabhängigkeit bedeutet übrigens nicht, daß einem krampfhaft egal sein muß, was der Neue so treibt, wenn er allein unterwegs ist. Zum Verliebtsein gehören schon ein bißchen Verlustangst, Unsicherheit und Eifersucht dazu. Und blindes Vertrauen könnte sich im nachhinein als Leichtsinn entpuppen. Vielleicht ist mit der angeblichen Ex ja doch nicht Schluß, und mit Hannah verbindet ihn weit Intimeres als eine lockere Freundschaft. Ständig zu demonstrieren, wie wurscht es einem ist, mit wem der Liebste was tut, könnte einem außerdem irrtümlicherweise als Desinteresse an seiner Person ausgelegt werden. Fazit: Nachfragen ist durchaus gestattet, nur in Nachlaufen sollte es niemals ausarten.

Vergiß es – Das sollten Sie lieber bleiben lassen

Sie wollen wieder rote Rosen verschenken? Sie wollen erzählen, wie schrecklich das Alleinsein ist? Sie glauben, die erste große Liebe sei die schönste? Vergessen Sie's!

Im folgenden werden ein paar klassische Klischees entlarvt, übliche Fehler beim Daten angesprochen und Einsichten zur Zweisamkeit kundgetan. All das, damit Sie für eine exzellente Vorstellung bei Ihrer neuen Liebe präpariert sind. Lassen Sie sich folgende Weisheiten einmal durch den Kopf ziehen und streichen Sie dann gegebenenfalls den einen oder anderen Fehler aus Ihrem Repertoire.

- Sie sind schon lange auf der Suche. Verzweifelt. Vorsicht, den meisten merkt man das an – und deshalb stehen sie auch immer wieder so schnell alleine da. Kleine Starthilfe:
  a) Betrachten Sie nicht jede neue Bekanntschaft als Ihre Beute.
  b) Versuchen Sie, nicht beim ersten Sex ein Kind zu machen.
  c) Erwarten Sie nicht bereits beim zweiten Treffen das Heiratsangebot.
  d) Bleiben Sie cool. Wenn Sie das nicht können, tun Sie wenigstens so. Wechseln Sie das imaginäre Schild auf der Stirn: »Bin auf der Suche« mit »Bin nicht so leicht zu haben«.

- Sparen Sie Ihre Energie: Keine Frau, kein Mann wird jemals hinter die Rätsel des anderen Geschlechts kommen.

- Sie haben eine total schiefgelaufene Beziehung hinter sich. Oder sogar schon zwei. Oder sogar bisher nur solche Beziehungen gehabt. Meinen Sie, mit der Wahrheit darüber beim ersten Date einen guten Eindruck zu hinterlassen? Sie wollen Mitleid erregen? Hoffen auf Erlösung durch den Kandidaten gegenüber am Tisch? Lassen Sie es sich gesagt sein: Der sucht seine Erlösung dann blitzschnell und unwiderruflich bei der Suche ins Weite.

- Hure, Heilige und Mutter seiner Kinder – oder vice versa: Playboy, Macher und rührender Familienvater. Hängen Sie nicht an der Illusion, daß Ihr Partner (oder Sie) alle drei Komponenten (gleichzeitig) bieten kann.

- Liebestöter Nummer eins: Sie bemuttert ihn – er bevormundet sie. Tun Sie für ihn nur, was er nicht kann (bügeln kann jeder Trottel); regeln Sie für sie nur Dinge, um die sie Sie bittet (Speisekarten kann sie wahrscheinlich selbst lesen).

- Die Zeit heilt alle Wunden, auch Liebeskummer. Aber er ist und bleibt gleichermaßen schwer zu ertragen, egal wie alt man ist, auch wenn's einen mit sechzig erwischt.

- Stilfrage: Eine unaufgeräumte Wohnung fördert nicht nur ein schlechtes Lebensgefühl – sie jagt auch jeden neuen Lover in die Flucht.

- Nothing can come between us ... doch, doch. Religion und Politik sind die heißen Themen. Lange können Sie vielleicht um Diskrepanzen herumdiskutieren – aber irgendwann einmal werden völlig unterschiedliche Moralvorstellungen offenbar. Mal ehrlich: Was wollen Sie überhaupt mit einem völlig andersdenkenden Partner?

- Sie suchen einen Erstgeborenen oder den dritten von fünf Geschwistern oder das Nesthäkchen? Das soll helfen, den Traumpartner zu finden? Haben Sie wirklich soviel Zeit? Achten Sie lieber darauf, ob er oder sie einen ähnlichen familiären Background hat.

- Das kleine »Vergiß es« der ersten Knutscherei:
  a) Sie sind kurz davor, sich gegenseitig die Klamotten vom Leib zu reißen (Kommentar überflüssig);
  b) er/sie küßt gut (freuen Sie sich auf's nächste Mal);
  c) seine/ihre Technik erinnert Sie an die ersten Flaschendrehspiele (richtig: Vergiß es!)

- Sie kommen nicht immer so rüber, wie Sie es sich vorstellen. Selbst wenn Sie glauben, völlig offen zu sein, geben Sie Anlaß für Spekulationen und Interpretationen.

- Wenn er sich nicht zwischen Ihnen und seiner Mutter entscheiden kann? Siehe Motto des Kapitels.

- Kaufen Sie ihr/ihm keine roten Rosen zum Valentinstag. Soll das noch überraschen? Lassen Sie sich endlich was Neues einfallen und nicht nur zu diesem Datum.

- Daß die erste große Liebe auch die schönste des ganzen Lebens sein soll, ist definitiv Quatsch. Wie sich spätestens bei der zweiten herausstellt.

- Unverzeihlich: Schlechte Tischmanieren.

- Ortstermin: Sie kommen zum ersten Mal in ihre oder seine Wohnung. Da gibt es jede Menge augenscheinliche Beweise, mit wem Sie es eigentlich zu tun haben:

– Was sammelt er oder sie?

– Welche Bücher stehen im Regal? Gibt es überhaupt welche?

– Was pinnt an Türen, Bilderrahmen, Kühlschranktüren?

– Gibt es eine Trophäensammlung der Ex-Lover? Altarähnliche Aufbauten oder allüberall deren Konterfei, als Gemälde oder Fotos, nackte oder halbnackte Erinnerungen aus dem Urlaub, mit allerliebsten Grüßen oder halbzerrissen ... gegen diese Art Heiligenverehrung des/der Ex werden Sie kaum ankommen.

– Stehen in Bad oder Küche alle möglichen Pülverchen, Kapseln oder Säfte gegen sämtliche erdenklichen Wehwehchen? – Nur ran an diesen Menschen, wenn Sie eine starke soziale Ader und Versorgermentalität haben.

– Der Boden klinisch rein, im Kleiderschrank herrscht Bundeswehrordnung, sämtliche Deko-Teile sind millimetergenau drapiert und komponiert ... Diese Form der Ordnungsliebe macht vor nichts und (Achtung:) niemandem Halt.

– Machen Sie den Staubtest bei Dingen, die Ihnen so vorkommen, als seien sie plaziert, um das Image des Hausherrn/der Hausherrin zu polieren, z.B. hyperintellektuelle Bücher ...

• Das kleine »Vergiß es« des ersten Gute-Nacht-Kusses:
a) ein leichter Kuß auf die Lippen (bingo!)
b) ein Bussi auf die Backe (hoffentlich haben Sie beim nächsten Mal mehr Glück!)
c) kein Kuß, aber er/sie sagt »Ich ruf' an« (Vergiß es!)

• Eine Frau oder ein Mann, die/der mit Ihnen sofort ins Bett will, denkt eventuell nicht an ein zweites Mal.

- Sie finden seinen oder ihren engen Freundeskreis eigenartig? Hüten Sie sich vor gemeinen Kommentaren. Das kann ganz schnell zum Eigentor oder sogar Finale führen. Schauen Sie sich lieber Ihren Kandidaten nochmals genau an – Freunde sind Spiegel, im positiven wie negativen Sinn.

- Wissenswert: Es grenzt ans Unmögliche, daß irgend jemand bei der ersten Begegnung nur gute, clevere, humorvolle, pointierte, charmante, preisverdächtige Dinge von sich gibt.

- Weise: Wer gibt, dem wird gegeben – ein hübscher frommer Spruch. Die größten Enttäuschungen entstehen aus unerfüllten Erwartungen. Und leider: Offen ausgesprochene Erwartungen wirken abstoßend.

- Zweimal laut »Vergiß es«:
  Ihre Telefonnummer weitergeben an jemanden, den Sie nicht mögen . . .
  oder: »Ich will . . .« sagen, wenn Sie »Ich will nicht . . .« meinen.

- Natürlich ist Ihre neue Liebe nicht perfekt! Damit alles glatt läuft, gibt es ja schließlich Kompromisse. Aber grundlegende Veränderungen sind, wenn überhaupt, nicht allein per Entschluß des einen, und schon gar nicht von jetzt auf nun zu bewerkstelligen. Schließlich ist sein oder ihr Verhalten Eigenart, Erziehung, Gewohnheit. Jedenfalls fest in der Persönlichkeit verankert. Will heißen: Aus einer temperamentvollen Frau ein Lämmchen zu machen, ist ebensowenig erfolgversprechend wie aus einem fröhlichen Schlamper einen Buchhalter.

- Er war gemein oder: sie war richtig fies. Sie schwören Rache? Oder mindestens einwöchige Sendepause? Alles Schwachsinn. Vergeudete Zeit, überflüssiger Haß und unnützes Selbstmitleid. Kommunikation wieder herstellen, verzeihen, fertig.
  Und wenn die Gemeinheiten wirklich unter Ihrer Würde waren: Wehret den Anfängen.

- Schluß ist Schluß – gehe dann nie wieder mit dem Ex ins Bett. Das hat was ganz Armseliges.

- Gratwanderung: Feministische Parolen. Grundsätzlich ist nichts dagegen einzuwenden. Aber die Behauptung und die vielen dazu passenden Beweise, daß Frauen die besseren Menschen, daß alle Männer gleich, und diese ja das eigentliche Übel dieser Welt seien – das macht hundertprozentig jedem romantischen Abend den Garaus.

- Keiner muß gleich am Anfang alles vom anderen wissen. Tiefseelenforschung führt meist zur Mauerhaltung. Alles wissen wollen bedeutet nämlich auch, alles kontrollieren zu wollen, davor schützt sich ein normaler Mensch intuitiv.

- Gute Erziehung: Seien Sie nicht gemein, wenn Sie eine Abfuhr erteilen. Denken Sie daran: alles rächt sich, vor allem die fiesen Sachen. Außerdem: Nettigkeit geht manchmal über Wahrheit, um das Selbstwertgefühl des Verlassenen zu schonen.

- Nach dem ersten Date wissen Sie bereits alles über Lieblingsauto und -autor, über die neurotische Mutter und schwierige Pubertät. Ein Mensch, der wirklich was von Ihnen will, geht vorsichtiger ran.

- Vorsicht: Es gibt kein Problem, das nicht wie ein Bumerang auf Sie zurückfliegt, wenn Sie sich davor drücken wollen.

- Themen, die Sie beim ersten Rendezvous unbedingt vemeiden sollten:
  – Alles, was mit der/dem Ex zu tun hat;
  – ob Sie beide der chinesischen Astrologie nach zusammenpassen würden;
  – was Ihre Wahrsagerin über Ihre Liaison orakelt hat;
  – Ihr oder sein Einkommen;
  – über die schädlichen Nebenwirkungen von Alkohol, wenn Ihr Gegenüber gerade eine Flasche Wein bestellt hat.

- Das kleine »Vergiß es« beim ersten gemeinsamen öffentlichen Auftritt:
  a) Er legt den Arm um Sie (Ahhhh);
  b) Sie haken sich bei ihm unter, und er wehrt sich nicht (läßt hoffen);
  c) Seine Hände scheinen in den Hosentaschen festgeklebt (Na? Vergiß es!).

- Eine besondere Art seelischer Grausamkeit, die speziell Frauen beherrschen, ist die Erpressung. »Wenn du nicht, dann . . .«
  Variante a) . . . bring ich mich um
  Variante b) . . . verlasse ich dich
  Variante c) . . . werde ich dich fertigmachen
  Was, bitte sehr, würden Sie von einem Mann halten, der sich auf dieses Spielchen einläßt und nachgibt? Also . . .

- Die seelische Grausamkeit Nummer zwei, die im übrigen auch Männer gut beherrschen: Klammern. Argwöhnisch ist diese Spezies jedem Schritt des Liebsten auf der Spur, bewacht eifersüchtig jedes Telefonat, dreht ihm/ihr jede Bemerkung dreimal im Mund herum. Dazu gibt es Geschichten! Hitchcock wäre hocherfreut! Sie sollten von vornherein wissen: So eine Paranoia können Sie nicht lange aushalten, geschweige denn therapieren.

- Sagen Sie ihm oder ihr (anfangs) nie, daß Sie Angst vor dem Alleinsein haben. Sie fordern damit schlechtes Benehmen geradezu heraus. Der andere weiß, daß Sie alles in Kauf nehmen würden, nur um nicht wieder in den gefürchteten Zustand zu geraten.

- Sie haben sich vorgenommen, niemals mit Wut im Bauch ins Bett zu gehen? Bedenken Sie: Wut regt auf und an, ein so starkes Gefühl sollten Sie nicht einfach in alles regelnde Diskussionen auflösen. Besser: Gehen Sie mit Wut ins Bett und switchen Sie ihre Energie auf Sex um.

- Folgende Liebesgeschenke lassen den Verdacht zu, schlechten Geschmack auch auf anderen Gebieten zu haben: der Slip aus der ersten Nacht, Hosen, Pullover, Hemden, Socken, Schecks.

- Spuren hinterlassen nach der ersten Liebesnacht. Pfui, wie primitiv! Sammeln Sie, bevor Sie gehen, penibel alle Schmuck- und Kleidungsstücke, das Feuerzeug und die Zahnseide wieder ein.

- Es war Liebe auf den ersten Blick – aber seine Klamotten waren schrecklich? Wollten Sie ihn nun nach Ihrem Geschmack umstylen? Vergessen Sie's! Sie können ihn nicht formen wie Fimo. Und wenn, wird er Sie früher oder später dafür hassen. Gilt natürlich auch im umgekehrten Fall.

- NoNoNo-Fragen:
  Denkst du an mich?
  Was denkst du?
  Wieviel verdienst du?
  Meinst du das ehrlich?
  Wo warst du?
  Was hast du?
  War ich gut?
  Bin ich daran schuld?
  Bin ich schön?
  Findest du mich zu dick?
  Liebst du mich?
  Liebst du mich noch?

Wiederholungstäter – Warum kriege ich immer die Falschen?

»Es ist zum Verzweifeln. Zielsicher suche ich mir immer genau die Frauen aus, die überhaupt nicht zu mir passen. Ich merke es leider jedesmal erst, wenn es längst zu spät ist.«

»Kann mir mal einer erklären, warum ich mich grundsätzlich in Männer verliebe, die entweder verheiratet sind oder auf einem anderen Kontinent leben?«

Jeder kennt solche Pechvögel: Mangel an Partnern haben sie keinen, nur sind es leider immer die falschen, die sie sich aus dem Angebot an möglichen Kandidaten herauspicken. Warum geraten manche Menschen scheinbar unvermeidlich an Partner, die sie unglücklich machen? Und das auch noch nach immer dem gleichen Schema? Wer intensiv Ursachenforschung betreibt, der kann den Schlüssel zu seinem chronischen Beziehungsdilemma finden und so das fatale Gesetz der Serie durchbrechen. Hier ein paar Anregungen für Nachforschungen.

Bindungsangst: Der falsche Mann als Alibi

Bei dem Wort »Bindungsangst« fallen einem sofort reihen-
weise Männer ein, die sich mit diesem Argument vor einer
festen Beziehung drücken oder es als Ausrede für egoisti-
sches Verhalten mißbrauchen. Diese Angst ist, glauben wir,
ein typisch männliches Phänomen. Frauen sind in unserer
Vorstellung dagegen diejenigen, deren erklärtes Ziel eine
feste Partnerschaft ist. Dabei gibt es genügend Frauen, die –
oft unbewußt – die Notbremse ziehen, wenn es mit einer
Beziehung ernst wird. Oder die ihre Liaisons von vornherein so anlegen, daß sie keine Chance auf langes Bestehen
haben. In beiden Fällen ist das Motiv Bindungsangst – nur
daß die meisten betroffenen Frauen sich dessen gar nicht
bewußt sind.

»Was ich suche? Einen festen Partner, ist doch klar.« Davon
sind auch viele Frauen mit Bindungsangst fest überzeugt.
Gleichzeitig jedoch verfahren sie nach einem nicht eben
beziehungsfördernden Liebesprinzip: Je unpassender oder
unerreichbarer ein Mann, desto heftiger verlieben sie sich
in ihn. Hinterher wundern sie sich stets aufs neue, daß alle
ihre Beziehungen mit schöner Regelmäßigkeit in die Brüche
gehen. Schuld an dem Scheitern haben ihrer Meinung nach
natürlich die Männer, mit denen ein Zusammenleben unmöglich ist. Weil sie tatsächlich nicht zu ihnen passen (*»Er
interessiert sich nur für Sport und seinen Job«*), sich als Ekel
entpuppen (*»Er kritisiert an allem herum, was ich mache«*),
verheiratet sind (*»Er hat gesagt, zwischen ihm und seiner Frau
läuft nichts mehr«*) oder in New York oder Buenos Aires leben (*»Schön war's mit ihm, ganz toll, aber bei der Distanz lebte
man sich leider auseinander«*). Ist mal wieder Schluß, weinen
die Verzweifelten ihren Busenfreundinnen vor *»Immer haben*

die anderen Glück, nur ich kriege die falschen Männer ab!«
Keine Rede davon, daß sie ihre Kriterien bei der Partnerwahl
vielleicht einmal überdenken sollten.

Sind bindungsscheue Frauen versehentlich an einen Typen geraten, der ausgezeichnet zu ihnen paßt, finden sie
trotzdem einen Notausgang: Sobald ihnen die Partnerschaft
zu eng und intensiv wird, beginnen sie, anstatt sich ihre
Angst vor Nähe bewußt zu machen, zwanghaft die Fehler
ihres Freundes aufzulisten, mit denen sie sich bei bestem
Willen nicht arrangieren können. Sie ekeln den Ahnungs-
losen aus dem Haus, fühlen sich aber verlassen. Sie sind
die Täter und bemitleiden sich als Opfer – *»Schon wieder der
Falsche!«*

Als eine Ursache für die Bindungsangst bei Frauen nennen Experten ein typisch weibliches Problem: Perfektionis-
mus – diese Frauen haben Angst, ihre Schwachstellen zu
offenbaren. Zum Beispiel scheinbar indiskutable Defizite
wie eine Vorliebe für »Modern Talking« und Currywurst,
oder gelegentliche Totalerschöpfung nach Feierabend, die
sich in schändlichen Daily-Soap-Exzessen manifestiert. *»Es
soll bloß keiner merken, daß ich nicht so perfekt bin, wie ich
tue.«* Also niemandem, und erst recht keinem Mann zuviel Einblick in sein Leben gewähren lassen. Ob Sie nun
schlecht im Staubwischen sind, sich nicht mit dem Kama-
sutra auskennen, bei jedem kleinen Streit sofort losheulen
oder kein dickes Aktienpaket vorweisen können, alles halb
so schlimm. Perfekte Menschen gibt es nicht, und zum
Glück ist dieses Kriterium bisher auch auf keiner Idealfrau-
Wunschliste aufgetaucht. Wie auch – oder haben Sie jemals
einen perfekten Mann kennengelernt?

Eine andere Ursache für den Hang zum falschen Partner liegt in negativen Erlebnissen in Kindheit und Jugend.
Die Eltern haben sich scheiden lassen, die Schwester oder

der Bruder wurden bevorzugt, der erste Lover hat nur an
einem herumgemäkelt. Solche Erfahrungen lehren uns,
daß Nähe und Vertrauen mit Gefahr verbunden sind, erklärt die Mannheimer Psychologin Doris Wolf. Mädchen, die
unter solchen Erlebnissen stark gelitten haben, beschließen, künftig niemanden mehr an sich heranzulassen. Keine
Nähe, kein Schmerz – ein Sicherheitsmechanismus, der sie
als Erwachsene bewußt oder unbewußt Männer wählen
läßt, mit denen garantiert keine feste Beziehung zustande
kommen wird.

Die Faszination des Fremden

*»Immer gerate ich an den gleichen Typ Mensch. Und immer
geht es schief.«* Dann holen Sie sich mal ein Blatt Papier und
schreiben Sie auf, was Sie an Ihren Ex-Geliebten so anziehend fanden. Unterstreichen Sie die Eigenschaften, die alle
gemeinsam haben. Und jetzt notieren Sie die Attribute der
Verflossenen, die zur Trennung geführt haben. Könnte sein,
daß zwischen der ersten und zweiten Liste ein Zusammen-
hang besteht. Nach einer amerikanischen Studie bekommen
Eigenschaften im Laufe einer Beziehung nämlich eine neue
Bedeutung: lässig wird zu unzuverlässig, fürsorglich wird zu
erstickend, stark zu dominant, erfolgreich zu karrieregeil.
Erkennen Sie dieses Muster auf Ihrem Zettel wieder?

Warum manche Eigenschaften sich mit der Zeit ins Ne-
gative verkehren, erklärt die klinische Psychologin Dr. Paula
Eidelman aus Massachusetts so: Wir fühlen uns oft von
Menschen angezogen, die Eigenschaften haben, die wir an

uns selbst vermissen. Wir glauben, wenn wir dieser Person nahe sind, übernehmen wir auf wundersame Weise ihre Vorzüge. Lichtet sich dann im Kopf der Nebel der ersten Verliebtheit, und lernen wir den oder die Neue besser kennen, beginnen wir nachzudenken: Vielleicht hat er oder sie ein bißchen zuviel von der Eigenschaft abgekriegt, die wir uns für uns selbst so sehr wünschen. Schon beginnt die erste Begeisterung abzuflauen – das Ende der Beziehung ist eingeläutet. Vor allem in Phasen, in denen wir verunsichert sind und nach Orientierung suchen, geraten wir in solche aussichtslosen Geschichten.

Noch einen weiteren Grund gibt es, sich in Menschen zu verlieben, die ganz anders geartet sind als wir selbst: Was für mich als Kind tabu war, ist besonders attraktiv, erklärt der Darmstädter Psychotherapeut und Internist Bernd Frederich. Wiederholungstäter verlieben sich oft in den Menschen, der genau das lebt, was ihnen selbst immer verboten war. Die Zuverlässige sucht sich einen Chaoten, der Harmoniesüchtige verliebt sich in eine rechthaberische Egomanin, die Powerfrau in den verhuschten Hilflosen. Keine gute Kombination, denn wo die berühmten Gegensätze aufeinanderprallen, hat die Liebe bekanntlich schlechte Karten (siehe Kapitel »Objekt der Begierde«, S. 186).

Wer auf Grund seiner Erziehung einen Teil seines Selbst nie ausleben konnte, muß eines lernen: Delegieren Sie Ihre heimlichen Wünsche und Sehnsüchte nicht an Ihre Partner. Sie wollen einmal die Prinzessin spielen – versuchen Sie es einfach. Sie wollen endlich mal Ihre Meinung durchsetzen – trainieren Sie es, bis es klappt. Sicher, das geht nicht von heute auf morgen, aber es funktioniert (möglicherweise mit Unterstützung eines Therapeuten). Ist man erst einmal so weit, das innere Verbot zu durchbrechen und seine Bedürfnisse selbst zu leben, dann schwindet unter Umständen die Attraktivität egoistischer Männer und notorischer Nein-Sagerinnen.

Blind auf einem Auge

»Er sollte grüne Augen haben, groß und schwarzhaarig sein. Ein Künstler wäre toll, und viele Kinder muß er haben wollen.«
Sonst noch Wünsche? Wer zu genaue Vorstellungen davon hat, wer und wie sein Partner zu sein hat, der reduziert seine Chancen auf eine glückliche Beziehung auf ein Minimum. Zum einen gibt es den Menschen, der alle Ansprüche optimal erfüllt, sowieso nicht. Und dann läuft einem zum Beispiel ein schwarzhaariger, grünäugiger Gitarrist oder eine blonde, blauäugige Brokerin über den Weg und sogar in die Arme, aber leider ist er Extremsportfreak und Choleriker oder sie Kulturmuffel und Hysterikerin. Und das paßt nun mal leider gar nicht zu Ihnen. Sie aber sind so entzückt von den »Wie ich's mir erträumt habe«-Eigenschaften, daß Sie andere wichtige, die stören oder fehlen, in Ihrer ersten Verliebtheit gar nicht wahrnehmen. Nicht wahrnehmen wollen. Sie sehen nicht die wahre Frau oder den wahren Mann, sondern ein Wunschbild. Die Merkmale, die stimmen, werden übertrieben, der Rest einfach verdrängt. Das vorsichtige *»Klar ist er sehr clever, aber er interessiert sich nicht für deine Probleme«* von einer Freundin oder ein *»Sie ist wirklich ein guter Kumpel, aber sie engt dich total ein«* vom besten Freund wird einfach vom Tisch gefegt. *»Macht doch nichts«* – die Rechnung für diesen Leichtsinn bekommen Sie später präsentiert.

Verspieltes Glück

Eigentlich ist der/die Neue gar nicht übel. Sie sind im Grunde glücklich miteinander. Wenn da nur nicht sein ewiges Gerenne auf den öden Golfplatz und die Abende mit seinen langweiligen Bekannten (»*Das sind wichtige Geschäftspartner, Schatz!*«) wären. Oder ihre durchgemachten Nächte in irgendwelchen lärmverseuchten Szene-Clubs, in denen man kein vernünftiges Wort wechseln kann. Wieder mal der falsche Partner, wieder beim gleichen Typ gelandet wie letztes Mal? Vielleicht sollten Sie Ihr Auftreten und Ihr Image überprüfen. Nach Meinung des Wiener Verhaltensforschers Karl Grammer spielt nämlich die Art, wie wir uns selbst darstellen, eine große Rolle dabei, wer sich für uns interessiert. Deshalb landen wir auch immer wieder beim gleichen Typ. Sie geben sich karrierebewußt und mondän, man trifft Sie in eleganten Bars und Hotels – Sie kennen die angesagten Labels, Clubs und Magazine, machen auf cool und modern? Was glauben Sie, auf wen Sie anziehend wirken? Natürlich auf Menschen, die glauben, ähnlich zu ticken wie Sie. Daß sich hinter dem Business-Lifestyle eine Frau versteckt, die privat auf alle Konventionen pfeift, daß der trendsichere Szenetyp lieber Bruckner hört als die neuesten Beats und mit Vorliebe über Orientierungslosigkeit und Werteverlust in der globalen Gesellschaft diskutiert, das können die, die Sie gerade erst kennengelernt haben, nicht wissen. Bei Ihnen stimmen Verpackung und Inhalt nicht überein, Sie haben ein falsches Bild von sich geliefert. Grund sich zu beschweren, hat deshalb nur einer: Ihr Partner, der auf Ihre Selbstpräsentation hereingefallen ist und damit schuldlos zur Fehlbesetzung wurde. Sie sollten sich darüber klarwerden, was für einen Partner Sie wirklich brauchen. Und bei der nächsten Eroberung die richtigen Signale setzen.

Geliebter Job

Nehmen Sie sich einen Zettel und schreiben Sie auf, was Ihnen wirklich wichtig ist. Karriere, Familie, Spaß, Freunde, Sport, Liebe. Und jetzt streichen Sie aus, auf was Sie im Moment am ehesten verzichten könnten. Streichen Sie so lange einen Punkt nach dem anderen aus, bis nur Ihre aktuelle Top-Priorität übriggeblieben ist. Steht nur noch »Job« auf dem Zettel, dann müssen Sie sich nicht wundern, daß in Sachen Liebe alles schiefgeht. Sie wollen wahrscheinlich auf Gefühle und Sex nicht verzichten, nur weil Sie gerade alle Energie in den Job investieren. Also wählen Sie sich unbewußt immer wieder die falschen Partner aus – eine lauwarme Beziehung strapaziert weder kräfte- noch zeitmäßig sonderlich und lenkt nicht vom Wesentlichen ab. Schlau eingefädelt!

Keine Lust auf Liebesalltag

Sie haben ein Abo auf Partner/innen, die außerhalb Ihres Vorwahlbereichs leben? Vielleicht fehlt Ihnen einfach das Interesse an einer gemeinsamen Wohnung, Streitereien über die Farbe der Frühstücksteller und Sofakissen, seiner schmutzigen Wäsche oder ihren Migräneanfällen. Wer sich nur am Wochenende sieht, erlebt den anderen meist von der besten Seite. Graues Gesicht, schlechte Laune, im Trainingsanzug vor der Glotze – von solchen Anblicken, Befindlichkeiten und Szenen bleibt man verschont. Auf diese Weise

267

stilisieren zwei Verliebte sich gegenseitig zur idealen Liebe hoch. Zwei perfekte Menschen, immer gut drauf, immer in Höchstform. Wie im Film – diese rührenden Abschiede, diese wundervoll verzehrende Sehnsucht nacheinander. Was ist das für eine große Romanze gegen eine fahle Sieben-Tage-Beziehung. Die Welt, in der diese Liebe stattfindet, hat nichts mit dem täglichen Leben und seinen kleinen Häßlichkeiten zu tun. Diese Liaisons bieten Genuß ohne Reue und Gefühle ohne die Last einer der Verantwortlichkeiten und Ausdauerleistungen, die Fulltime-Beziehungen mit sich bringen. Und in Zeiten von e-mail, Billig-Telefonanbietern und Dumping-Flugpreisen sind Fernlieben auch noch günstiger geworden. Schwierig wird es natürlich, wenn man plötzlich länger als drei Tage zusammen ist, zum Beispiel zwei Wochen Urlaub miteinander verbringt. Da platzen die Illusionen und Traumbilder weg wie nichts. Ernüchterung, Enttäuschung, Film aus. Das gleiche Schicksal droht, wenn die Erwartungen von der paradiesischen Wochenendromanze nicht eingelöst werden, weil er oder sie eine harte Woche hinter sich hat und es am nötigen Einsatz mangeln läßt. Oder schlechte Laune mitbringt, weil das Auto oder eine Krone den Geist aufgegeben hat.

Der Mythos vom geliebten Schwein

»Wenn eine Frau dich nett findet, dann hast du schon verloren.«
»Man muß sich wie ein Schwein verhalten, dann fliegen sie auf dich. So läuft das.«

Bloß nicht nett zu einer Frau sein, von der man etwas will. Diese Parole kursiert in Männerrunden als ultimativer Eroberungstip. Es gibt sie tatsächlich, die Frauen, bei denen immer dann die große Liebe ausbricht, wenn ein Mann sich richtig schlecht benimmt. Er ruft nie an, hält sich an keine Verabredung, »leiht« sich ständig Geld von seiner Liebsten oder weist jede Bitte um einen Gefallen als unzumutbar zurück. Er hat immer etwas an ihr herumzumäkeln, und obendrein weiß sie nie, ob sie nun zusammen sind oder nicht.

Beziehungen nach dem Motto »gute Frau liebt bösen Buben« erlebt man tatsächlich recht häufig, weil sie den Rollenspielen entsprechen, die wir als Kinder erlernt haben, meint die Berliner Psychologin Eva Jaeggi. Mütter binden ihre Söhne zu stark an sich – und schaffen damit Bindungsangst. Viele Eltern versäumen es außerdem bis heute, ihren männlichen Nachwuchs zu Sensibilität zu erziehen. Väter zeigen sich den Töchtern gegenüber nicht fürsorglich genug – die sind als Frauen dann daran gewöhnt, daß man sie hinhält oder nicht für sie da ist. Daß Frauen unmögliche Männer an ihrer Seite dulden, hat also nicht unbedingt etwas mit der Sehnsucht nach solchen Typen zu tun, sondern vielmehr mit Resignation – *»Männer sind eben so«*. Die Mannheimer Psychologin Doris Wolf glaubt zudem, daß negative Erfahrungen mit dem männlichen Geschlecht in der Kindheit und Jugend zum Faible für fiese Typen führen können: die erste Liebe, die uns schändlich verließ, Lästereien und Gemeinheiten von Brüdern und anderen Jungs, der Vater, der mit Liebesentzug strafte. Das Ergebnis sind Ansichten wie »*Ist doch klar, daß Männer keine starken Frauen mögen, die unzuverlässig, karrieregeil sind ...*«. Je tiefer so eine Sichtweise sich eingräbt, desto eher landen Frauen tatsächlich bei solchen Männern – das Prinzip der sich selbst erfüllenden Prophezeihung.

Noch dazu haben Frauen häufig irrtümlicherweise den Eindruck, daß Männer in einer härteren, rücksichtsloseren Welt leben als sie selbst – und meinen dann, ihnen alle möglichen Unarten durchgehen lassen zu müssen. Das Klischee vom Kämpfer und Drachentöter wird von den Männern denn auch eifrig gepflegt – was stöhnen die Möchtegern-Helden nicht über ihren exorbitant strapaziösen Job. Übernimmt eine Frau die gleichen Aufgaben, merkt sie erst, wie übertrieben das Männer-Spektakel war.

Vor allem Frauen mit geringem Selbstwertgefühl geraten an Männer, die sie schlecht behandeln. Mit einem, der sie auf Händen trägt, können sie nicht umgehen. Sie suchen sich einen Partner, der ihr negatives Selbstbild bestätigt. Wer sein Handeln überprüft und diese Mechanismen dadurch erkennt und durchschaut, sagt Doris Wolf, der hat gute Chancen, künftig bei einem sprichwörtlich liebenswerten Mann zu landen.

Auf Abenteurerinnen in Sachen Liebe üben Männer, die den Unerreich- und Unberechenbaren spielen, einen ganz besonderen Reiz aus. Sie werden ihn zähmen und zu einer festen Partnerschaft bekehren, glauben sie. Was für eine Herausforderung, was für ein Auf und Ab, was für ein Gefühlsorkan. Daß von der Leidenschaft am Ende nur das Leiden bleibt, daran mag am Anfang keine denken. Viel zu aufregend, zu berauschend ist der Kampf um die Liebe des wilden Manns. Den Faktor Herausforderung aus Liebesdingen herauszuhalten, scheint ein schwerer Schritt zur reifen Entscheidung hin, den viele Frauen erst nach einigen Bruchlandungen tun können. Es dauert, bis man verstanden hat, daß der Mann, der einen glücklich macht, nicht derjenige ist, der einen durch eine Gefühlshölle schickt. Wenn Sie das Gefühl haben, Ihre Beziehungsmisere nicht allein in den Griff zu bekommen, dann sollten Sie sich – das gilt generell für gravierende Beziehungsprobleme – an einen Therapeuten wenden. Der kann Ihnen mit den richtigen Fragen (»*Was hat es mit mir zu tun, daß mir dieser brillante, eitle, extrovertierte Mann so gut gefällt?*« »*Was suche ich bei Männern, die mich ausnutzen?*«) helfen, das sich immer wiederholende Muster zu knacken. Adressen bekommen Sie über Ihren Hausarzt oder den Psychotherapie-Informations-Dienst in Bonn, Tel. 0228/74 66 99.

Wunsch und Wirklichkeit

»*Ich hätte so gerne einen Mann, der aufmerksam ist, mich ab und zu überrascht, sich einfach um mich bemüht.*« Wenn Freundinnen zusammensitzen und laut über Wunschpartner träumen, dann sind diese Männer vor allem eines: nett. Und zwar im eigentlichen Sinne, also rücksichtsvoll, einfühlsam und liebevoll. Nicht im Sinne des Scheinkomplimentes, was dann soviel bedeutet wie langweilig, durchschnittlich. Begegnen vor allem junge Frauen einem der seltenen wirklich netten Exemplare Mann, werden sie leider manchmal zu Hexen. Als fahre ein böser Geist in sie, piesacken sie den armen Kerl und machen sich lustig über ihn – »*Na der hat's aber nötig . . .*«. Oder sie zicken herum – »*Igitt, ich mag keine Lilien!*« Wie ausgesprochen dumm. Was sitzen da bloß für idiotische Muster in Frauenköpfen, daß sie einen Verehrer, mit dem sie wirklich glücklich wären, wegbeißen? Bei den Männern, zumindest den über 30jährigen, kennt man dieses Phänomen ebenfalls: In Umfragen beklagen sie sich ständig, die Frauen würden beim Flirten und im Bett viel zu selten die Initiative ergreifen. Geht eine Frau in die Offensive und zeigt ihr Interesse oder ihre Lust, ergreift der Umworbene mit eingekniffenem Schwanz die Flucht und zetert irgendwas von nymphoman. Da haben beide Seiten noch einiges zu lernen. Vielleicht bringt es schon etwas, sich diese Tatsache überhaupt erst einmal bewußt zu machen. Und dann darüber nachzudenken, woran es liegt, daß man so rätselhafterweise seine erklärten Wünsche und Träume boykottiert.

Grünes Licht für nette Jungs

Also zugegeben, manche Frauen fliegen wirklich auf Fieslinge. Die Mehrzahl jedoch wünscht sich nicht nur einen liebenswerten Partner, der sich um sie bemüht und kümmert, sie sind auch glücklich, einen zu finden. Es ist ein Mythos, daß Frauen nette Männer unattraktiv finden. Mag sein, daß die Floskel »*Du bist wirklich nett, aber laß uns einfach Freunde sein*«, mit der Frauen ungeliebte Verehrer abweisen, den Eindruck erweckt, daß die Abfuhr tatsächlich etwas mit der Nettigkeit des Kandidaten zu tun haben könnte. Männer bitte merken: Dies ist ein Fehlschluß.

Was Frauen allerdings gar nicht mögen, sind zu nette Männer. Klammerer, die sie vom ersten Augenblick an mit Aufmerksamkeit, Hilfsbereitschaft, Liebesbriefen und -erklärungen und kleinen Geschenken zuschütten. Auf solche Übertreibungen reagiert die Angebetete nicht mit Dankbarkeit und Liebe. Im Gegenteil, sie ergreift die Flucht. Wie sollte sie auch anders: Sie kennt den Neuen noch nicht wirklich und will sich zunächst offenhalten »Wird's was oder laß' ich's bleiben?« Wer sofort aufs Ganze geht, überfordert sein Gegenüber total. Wenn sie das Gefühl hat, daß er zu früh zuviel will, zuviel erwartet, zuviel gibt, dann fühlt sie sich unter Druck gesetzt, mehr zurückzugeben, als sie im Moment zu geben bereit ist. Also geht sie auf Distanz. Außerdem: was soll noch kommen? Wo ist für sie der Reiz zu bleiben? (siehe Kapitel »Mißverständnisse«, S. 154).

Die Lösung für zu nette Männer kann nicht sein, zum Schwein zu mutieren, sondern ihr Engagement etwas sparsamer und besser dosiert einzusetzen.

Nie wieder der/die Falsche!

Es hört sich unromantisch an, aber wer bei der Partnerwahl ständig danebengreift, sollte künftig verstärkt seinen Kopf einsetzen, wenn es um eine neue Liebe geht. Sie haben das Grundmotiv für Ihre Irrungen und Wirrungen auf der Suche nach einem Partner erkannt? Gut, dann gucken Sie genau hin und klopfen Sie jeden Menschen, der für Sie in Frage kommt, auf die Merkmale ab, die Sie bisher immer unglücklich gemacht haben. Dann ist es gar nicht mehr so schwer, die Spreu vom Weizen zu trennen, meint Dr. Jeffrey Young, Gründer und Direktor des Zentrums für Kognitive Therapie von New York und Fairfield County. Man müsse einfach lernen, nicht nur emotional zu agieren, sondern seinen Verstand zu nutzen, um im rechten Moment »nein« zu sagen. Wer bei der Liebe mitdenkt, läßt sich außerdem eher auf Kompromisse ein. Sie müssen sich nur in Ihrem Umfeld umschauen: Wetten, von den wenigen glücklichen Paaren, die Sie da entdecken, sagt kaum eines, der eine wäre von vornherein der Idealtyp des anderen gewesen?

Xanthippe – Keine Angst vorm Streiten

»Ihre Unpünktlichkeit regt mich wirklich auf. Wenn wir verabredet sind, kommt sie mindestens eine halbe Stunde zu spät. Ich bin jedesmal sauer, ich mag aber nichts sagen. Wir sind doch noch nicht so lange zusammen ...«

»Jedes Wochenende hängt sein blöder Freund bei ihm in der Wohnung rum. Nie haben wir mal einen Tag ganz für uns. Ich fange jeden Freitag das Diskutieren an. Klar nervt Sven das, aber ich bin auch genervt.«

»Das habe ich wirklich gelernt in meinen Beziehungen. Wenn mich was stört, dann sage ich das auch. Und zwar von Anfang an. Früher habe ich alles verdrängt, und das ist nie gutgegangen. Man muß dem Mann doch die Chance geben, es einem recht zu machen.«

Gerade mal ein paar Wochen ist man zusammen, und schon fangen die ersten Eigenarten und Gewohnheiten des anderen an zu nerven. Seine Unzuverlässigkeit, ihre Schlampigkeit, seine Pingeligkeit, ihr Klamottenfimmel, das allsonntägliche Ritual des Kaffeetrinkens bei seiner Mutter. »Mir reicht's, das mach' ich nicht mit!« Mit schöner Regelmäßigkeit wird der andere im Geiste auf die Anklagebank zitiert und ihm in stundenlangen stillen Monologen die Meinung gesagt. Jedesmal ein bißchen heftiger. Doch kaum spaziert der geliebte Übeltäter zur Tür herein, ist die Wut verraucht oder wird mit Beschwichtigungsformeln besänftigt. »Ist ja nicht so schlimm. Ich bin vielleicht zu intolerant, zu empfindlich, zu anspruchsvoll. Das ändert sich schon ...« Tut es eben nicht, wird das Thema nicht zur Sprache gebracht, egal, ob aus Bequemlichkeit, Nachlässigkeit oder aus Angst, daß das positive Bild, das der andere von einem hat, womöglich einen Sprung bekommt. Meinungen, Bedürfnisse, Abneigungen, Empfindlichkeiten sind nun mal selbst bei Verliebten nicht zwangsläufig die gleichen. Da bedarf es dringend der einen oder anderen Diskussion. Und was nicht gleich zu Beginn der Beziehung zur Sprache gebracht wird, das kriegt man immer schwerer zu fassen. Oder glauben Sie, daß er einsichtiger ist, wenn Sie ihm nach zwei Jahren erklären, wie sehr Sie es hassen, jeden Sonntag bei seiner Mutter Kaffee zu trinken. Sein »Wieso, zwei Jahre lang hat es dir doch nichts ausgemacht?« ist durchaus nachvollziehbar, oder finden Sie nicht? Da bringt man die Diskussion doch lieber gleich hinter sich und sucht einen Kompromiß. Das ist kein Freibrief für notorische Zankhähne, die wegen jeder Kleinigkeit gleich einen Streit vom Zaun brechen. Oder die unbedingt alles nach ihren Vorstellungen gestalten und dem Partner alle Eigenheiten austreiben wollen. Verdirbt einem ein Thema jedoch die Laune, dann muß man es ansprechen. Anderenfalls steigert sich die Gereiztheit immer weiter, man wartet schon richtig darauf, daß der andere zu spät kommt oder beim Kinobesuch wieder mal – leider und ganz zufällig – kein Geld dabei hat. Ehe man sich versieht, bauen sich trotz aller Verliebtheit Aggressionen gegen den Partner auf, die entweder irgendwann mit der Wucht einer Flutwelle über ihn hineinbrechen. Oder bei einer Gelegenheit aus einem herausplatzen, die mit der eigentlichen Ursache für den Zorn nun wirklich gar nichts zu tun hat. Der Partner weiß gar nicht, wie ihm geschieht und schlägt – oder zieht sich – zurück. Schon ist sie da, die erste Beziehungskrise, die so eine frische Liebe vielleicht noch gar nicht verkraftet.

Wer von vornherein konstruktiv mit Konfliktthemen und

potentiellem Zündstoff umgeht, der erspart sich so einen Supergau. Natürlich gehört Mut dazu, dem Partner von Beginn an nicht nur süße Liebesworte ins Ohr zu flöten, sondern ihm auch mal bittere Wahrheiten ins Gesicht zu sagen. Aber der andere ist genauso verliebt wie Sie und wird schon nicht gleich das Weite suchen, nur weil der Ton mal etwas schärfer wird und eine halbe Stunde lang statt Liebesgeflüster ein kleiner Disput auf dem Programm steht. Sicher ist, die Mühe lohnt. Denn eine Beziehung kann nur funktionieren, wenn die Partner sich aufs Streiten verstehen. Natürlich muß man in den ersten gemeinsamen Wochen und Monaten beim Streiten besonderes Fingerspitzengefühl an den Tag legen. Noch hat man nicht ausgelotet, wo die sensiblen Punkte beim Partner liegen, noch kennt man nicht den Streitstil des/der Liebsten. Beobachten Sie genau seine/ihre Reaktionen, damit Sie ihn/sie nicht unnötig verletzen und künftig den richtigen Ton an- beziehungsweise die richtige Streitstrategie einschlagen können.

Beim Streiten lernt man sich übrigens ein ganzes Stück weit kennen. Im Gefühlssturm kommen ganz neue, gute wie schlechte Seiten zum Vorschein, die bisher vielleicht sorgsam versteckt wurden oder noch nicht zum Glänzen kamen.

Und wie streiten Sie?

»Also wir streiten uns nie«, verkünden Paare gerne mit Siegermiene. Und ernten Lob und Bewunderung (fast) aller Anwesenden. Obwohl wir es längst besser wissen müßten, glauben wir immer noch: Wirkliche Liebe kennt keinen

Streit. Und schon gar nicht in der Anfangsphase. Nichts ist uns unangenehmer als scharfe Worte vor Zeugen. Da lassen wir uns lieber beim Quickie in der Tiefgarage erwischen. Nicht, daß es von gutem Stil zeugen würde, seine Zwistigkeiten vor Freunden oder Fremden auszutragen, aber unter Ausschluß der Öffentlichkeit müssen Dispute von Zeit zu Zeit einfach sein. Okay, streitlose Paare mögen vornehmer wirken als diejenigen, die sich Schimpfwörter und Omas Porzellan um die Ohren werfen. Ansonsten ist die Tatsache, daß jeder Konflikt unter den Teppich gekehrt wird, jedoch kein Grund, stolz zu sein. Mit Beziehungsglück hat das Ausklammern von Differenzen wenig zu tun. Nur wer sich streitet – aber bitte nach den goldenen Regeln dieser hohen Kunst – entwickelt sich in der Partnerschaft weiter. Das behauptet zumindest John Gottman. Der amerikanische Psychologe studiert seit 20 Jahren Paare und ihr Verhalten. Sein Fazit: Wer nicht streiten kann, dessen Beziehung ist zum Scheitern verurteilt.

Natürlich streiten nicht alle Menschen gleich. Die einen haben Angst vor jedem lauten Wort, die nächsten verlieren im Zorn die Kontrolle über sich, und wieder andere meinen, alles sei eine Sache der Vernunft. Vier wichtige Streitstile gibt es nach John Gottmans Auffassung, die alle ihre Stärken und Schwächen haben.

Der konstruktive Streitstil

Wo dieser Streitstil Regie führt, geht es immer gesittet zu. Konstruktive Streiter wissen genau, bei welchen Themen, Schlüsselworten und in welchen Situationen der andere sich aufregt. Sie nehmen dem Partner von vornherein den Wind aus den Segeln, indem sie voller Verständnis auf seinen Ärger reagieren. Mit einfühlsamen Sätzen wie »Du hast ja so recht«, »Ich kann gut verstehen, daß du sauer bist«. Niemals kommt ein böses Wort über ihre Lippen, selbst wenn der andere ausfällig wird, gehen sie höflich darüber hinweg. Teilen sie bei einem Thema nicht die Meinung des anderen, dann äußern sie ihren Standpunkt respektvoll und freundlich, ganz so, wie es gute Freunde tun würden. Einem gepflegten Miteinander ist dieser Streitstil äußerst zuträglich. Sollte jedoch das ganze gemeinsame Leben auf diese moderate Art und Weise ablaufen, dann kann das leicht auf Kosten der Leidenschaft gehen. Wer für den anderen stets Verständnis aufbringt und sich nie erlaubt, mal so richtig auszuflippen, dessen Gefühle eskalieren auch in positiver Richtung niemals. Im Bett zum Beispiel. Lauwarme Gefühle mögen beim Streiten angenehm sein, auf erotischer Ebene sind sie langfristig der Tod der Beziehung. Viele Konstruktive beschreiben ihre Partnerschaft als gute Freundschaft. Doch das reicht auf Dauer nicht jedem.

Jetzt, am Anfang der Beziehung, frisch verliebt und gierig aufeinander, mögen Sie noch lächelnd abwinken. Für spätere Zeiten sollten Sie sich diesen Punkt aber auf jeden Fall merken. Fakt ist nun mal: Der Sex ist oft besser, intensiver und wilder, wenn es vorher zwischen den Partnern so richtig gekracht hat. Das liegt nicht nur, wie alle Welt zu wissen meint, an der Versöhnung. Wut wirkt vielmehr wie eine Art Aphrodisiakum. Ärger verursacht ähnliche Vorgänge im Körper wie sexuelle Erregung. Beide Gefühle führen zu einer Adrenalinausschüttung im Gehirn, sie bringen das Herz zum Rasen, sie treiben uns den Schweiß aus den Poren, verstärken den Blutfluß in den Organen, erhöhen unsere Sensitivität. Ärger stimuliert uns sexuell sehr viel mehr als Intimität. Wenn das kein Grund ist, die Vernunft ab und zu hinten runterfallen zu lassen.

Der impulsive Streitstil

Schon der kleinste Anlaß genügt, um die Fetzen fliegen zu lassen. Impulsive Streiter leben ihre Aggressionen sofort aus, und zwar laut und heftig. Sie lieben Ihren Partner leidenschaftlich, aber genauso leidenschaftlich können Sie ihn auch hassen. Wenn sie in Rage geraten, fliegt schon mal ein voller Teller Spaghetti an die Wand. Hinterher tun ihnen ihre Brüllerei und ihr Wüten natürlich wahnsinnig leid. Für den anderen, und weil sie eigentlich glauben »Wer schreit, hat Unrecht«. Wer zu solch furiosen Auftritten neigt, braucht sich diese nicht unbedingt zu verkneifen. Nur ein paar Einschränkungen sollte er sich auferlegen. Weil impulsive Streiter »aus dem Bauch heraus« streiten, können sie den Partner durch respektlose Attacken unter die Gürtellinie tief verletzen. Außerdem neigen sie zu Handgreiflichkeiten, spätestens dann, wenn ihnen die Argumente ausgehen. Je stärker die Tendenz zum totalen Ausrasten, desto strengere Grenzen sollte dieser Streittypus sich setzen. Laut werden okay, aber niemals beleidigend. Auch im heftigsten Gefühlssturm gilt es die Würde des anderen zu achten. Und in der Wortwahl Höflichkeit walten zu lassen. Sonst könnte es sein, daß der »miese Wichser« oder die »saudumme Kuh« sich auf Nimmerwiedersehen davonmachen. Und dabei hat der Hitzkopf es nicht mal so gemeint. Eine gewisse Höflichkeit ist vor allem dann vonnöten, wenn beide Partner zu den Impulsiven gehören. Wenn die beiden sich gegenseitig hochschaukeln, jedes böse Wort mit einem noch böseren kontern, endet ein harmloser Krach am Ende in einer handfesten Schlägerei. Einer sollte immer die Nerven behalten, versuchen, nur auf konstruktive Äußerungen zu reagieren und Beleidigungen zu ignorieren. Läuft die Situation völlig aus dem Ruder, ist eine Auszeit angesagt. Eine halbe Stunde an die frische Luft gehen, dann hat der innere Aufruhr sich gelegt, und die Gefahr, Dinge zu tun oder zu sagen, die man später bereut, ist gebannt. Und noch etwas: Porzellan oder ein Glas dürfen ruhig mal einem Wutausbruch zum Opfer fallen. Sobald sich aber die Gewalt gegen den Partner selbst richtet, ist eine Grenze überschritten. Und das sollten beide wissen, Schläger und Geschlagene: Verliebt hin, verliebt her, körperliche Gewalt ist nicht zu tolerieren. Wer geschlagen wird, muß gehen. Niemand sollte sich der Illusion hingeben, daß ein Schlag ins Gesicht oder auch nur ein heftiger Stoß vor die Brust eine einmalige Angelegenheit ist. Bedenken Sie, daß Sie am Anfang Ihrer Beziehung stehen. Ist einmal die Schlaghemmung weg, bleibt eine Wiederholung in den meisten Fällen nicht aus. Überlegen Sie sich gut, ob Sie alle paar Monate mit Sonnenbrille herumlaufen wollen oder offiziell mal wieder beim Fensterputzen »von der Leiter gefallen« sind.

Der konfliktvermeidende Streitstil

Niemals ein lautes Wort, keine einzige Meinungsverschiedenheit, immer Friede, Freude, Eierkuchen. Falls sich mal ein kleines Ärgergefühl regt, dann wird es sofort besänftigt und verdrängt. »Wir streiten uns nie« – lebt nur einer der Partner nach diesem Motto, dann steckt er immer zurück mit seinen Wünschen, Ansichten und Bedürfnissen. Und erweist sich und der Partnerschaft damit einen schlechten Dienst. Wenn negative Emotionen ständig verleugnet werden, kommt es zu einem Gefühlsstau, der sich früher oder später – meist ausgelöst durch eine Banalität – in einer regelrechten Explosion entlädt. Dann werden alle alten Rechnungen beglichen, und am Ende bleiben nur noch

Trümmer zurück. Stillen Duldern ist allein deshalb dringend anzuraten, ihre Rolle als Friedensengel aufzugeben und die Angst vor Konflikten abzubauen. Kein Mensch verlangt, daß ein friedliches Naturell sich über Nacht in einen kampflustigen Streithammel verwandelt. Man muß auch nicht sofort in einem Gespräch auf Konfrontationskurs gehen, sondern kann einen kleinen Umweg einbauen, um eine Diskussion in Gang zu bringen. Der Trick klingt vielleicht etwas konstruiert, aber er funktioniert: Wann immer man etwas auf dem Herzen hat, schreibt man es auf einen Zettel und drückt ihn dem Partner in die Hand. Wenn beide dann genügend Zeit und den Nerv für ein Gespräch haben, wird die Sache durchdiskutiert. Ob es akzeptabel ist oder nicht, wenn sie mit einem alten Freund in Urlaub fährt; warum er nie Vorschläge für das gemeinsame Wochenende macht; warum sie unbedingt ihrer besten Freundin von der ersten Nacht mit ihm erzählen mußte.

Der narzißtische Streitstil

Narzißtische Menschen meiden den Streit nicht. Sie haben erst gar kein Interesse daran, sich ernsthaft auf eine Diskussion einzulassen. Sie sind so damit beschäftigt, ihr eigenes Leben zu leben, daß Auseinandersetzungen mit dem Partner zur lästigen Nebensache werden. »Wir reden später weiter«, »Ich muß jetzt zum Sport«, »Ich hab' noch was zu tun« sind typische Abblock-Phrasen von narzißtischen Typen. Wichtig ist die Karriere, wichtig ist der Golf- oder der Fußballclub, wichtig sind die wichtigen Freunde. Das Allerwichtigste sind natürlich sie selbst. Hat der narzißtische Streiter das Glück, an einen Partner geraten zu sein, der sich für die Beziehung verantwortlich fühlt, dann kann er eine

Zeitlang mit seiner Drückeberger-Strategie durchkommen. Aber wenn der andere es leid wird, ständig der Gebende zu sein, oder wenn auch er ein narzißtischer Typ ist, dann kann dieser Streitstil die Beziehung ernsthaft gefährden. Auseinandersetzungen unter Narzißten kommen niemals zu einer konstruktiven Lösung. Ihre Diskussionen sind geprägt von Kritik, Arroganz, Abwehr. Jeder einzelne Krach erhöht die Spannung zwischen den Partnern, mit dem Ergebnis, daß sie sich immer heftiger aneinander reiben. Bis die Situation irgendwann eskaliert und es kein Zurück zueinander mehr gibt. Streit-Experte John Gottman hat herausgefunden, daß Beziehungen dann stabil sind, wenn auf einen negativen Kontakt mindestens fünf positive folgen. Bei narzißtischen Paaren folgt auf einen Streit das Nichts – bis zum nächsten Krach. Hier reicht es nicht nur, die Kunst des Streitens zu verbessern, also weniger destruktiv zu zanken. Hier gilt es, möglicherweise mit Unterstützung eines Therapeuten, die gesamte Lebenseinstellung zu überdenken. Was ist mir wirklich wichtig? Liebe ich meinen Partner? Wer und was verdient wieviel Platz in meinem Alltag?

So streiten Sie richtig

»Streiten kann doch jeder.« Sicher kann das jeder, aber auf das *wie* kommt es an. Wie wichtig richtiges Streiten für eine Beziehung ist, zeigt eine amerikanische Langzeitstudie: Der Psychologe Howard Markman brachte jungen Ehepaaren mit Hilfe eines speziellen Kommunikationstrainings (dem Premarital Relationship Enhancement Program) die Kunst der produktiven Auseinandersetzung bei und überprüfte nach 12 Jahren den Lernerfolg. Zu diesem Zeitpunkt waren von den trainierten Paaren 19 Prozent geschieden, von einer untrainierten Vergleichsgruppe hatten sich dagegen schon 28 Prozent getrennt. Ähnlich positive Ergebnisse mit dieser Methode stellte der Braunschweiger Psychologieprofessor Kurt Hahlweg fest: Fünf Jahre, nachdem sie in einem Kommunikationstraining die wichtigsten Regeln für produktives Streiten kennengelernt und geübt hatten, lebten 84 Prozent der Teilnehmer-Paare noch glücklich zusammen. Von einer Vergleichsgruppe, die ohne entsprechende Schulung in die Ehe gegangen war, hatten nur 62 Prozent durchgehalten.

Offensichtlich bringt es eine Menge, sich ein paar Gedanken darüber zu machen, wie man mit dem Partner einen Konflikt löst. Je nachdem, welcher Streittyp man ist, sucht man sich die entsprechenden Regieanweisungen aus, auf die man sich besonders konzentrieren muß. Diese Regeln hören sich altbekannt und ziemlich simpel an. Das sind sie auch. Die meisten Leute vergessen sie nur immer wieder. Und kämpfen ihre Beziehung in end- und fruchtlosen Diskussionen nieder. Natürlich verstößt man auch bei bester Absicht im Eifer des Gefechts schon mal gegen die eine oder andere Regel – macht nichts, solange Sie Ihre Fehler bemerken und korrigieren.

1. Klären Sie gleich zu Anfang, worum es bei dieser Diskussion überhaupt geht. So vermeiden Sie, daß Sie sich wegen Nebensächlichkeiten in die Haare geraten und das eigentliche Thema aus den Augen verlieren.
2. Spielen Sie nicht die/den Coole/n. Machen Sie klar, wenn etwas Sie verletzt oder ärgert. Fragen Sie umgekehrt auch den Partner, wie es in ihm aussieht, wenn er seinerseits den Gelassenen mimt.

3. Für Paare, die schon länger zusammen sind: Bleiben Sie im Jetzt. Kramen Sie nicht in der Vergangenheit und begleichen Sie keine alten Rechnungen. Das heizt die Stimmung nur weiter auf, und das eigentliche Problem bleibt ungelöst.

4. Es bringt nichts, dem anderen ein *»Du bist so egoistisch!«* an den Kopf zu werfen, wenn man sein Verhalten kritisieren will. Sie, Nichtsurferin, ist sauer, weil Sommerurlaub für ihn automatisch Surfen am Gardasee bedeutet. Er fühlt sich von dem Pauschalvorwurf persönlich angegriffen und zum Mistkerl degradiert. Also geht er zum Gegenangriff über. Eine Chance zur Einsicht besteht da kaum. Geschickter ist, das konkrete Beispiel mit der Betonung auf die eigenen Gefühle anzusprechen: *»Ich fühle mich übergangen und bin außerdem traurig, daß du im Urlaub nicht mal was mit mir zusammen unternehmen möchtest.«* Über so einen Satz läßt es sich viel entspannter diskutieren. Und der andere hat die Chance, einen zu verstehen.

5. Hüten Sie sich vor *»nie«* und *»immer«*. *»Nie hilfst du mir im Haushalt«* hat garantiert weniger Wirkung als *»Ich hätte erwartet, daß du abwäschst, wenn ich schon koche.«* Auf ein *»nie«* kommt nämlich automatisch die Antwort *»Wieso, letzten Freitag habe ich abgewaschen«*. Bei der zweiten Variante besteht heutzutage Hoffnung, daß er/sie zur Wiedergutmachung entweder dreimal hintereinander kocht und abwäscht oder zumindest beim nächsten Mal seinen/ihren Arbeitsanteil beiträgt. Darauf läßt sich dann weiterhin aufbauen ...

6. Lassen Sie den anderen ausreden, platzen Sie nicht gleich mit Gegenargumenten heraus. Haben Sie die Kritik des Partners überhaupt richtig verstanden? Machen Sie eine Art Kurzzusammenfassung seiner Vorwürfe.

Damit signalisieren Sie, daß Sie die Beschwerden ernst nehmen. Und der andere kann mögliche Mißverständnisse korrigieren.

7. Arroganz und Sarkasmus sind Gift für eine Auseinandersetzung. *»Das ist mir zu banal«*, *»Davon verstehe ich wohl mehr als du«*, *»Das habe ich schon hundertmal gehört«*. Nach solchen Sätzen hat der andere sicher keine Lust mehr, auch nur ein weiteres Wort zu dem Streitthema zu verlieren.

8. Streben Sie nicht den Sieg, sondern eine Einigung an. Manchmal besteht diese Einigung in einem Kompromiß, manchmal in der Einsicht, daß man verschiedener Meinung ist und es wohl auch dabei bleiben wird.

9. Erinnern Sie den Partner daran, daß Sie ihn – unabhängig von Ihrem Streit – lieben.

10. Sagen Sie sofort, wenn Sie etwas an der Diskussion stört, der Tonfall, die Richtung, die sie nimmt, eventuelle persönliche Angriffe.

11. Beenden Sie jeden Streit mit einer positiven Geste. Das kann der berühmte Versöhnungssex sein, ein langer Kuß oder ein gemeinsames Glas Wein.

Übrigens: Glauben Sie nie, daß ein Thema ein für allemal vom Tisch ist. In 10 Jahren werden Sie und Ihr/e Partner/in sich wahrscheinlich immer noch darüber ärgern und streiten, daß Sie (angeblich) schlampig abwaschen, daß der andere beim Einkaufen (wirklich) immer die Hälfte vergißt, daß Sie sich beim Lampeninstallieren (ganz ohne böse Absicht) ungeschickt anstellen und der andere (aus Nachlässigkeit) beim Auto nie Reifendruck und Ölstand überprüft. Psychologen der Universität von Washington fanden in Langzeitstudien heraus, daß Paare sich zu fast 70 Prozent ein Beziehungsleben lang wegen der gleichen Dinge in die Haare

kriegen. Das mit dem Sichaufregen über seine/ihre Angewohnheit, den Shampoodeckel nie richtig zuzudrehen, sollten Sie sich also noch mal gut überlegen ...

Yesterday –
Machen Sie aus Ihrer Vergangenheit ein Geheimnis

»Ich erzähle immer gleich am Anfang alles über mich. Mir macht das nichts aus. Der andere muß mich doch richtig kennenlernen.«

Vielleicht will der andere nach den ersten Rendezvous aber noch gar nicht wissen, warum man sich mit dem letzten Partner ständig gestritten hat, daß der Vater einen als Kind verprügelt hat, und daß Bernd oder Susi beim Orgasmus immer schreien. So viel Offenheit ist ehrenwert, von Geschick und Feingefühl jedoch zeugt sie nicht. Waren zwei, bevor es zwischen ihnen funkte, seit Jahren Arbeitskollegen oder gute Freunde, dann können sie ziemlich schnell in die Details ihrer Lebens- und Liebesgeschichte einsteigen. Sie wissen sowieso schon eine Menge voneinander. Haben über alles mögliche geredet, sich in verschiedenen Situationen erlebt und die Kollegen oder Freunde übereinander ausgefragt. Anders liegt der Fall, wenn zwei frisch Verliebte sich gerade erst kennengelernt haben. Oder einer von beiden den anderen erst noch von sich als Idealpartner überzeugen muß. Die beiden sind füreinander ein weißes Blatt. Und das zu beschreiben, erfordert eine zarte Hand. Verliebte verspüren den Drang, den anderen total zu ergründen, regelrecht in ihn hineinzukriechen. Alles will man erfahren – wer bist du? Wie denkst du? Was fühlst du? Wie kam es zu alldem? Aber Vorsicht: Nicht jeder verkraftet einen frühzeitigen Schnelldurchlauf durch alle Höhen und Tiefen des anderen, und das gleich bei den ersten Dates oder in den ersten drei Wochen der Beziehung. »*Sie hat mich mit so vielen Geschichten eingedeckt, über ihre ganzen Beziehungen, über ihre dominante Mutter, daß sie eine Therapie macht. Das war mir zuviel. Das hörte sich so nach Hilferuf an, ich war total überfordert und habe mich zurückgezogen.*« In der Phase des Sich-aneinander-Herantastens müssen beide erzählen und beide zuhören. Derjenige, der weniger Scheu hat, den anderen in seine Seele blicken zu lassen und intime Geschichten zu erzählen, sollte sich dem Tempo des Distanzierteren anpassen. Es ist sein Part, Vertrauen herzustellen durch seine Offenheit. Die aber darf nicht so weit gehen, dem anderen Gespräche aufzuzwingen, die ihm unangenehm sind, die eine Nähe und Vertrautheit voraussetzen, die er vielleicht noch nicht empfindet. Natürlich muß niemand krampfhaft bestimmte Themen umschiffen, nur weil sie schwer verdaulich erscheinen. Wenn die Gelegenheit da ist, ein für sich wichtiges Thema anzusprechen, dann soll man sie auch nutzen. Die unterschiedlichsten Situationen bieten sich als perfekte Einleitung für ein Gespräch an. »*Wir haben uns im Kino ›Zeit des Erwachens‹ angesehen. Thomas hat der Film ziemlich mitgenommen. Er erzählte dann, daß er einen behinderten Bruder hat, um den er sich viel kümmert.*« »*Bei einem Fest hat sich ein Mädchen über die militanten Abtreibungsgegner in Amerika aufgeregt. Sascha hat gute Sachen zu dem Thema gesagt, da habe ich ihm hinterher erzählt, daß ich mit 17 abgetrieben habe.*« Solche Geschichten helfen dem Partner, bestimmte Reaktionen und Verhaltensweisen besser einzuordnen. Niemand ist jedoch verpflichtet, alles über seine Vergangenheit zu erzählen. Und schon gar nicht in den ersten gemeinsamen Wochen. Die Gefahr, daß der andere unangemessen auf ein Erlebnis oder Empfinden reagiert, das man preisgibt, und einen dadurch verletzt, ist groß. Manchmal fährt man deshalb besser, wenn man wartet, bis die Beziehung stabil ist und der Partner einschätzen kann, wann es einem besonders ernst ist und wann nicht.

Und wie viele hattest du?

Wie viele waren es vor mir? Wie waren die? Waren die attraktiver, interessanter, schärfer als ich? Bei diesem Thema wird die Konversation der Partner meist etwas verkrampft, und das nicht nur in der ersten Phase einer Beziehung. Hier liegen größte Empfindlichkeiten, ist Diplomatie gefragt. Auf spontane Geständnisse beim vierten Date (*»Ach, die Ulli ist deine Freundin? Mit der hatte ich mal was. Mit der Sabine übrigens auch. Und kennst du die Verena?«* oder *»Ich hatte vor einem Monat eine Affäre mit deinem Chef. Das ist ja ein heißer Typ.«*) sollte man grundsätzlich verzichten, wenn man ernsthaft an einer Beziehung interessiert ist. Solche Intimitäten auszuplaudern, ist in diesem Fall nämlich nicht ehrlich, sondern dumm. Die Beziehung können die Plaudertaschen nach so einer Offenbarung vermutlich abhaken. Sie möchte nämlich nicht als neuer Name beim nächsten heiteren Affärenraten auftauchen. Und er hat keine Lust, die Bettgeheimnisse seines Chefs zu teilen (ist der Ex allerdings eifersüchtig auf den Nachfolger, können ein paar aufklärende Worte an den Neuen nicht schaden – dann weiß der wenigstens, woher der neuerdings so scharfe Gegenwind in der Firma weht).

Bei der Auflistung der Bettgefährten bedarf es grundsätzlich großen Fingerspitzengefühls. Als Leitsatz für Enthüllungen gegenüber der neuen Liebe gilt: mit den Liebespartnern kann man meist ohne große Probleme rausrücken, die Zahl ist für den anderen fast immer zu verkraften – es sei denn, man erteilt sich bei jeder Bettgeschichte die Absolution der großen wahren Liebe. Bei der Zahl der Liebhaber/innen ist manchmal Untertreibung angebracht. Am besten erst mal vorfühlen, was der oder die Neue an Vorgeschichte zu bieten hat. Wenn er oder sie nach drei Wochen nur eine/n Vorgänger/in erwähnt hat, dann verraten Sie nicht alle Ihre 29 Liebschaften auf einmal. Eröffnen Sie mit fünf, sechs Amouren. Er oder sie hat nämlich nicht unbedingt Interesse daran, die Nummer dreißig zu sein in einer unendlichen Reihe gebrochener Herzen. Und woher soll er/sie wissen, daß es Ihnen mit ihm/ihr ernst ist? Daß es Ihnen wirklich um mehr geht als eine nette kleine Bettgeschichte? Gefährdet ist durch zuviel Offenheit überdies der eigene Spaß im Bett. Die Erkenntnis, einen Erfahrungsrückstand von mehr als zehn Affären zu haben, kann leicht als Lustbremse wirken – ganz nach dem Prinzip »Lieber gar nicht bewegen als mich durch Ungeschick oder mangelnde Virtuosität blamieren«. Richten Sie es sich jetzt erst einmal in Ihrer Beziehung mit der/dem Neuen ein. Ein paar Monate oder Jahre später ist früh genug, um die alten Abenteuer hervorzukramen und als nette kleine »Anekdote aus meinem aufregenden Liebesleben« zu präsentieren. Die restlichen 23 oder 24 Liaisons können Sie dann – falls überhaupt – genüßlich, Stück für Stück, in kleinen überschaubaren Mengeneinheiten nachreichen. Das schont nicht nur die Seele und das sexuelle Selbstbewußtsein des anderen, Sie bleiben so auch interessant für ihn. Haben immer wieder ein kleines Geheimnis in petto. Frauen wissen außerdem natürlich: Bei Männern herrscht, was Sex angeht, von jeher eine gewisse Doppelmoral. Was Anton darf, darf Antonia noch lange nicht. Allzu viele Lover sollte eine Frau nach Männermeinung nicht gesammelt haben – bei so viel Erfahrung wäre sie zwar reizvoll für eine Affäre, aber zu gefährlich für eine Beziehung (siehe Kapitel »Objekt der Begierde«, S. 186). Das sollte der weiblichen Lust keinen Abbruch tun. Man muß seine erotischen Intermezzi ja nicht an die große Glocke hängen.

Wie du mir, so ich dir

Geile Fesselspiele mit Dieter, sinnliche Pudding-Körpermalereien mit Rita – man hat schon so einiges erlebt. Und natürlich denken Sie an das eine oder andere auch gern zurück. Erzählen Sie dem/der Neuen ruhig hin und wieder etwas aus Ihrer erotischen Biographie. Aber nur soviel, wie Sie selbst von seiner/ihrer wissen wollen. Wenn Sie absolut keine Beichte oder Detailschilderungen vertragen können, dann behalten Sie Ihre Erlebnisse besser auch für sich. Das gilt vor allem für Experimente: Sie hatte Sex mit einer anderen Frau, er hatte eine Probierstunde mit einem Mann – das geht niemanden etwas an. Es sei denn, ein Gespräch läuft darauf hinaus, daß wohl beide Partner ähnliche erotische Ausflüge unternommen haben und außerdem Lust, darüber zu sprechen. Auf jeden Fall sollten Sie sich solche Geschichten für viel viel später aufheben.

Alte Liebe

Klar darf er von vornherein wissen, wie viele Männer sie vor ihm geliebt hat, und sie, wie viele Frauen sein Herz vor ihr eroberten. Auch eine gescheiterte Ehe sollte nicht zum Geheimnis hochstilisiert werden. Der oder die Neue wird nicht schreiend davonlaufen, nur weil man schon mal dachte, eine Beziehung würde für alle Ewigkeit halten. Wie oft die Menschen sich in der Liebe irren, belegen die hohen Scheidungszahlen. Für sein Ehepech muß sich niemand entschuldigen. Ausreden wie »Ich war doch erst 21« klingen höchst unsouverän. Stehen Sie zu Ihrer Entscheidung von damals. Und hat sie sich als Fehler herausgestellt, dann nennen Sie sie auch so. Und fertig.

Die Lieben von gestern sind übrigens gutes Anschauungsmaterial für die Liebe von heute. Es kann nur von Vorteil sein, wenn man erfährt, warum der andere ging oder verlassen wurde. Dadurch lassen sich so manche Konflikte und Fehler von vornherein vermeiden. *»Ich habe Annabel gleich, als wir uns kennenlernten, erzählt, daß meine Ex sich ständig darüber beschwert hat, daß ich zum Paragliden gehe. Das war mit ein Grund, warum ich sie verlassen habe. Annabel hat sich mit meinem Sport arrangiert.« »Rainer würde nie herummaulen, wenn ich mal wieder einen Wochenend-Wellness-Trip mit meinen Freudinnen mache. Er weiß genau, daß ich Ulfs besitzergreifende Kontrolleurs-Art haßte.« »Renate zahlt ganz selbstverständlich auch mal, wenn wir essen gehen. Ich habe ihr bei einem der ersten Dates von meinen Auseinandersetzungen mit Sabine erzählt.«* Der Neue erkennt leichter, wo die Empfindlichkeiten bei einem liegen, wenn man ihn in die Beziehungserfahrungen einweiht, auf deren Wiederholung man keinen gesteigerten Wert legt. Ist er von seiner Ex ständig betrogen worden, dann reagiert er deshalb so sensibel auf ihre Verabredungen mit anderen Männern. Da gilt es, Vertrauen zu schaffen. War ihr letzter Lover notorisch unzuverlässig, dann wird sie sofort zickig, kaum daß er sich einmal verspätet. Er muß ihr erst beweisen, daß sie auf ihn zählen kann, wenn sie ihn braucht. Frauen sollten darauf achten, daß der Neue nicht den Eindruck bekommt, ausbaden zu dürfen, was der Vorgänger an ihr verbrochen hat. Und für Männer gilt: Ihr nicht das Gefühl vermitteln, daß sie das Opfer seiner Rache für seine verletzten Gefühle ist. Erzählen Sie also Ihre Liebesgeschichten, beschreiben Sie ihre Ex-Geliebten. Mit so vielen Details, wie Sie und der/die Neue es wollen, was Sie mochten, genossen und was Sie haßten. Die Offenheit hat allerdings ihre Grenzen. Liebesbriefe des oder der Ex zum Beispiel sind als Anschauungsmaterial tabu. Die Briefe waren für Sie allein bestimmt. Sie enthalten intimste Geständnisse, Offenbarungen. Es wäre Verrat an der alten Liebe, sie anderen als Lektüre anzubieten. Selbst wenn die Romanze im Streit auseinanderging. Oder würden Sie wollen, daß Ihre Briefe zur allgemeinen Erbauung herumgereicht werden? Endete die letzte Beziehung in einem Fiasko, dann machen Sie nicht den Fehler, den oder die Ex als debilen Trottel oder hemmungslose Furie hinzustellen. Anderenfalls könnte man Ihre Entscheidungsfähigkeit oder Menschenkenntnis anzweifeln. Wenn der Ex so ein Trottel war, warum haben Sie sich dann auf ihn eingelassen? Und was für Aussichten für die/den Neue/n: Vielleicht ist sie/er ja beim ersten größeren Krach fällig, und Sie erklären Ihren Freunden in ähnlich schrillen Tönen, was für ein Kotzbrocken sie/er ist. Verfallen Sie aber bloß nicht ins Gegenteil. Wer seiner neuen Liebe ständig die Qualitäten der oder des Verflossenen vorbetet, braucht sich nicht zu wundern, wenn die einen in die Arme dieses Ausnahmemenschen zurückempfiehlt.

Ziele – Wie geht's weiter?

Mit einem großen Knall fängt alles an. Das Leben ist wunderbar. Und es soll doch, bitteschön, alles so bleiben. Dieser Rausch, diese Verzückung hält bei den einen mindestens drei Monate, bei anderen zwei, drei Jahre. Das heißt (wie im Kapitel »Rosarote Brille«, S. 220, und »Biodrogen und Herzflimmern« erklärt, S.30), wenn die schöne Wirkung des körpereigenen Aphrodisiakums PEA (Phenylethylamin) nachläßt, ist zugleich Schluß mit der süßen Droge »Verliebt«.

Jetzt stellt der Körper von den Aufputschern um auf Endorphine, und die machen ruhig und zufrieden. Die Menschen, die süchtig sind nach der Achterbahn der Gefühle, sind ein bißchen enttäuscht und brechen auf zu neuen Abenteuern. Die anderen gehen daran, eine Beziehung aufzubauen. Oder ist es etwa nicht das, was jetzt folgen soll? Es mag sich noch so viel und Gravierendes in unserer Gesellschaft verändert haben: Freie Liebe, offene Ehen, Lebensabschnittsgefährten, Kind ohne Mann – der Traum vom (lebenslangen) Glück mit diesem einen Menschen, der bleibt. Und bei vielen ist der Traum auch Wirklichkeit geworden: *»Es gibt keinen einzigen Moment, in dem ich meine Frau nicht geliebt hätte«*, sagt ein Mann, der schon 16 Jahre verheiratet ist. Wie machen die das bloß? Haben die Menschen in langjährigen, guten Beziehungen einfach nur Glück gehabt? Verführerisch der Gedanke – aber nicht richtig. Natürlich sind die beiden öfter mal im Clinch, haben euphorische wie ernste Phasen durchgemacht, gemeinsame wie persönliche Krisen überstanden, Kinder bekommen, Powerzeiten erlebt,

Rückschläge verkraftet. Und: Nobody is perfect – selbst eine tolle Partnerschaft läßt Wünsche offen, die man auffangen und ausgleichen muß. Jeder einzelne kommt mit ganz speziellen Wünschen und Hoffnungen und Gefühlen und vor allem einem familiären Background in eine Beziehung. Zwei Individuen sollen sich auf einen gemeinsamen Weg einigen. Sehr schwer!

Alle glücklichen Beziehungen haben ein festes Fundament, auf das sie aufbauen, die einzige Chance, den unzähligen Unwägbarkeiten des Lebens etwas entgegensetzen zu können. Aber es ist nie vollbracht. Eine Partnerschaft ist wie ein unvollendetes Kunstwerk, an dem beide unentwegt arbeiten. Feilen, ausbessern, schmücken, ausbauen, erweitern, teilweise niederreißen und neu aufbauen.

Wenn Sie also beim Liebesmonopoly entscheiden können zwischen den Ereigniskarten »Suchen Sie neue Abenteuer« oder »Rücke vor auf eine feste Partnerschaft«, und sich für letztere entscheiden, dann gibt es im folgenden ein paar Gedanken, die beschreiben, was Sie dort erwartet, was Sie bedenken sollten, was Sie nicht versäumen dürfen, wo Sie Schwerpunkte setzen müssen.

Wir und Ich

Bis man sich zusammenrauft, lebt jeder ein starkes Ich. *»Ich muß mich um meinen Beruf kümmern.« »Ich muß mir eine Wohnung suchen.« »Ich habe Urlaub, wo fahre ich hin?«*

Für eine gute Beziehung muß man ein Stück davon abgeben. Ein Stück Freiheit, ein Stück Unabhängigkeit. Man muß lernen, Kompromisse zu machen, lernen, ein Teil eines Ganzen, sprich eines Paares, zu sein. Umschalten können von Ich auf Wir – ohne sich im Wir zu verlieren. Die Balance schafft man, wenn die beiden Werte und ihre Ansichten, wie sie ihre Zukunft miteinander verbringen wollen, abstimmen. Daraus entsteht eine Einheit. Was für den einzelnen gut ist, muß nicht unbedingt für die Partnerschaft gut sein. Gewissen und Bewußtsein verändern sich – im positiven Fall. Wer sich zu wenig mit den Bedürfnissen des anderen auseinandersetzt, der schafft kein starkes gemeinsames Gebilde. Es bröckelt, wenn es kriselt. Das Zusammengehörigkeitsgefühl wächst mit dem Können, sich auf den anderen einzustellen, ihm oder ihr zu vertrauen, zuzuhören, diese Informationen verstehen zu können und sein eigenes Verhalten darauf auszurichten.

Freundschaft

Was hat die Freundschaft hier zu suchen? Freundschaft und Verliebtheit sind doch zwei völlig unterschiedliche Dinge! Verliebtheit kommt wie aus heiterem Himmel. Freundschaft wächst von Begegnung zu Begegnung. Verliebtheit kann einseitige Leidenschaft sein. Freundschaft beruht immer auf Gegenseitigkeit. Verliebtheit ist jenseits von Gut und Böse. Freundschaft ist ein moralischer Anspruch. Und doch kommt eine gute Partnerschaft ohne die Gesetze einer Freundschaft nicht über die Runden: Vertrauen, Vertrautheit, Respekt, Loyalität, Vorsicht und Aufrichtigkeit. Auch die Feinfühligkeit und Freiheit, die eine Freundschaft ausmachen, sind wichtig für eine Liebesbeziehung.

Die moralische Bindung macht die Partnerschaft enger. Umgekehrt: Allein eine Freundschaft macht noch keine Liebesbeziehung, ihr fehlt maßgeblich das Lustprinzip.

Familie

Eine der wichtigsten Aufgaben, um für die neue Beziehung frei zu sein, ist, sich von seiner eigenen Familie zu lösen. Vom Kind zum Partner werden. Eine eigene Meinung und Entscheidungskraft haben, eigene Identität aufbauen. Unabhängig von den Werten und Wünschen der Eltern die eigenen erfahren und erleben. Loyal zum Partner stehen, nicht von den dominanten Mustern des Elternhauses eingeholt werden.

Sex

Ein interessantes Sexleben ist eine gute Basis für eine Beziehung. Am Anfang ist der Sex Lust pur: spannend, hemmungslos, sehr häufig. Und naturgemäß flacht das ab. Bei den einen mehr, bei anderen weniger. Nur: daß man gegen Routine und Unlust nichts tun kann, stimmt nicht! Intensität und Häufigkeit hängen davon ab, wie man sich im Alltag Freiräume dafür schafft. Guter Sex ist kein Nebenprodukt, keine nette Begleiterscheinung von Liebe, sondern die feine Mischung aus Feinfühligkeit, Vertrauen, Phantasie und Mut, die ständig neu gestaltet werden muß. Nicht nur seine, nicht nur ihre Aufgabe! Sex ist der empfindlichste Teil einer Beziehung. Er hält sie aufrecht und sorgt für emotionale Reserven.

Respekt

Man kann nur mit jemandem lange, gut und glücklich auskommen, solange man ihn achtet. Als fähigen Mensch. Als Vater oder Mutter. Als Liebhaber. Als Partner. Respekt bewahren, vor allem auch dann, wenn er Hilfe und Unterstützung braucht, wenn er verzweifelt und enttäuscht ist, wenn er Schwäche zeigt.

Konflikte

Eine Beziehung ohne Streit und Diskussionen, ohne Wut im Bauch und Türenschlagen, gibt es nicht. Man kann eben nicht immer gleicher Meinung sein, und keiner der beiden sollte sich devot, ohne Widerspruch, dem anderen beugen. Hitzige Gefechte müssen ohne Trennungsangst möglich sein. Dafür werden Grenzen abgesteckt und gemeinsam Regeln aufgestellt. Kompromisse schließen, ist die große Stärke einer guten Beziehung

Krisen

Egal welchen Ursprungs sie ist, jede Krise hat die Macht eine Partnerschaft zu stärken, sie zu schwächen oder sie sogar zu zerstören. Ein Damoklesschwert! Das Schwierige daran: Eine Krise müssen immer beide durchstehen. So kann keiner zum neutralen Tröster oder Beschwichtiger werden. Und die belastende Situation spitzt sich zu, wenn bei den beiden unterschiedliche Ängste oder Gefühle ausgelöst werden. Jetzt kommt es darauf an, wie stark das Wirgefühl ist: offen über das Problem sprechen, sich gegenseitig keine Vorwürfe machen, durch Ablenkung (wenn möglich Humor) Ausweichmöglichkeiten finden.

Humor

Blödeln, sich foppen, sich gegenseitig auf den Arm nehmen – Paare entwickeln im Lauf ihrer Beziehung eine eigene »Sprache« in Sachen Humor, die nur sie verstehen. Das hilft in angespannten Situationen, stärkt das Wirgefühl, bringt Fröhlichkeit und wirkt gegen Langeweile. Apropos: Langeweile ist der schlimmste Feind einer Partnerschaft. Dem entgeht man am leichtesten, wenn man sich für seinen Partner, seine Gedanken und Gefühle wirklich interessiert. Wenn man gemeinsam Neuem gegenüber aufgeschlossen ist und Neues wagt …

Idealisieren

»Als ich sie das erste Mal lachen hörte, wußte ich: Die werde ich heiraten!« Viele Menschen können sich ganz genau an den ersten Eindruck ihres Partners erinnern – und der steht symbolisch über allem, was sich im weiteren Verlauf ereignet. Sei es das Lachen, ein Geruch, Bilder oder Episoden. Sich diese Ereignisse ins Gedächtnis holen, die Kennenlern-Story geradezu beschwören, ruft schöne Gefühle wach. Natürlich werden die Anfänge der Beziehung dabei idealisiert, das ist gut so, damit entdecken Sie immer wieder, was wirklich in der Beziehung steckt.

Kinder

Ein Höhepunkt. Ein Reifeprozeß. Eine unheimlich starke Verbindung. Aber Achtung: Die Partner sehen einander nun anders, sie sind nicht mehr nur Freunde und Geliebte, sondern auch Vater und Mutter. Auch die Beziehung erhält eine neue Dimension, eine Familie erfordert das Überarbeiten und Neubestimmen von Rollen. Freiräume, Bedürfnisse, Sexleben und Gefühle müssen neu sortiert werden. Kinder verändern eine Beziehung von Grund auf – wenn man darauf vorbereitet ist, positiv.

Ist das alles nicht ein schöner Trick der Natur?

Das Sexbuch für Frauen

**Der Bestseller von
Alexandra Berger und
Andrea Ketterer**
dtv 20017

Alles, was Frauen zum Thema Liebe, Lust und
Leidenschaft schon immer wissen wollten: Vorschläge
für Massagen, aphrodisische Menüs, Rollenspiele und
vieles mehr bringen Frauen auf neue Ideen. So kehren
Spannung und Erotik auch in langjährige Beziehungen
zurück!
Alexandra Berger und Andrea Ketterer nennen die
Dinge beim Namen, haben keine Scheu vor vermeint-
lichen Tabus und geben viele praktische Tips. Fazit:
Gute Mädchen haben ihre Migräne und langweilen
sich, böse Mädchen holen sich, was sie wollen – und
haben jede Menge Spaß dabei.

dtv